L'Exécuteur

Charl(

Mémoires de l'exécuteur des hautes-œuvres

Culturea

Copyright 2022 Culturea
Edition : Culturea, 34980 Hérault
Impression : BoD - Books on Demand, Norderstedt, Allemagne.
ISBN : 9782382740880
Tous droits réservés

CHAPITRE PREMIER

Exposé des arguments *sans réplique* qui ont forcé l'auteur à publier ses *Mémoires*. — Dialogue à ce sujet entre lui et Benjamin, son fils, âgé de dix-sept ans.

BENJAMIN.

Mais, papa, puisqu'il y avait exécution, pourquoi donc n'avez-vous pas hier été vous-même à la place de Grève, et n'avez-vous envoyé que vos substituts pour y travailler ?

L'EXÉCUTEUR.

C'est que, vois-tu, mon ami, je me fais vieux, et que je ne suis plus guère ferme sur mes jambes. aussi avec l'approbation de l'autorité, j'espère, avant peu, pouvoir résigner mon office à ton frère aîné.

BENJAMIN.

Il y a long-temps que vous dites cela, et vous n'en faites rien.

L'EXÉCUTEUR.

Mon enfant, quand on exerce depuis quarante-trois ans, et qu'on aime son état, il est dur de finir par rester les bras croisés.

BENJAMIN.

Eh bien ! que n'allez-vous, pour vous distraire un peu, vous promener, de temps en temps, du côté du cimetière de Clamard, au lieu d'être toujours renfermé dans votre chambre à écrire du matin au soir ?

L'EXÉCUTEUR.

C'est que je suis occupé à donner un dernier coup de polissoir à

BENJAMIN.

A quoi ? Aux rainures de la bascule, qu'on a eu hier de la peine à faire glisser jusque sous le *rasoir* ?

L'EXÉCUTEUR.

Non, mon garçon ; j'entends parler de mes Mémoires que je veux rendre dignes des regards de la postérité.

BENJAMIN.

Vos Mémoires, mon père !

L'EXÉCUTEUR.

D'où vient cette surprise, monsieur ? Tant de gens en tirent de leur imagination, que je puis bien, moi, contre l'usage, faire entendre une fois la vérité ; et je dis qu'en fait de vérités, j'en ai vu de belles et entendu de dures.

BENJAMIN.

Nul doute : et sont – ils achevés vos Mémoires ?

L'EXÉCUTEUR.

Ils pourraient être beaucoup plus longs, mais je n'y ajouterai rien, ayant brisé ma plume de colère, le 18 brumaire an VIII de la République, *une, indivisible* et *impérissable,* ou si mieux aimez, mon fils, le 9 novembre mil sept cent nonante – neuf de l'ère chrétienne.

BENJAMIN.

Ah ! ah ! C'est le jour où *Jupiter-Scapin,* comme dit l'archevêque, fit sauter les députés de la nation par les croisées de l'orangerie de Saint-Cloud.

L'EXÉCUTEUR.

Juste. Tant que Scapin l'envoya en ambassade, et lui mit de l'argent dans son gousset, il l'enfuma de son encensoir archiépiscopal ; mais quand les demi-dieux ébouriffés, et la noble Angleterre, à laquelle Jupiter s'était confié, l'eurent cloué sur un roc pour lui dévorer le foie, le digne prince de l'église fit ses ordures sur le nez du colosse renversé. Voilà un digne prêtre ; voilà comme il m'en faut ; entends-tu, Benjamin ?

BENJAMIN.

J'entends bien ; mais revenons à nos moutons, s'il vous plaît. Pourquoi, si vos Mémoires sont terminés, ne les faites-vous point paraître ?

L'EXÉCUTEUR.

Mon fils, le XIXe siècle, métaphoriquement parlant, a l'avaloir de *Grand-Gousier ;* toutefois, son estomac n'est point encore de calibre à pouvoir digérer un morceau tel que celui que je lui mijote depuis trente ans.

BENJAMIN.

Pour le coup, mon père, vous êtes furieusement dans les arriérés !

L'EXÉCUTEUR.

Qu'est-ce à dire, mon petit ?

BENJAMIN.

Que vous ne sortez plus, que vous ne lisez point, que ne causant avec personne, vous n'entendez rien ; que par conséquent vous ne savez pas le premier mot de ce qui se passe ; qu'enfin, mon père, vous êtes sans *actualité.*

L'EXÉCUTEUR.

Ça pourrait bien être, au moins.

BENJAMIN.

Parce que, deux ou trois fois l'an, vous voyagez aux frais du trésor, pour aller de votre hôtel au Palais de Justice, du Palais de Justice sur la rive de la Seine qui baigne la place de l'Hôtel-de-Ville, et de l'Hôtel-de-Ville retournez chez vous, vous vous croyez non moins savant que ces docteurs qui, payés aussi par le gouvernement, s'en vont chercher des momies en Égypte, des grenouilles au pied de l'Hélicon, la fièvre jaune à Gibraltar, et des coups de pied dans le ventre à Alger ; mon père, vous n'y êtes pas.

Parce que, quand vous daignez prendre la peine de remplir vos hautes fonctions en personne, le théâtre sur lequel vous les exercez n'a pour parterre et pour applaudisseurs que les estimables citoyens et citoyennes qui faisaient jadis partie intégrante du souverain et ne sont plus aujourd'hui que la partie infime des halles, vous croyez que les sentiments révolutionnaires ont rétrogradé ; mon père, vous n'y êtes pas ; ils ne sont que comprimés.

Je conviens avec vous, que du char sur lequel vous êtes élevé quand vous vous mettez en route pour une expédition, vous ne remarquez plus sur votre passage, alléchés par la curiosité, comme en 93, un peintre aussi fameux que David, un acteur aussi célèbre que Monvel, un représentant du peuple aussi marquant que Fabre-d'Églantine, et un membre du comité de salut public de la force d'un Billaud-Varennes ; mais si les petites maîtresses du jour, leurs dandys et fashionables n'accompagnent plus votre marche quand vous conduisez à l'autel le coupable qui doit être frappé du glaive que la loi vous a confié, ce n'est pas faute d'envie de vous contempler, de vous suivre, d'épier vos mouvements, et les palpitations de la victime au moment du sacrifice.

L'EXÉCUTEUR.

Ce que tu dis là serait vrai ?

BENJAMIN.

Mais une fausse honte les retient encore ; ils ont peine à ressaisir cette énergie valeureuse qui distinguait éminemment des guerriers de la trempe d'un Maillard, d'un Vincent, d'un Ronsin. Ces héros improvisés vous précédaient, caracolaient à vos côtés, brandissant leur sabre, couvrant d'imprécations et de salive les animaux malfaisants dont vous conduisiez les hécatombes quotidiennes sur la place de la Révolution, aux pieds de la Statue de la Liberté. Toutefois, rassurez-vous, mon père, jamais vos Mémoires ne paraîtront dans un moment plus opportun.

L'EXÉCUTEUR.

Jamais, dis-tu ?

BENJAMIN.

Jamais. Depuis le 18 brumaire, jour néfaste auquel vous avez brisé votre plume et cessé d'écrire, il pleut dans la librairie des mémoires de contemporains. Deux cents chroniqueurs ont déjà mis sur le boisseau leurs piquantes élucubrations ; et comme ils inventent à qui mieux mieux, que chacun d'eux a vu la révolution à sa manière, ou ne l'a pas vue du tout, leurs visions sur les mêmes faits, sur les mêmes hommes sont si disparates, si contradictoires, qu'il est impossible de trouver un galimatias plus substantiel pour les écrivains futurs, qui, semblables à leurs devanciers, feront jaillir la lumière du chaos : raison pour laquelle toutes les histoires du monde sont si dignes de foi. Vous savez cela, mon père ?

L'EXÉCUTEUR.

Ma foi ! non.

BENJAMIN.

Eh bien ! ce que vous ne savez pas non plus, c'est que, parmi les deux cents chroniqueurs qui se sont évertués sur les affaires du temps, il n'en est point sur les productions desquels on se soit rué avec plus d'acharnement que sur les Mémoires d'une Amadis femelle, qui allait flairant nos généraux sur les champs de bataille, comme une louve affamée cherche curée autour d'un charnier. Lisez-les, mon père, lisez-les ! C'est cette sublime effronterie, ce cynisme épuré que vous admiriez dans les feuilles du PÈRE DUCHESNE, dans les discours civiques d'un Hébert disant à la tribune de sa section : « Qu'il n'y avait de dieu que la nature, et que c'était lui rendre un digne hommage que de fabriquer en plein jour des enfants sur la borne. »

L'EXÉCUTEUR.

Et les Mémoires de notre amazone ont été lus avec empressement ?

BENJAMIN.

Avec fureur ; je vous l'ai dit.

L'EXÉCUTEUR.

Voilà qui va bien ; mais a-t-elle eu des imitateurs ?

BENJAMIN.

Un surtout.

L'EXÉCUTEUR.

Que tu appelles ?

BENJAMIN.

Vidocq.

L'EXÉCUTEUR.

Quoi ? ce brave garçon qui

BENJAMIN.

Oui ; ce garçon qui...

L'EXÉCUTEUR.

Et il aurait eu le courage de tout dire ?

BENJAMIN.

Je ne dis pas cela ; mais vous trouverez là de la hardiesse, du caractère.

L'EXÉCUTEUR.

Alors nous verrons.

BENJAMIN.

C'est tout vu. Et pour vous prouver que votre écrit ne peut manquer d'être bien accueilli, vous saurez que nos mœurs actuelles ont une tendance merveilleuse aux mœurs des beaux jours de la République.

L'EXÉCUTEUR.

Impossible !

BENJAMIN.

Quelque hideux, quelque repoussant (pour me servir des épithètes employées par des ames sans énergie), que soit un tableau, il n'en est point dont l'horreur dégoûtante puisse faire baisser les yeux à la génération présente ; les hommes sont tout nerfs, les femmes n'ont plus de vapeurs.

L'EXÉCUTEUR.

Voilà qui est merveilleux !

BENJAMIN.

A la vérité, nous ne démolissons pas encore les hommes et les châteaux, mais cela viendra. En attendant, nous préludons à la destruction par des essais et sur la langue, et sur les réputations, et sur la scène.

L'EXÉCUTEUR.

Je n'entends pas bien ; qu'est-ce que cela, mon petit, que de préluder à la destruction par des essais sur la langue ? Est-ce que vous voudriez aussi démolir la langue française ?

BENJAMIN.

Nous sommes en train. Depuis que le règne des classiques est enfoncé, on a déjà fabriqué plus de cinq mille mots nouveaux, et presque autant de vieilles expressions ont été jetées sur le carreau. Déjà nous avons mis *hors la loi* Corneille, Racine, Boileau et Jean-Baptiste Rousseau ; La Fontaine est déclaré *suspect ;* et, sans le *Tartuffe*, qui est *à l'ordre du jour*, Molière serait en arrestation.

L'EXÉCUTEUR.

Tout cela *rococo*, n'est-ce pas mon fils ?

BENJAMIN.

Comme vous dites, rococo. Les extrêmes allant souvent au même but, nous avons été merveilleusement secondés par les enfants de Loyola, qui, de leur côté, ont mis à l'index Bossuet, Pascal, Nicole et Fénélon, dont ils préparent l'auto-da-fé.

L'EXÉCUTEUR.

Excellent !

BENJAMIN.

Ce n'est le tout. Pendant qu'un de nos amis exhume Ronsard et lui enfonce une couronne de lauriers sur la nuque, un autre, fameux parmi les fameux de notre école, fait des vers nouveaux, mais si nouveaux qu'ils n'ont point d'hémistiche, qu'ils enjambent les uns sur les autres ; qu'ils vous étalent onze substantifs, flanqués d'autant d'adjectifs, se suivant sans interruption comme des canards qui vont aux champs. Et la clique de hurler : Bravo ! bravi ! brava ! bravissimo ! Pour être lucide, celui-ci hache sa prose menu comme chair à pâté, et, par forme d'inversion scientifique, met régulièrement la charrue devant les bœufs.

L'EXÉCUTEUR.

Ah ! celui-là, je le connais.

BENJAMIN.

Cet autre change avec tant de perspicacité l'orthographe et le sens des mots, qu'il fait de sa langue maternelle un baragouin si hétéroclite, que le diable d'enfer lui-même n'y verrait goutte avec des lunettes.

L'EXÉCUTEUR.

Ah ! çà, dis donc, est-ce que tout-à-l'heure, en France, on ne parlera plus français ?

BENJAMIN.

Qu'importe, pourvu qu'on parle toujours ? Est-ce qu'à Rome on ne parle pas italien au lieu de parler latin comme autrefois ? Est-ce qu'à Vienne on ne parle pas allemand, au lieu de parler slave ? Est-ce qu'à Constantinople on ne parle pas turc au lieu de parler grec ? Est-ce que

L'EXÉCUTEUR.

Est-ce que ? est-ce que ? Parbleu ! je sais bien qu'à Rome on parle italien, allemand à Vienne ; mais à Paris, quand on ne parlera plus français, qu'est-ce qu'on parlera ?

BENJAMIN.

Belle demande ! on parlera *Gothisme*, ou *Hugothisme*, ou *Arlincourisme*.

L'EXÉCUTEUR.

A la bonne heure ; on sait du moins ce que l'on deviendra. Mais de ces trois jargons, lequel aimerais-tu mieux qu'on parlât ?

BENJAMIN.

Je voudrais, pour qu'on s'entendît parfaitement, qu'on pût les parler tous trois à la fois.

L'EXÉCUTEUR.

Benjamin, tu es trop gourmand.

BENJAMIN.

Je ne suis pas trop gourmand, mon père, mais vous êtes trop questionneur, et si vous m'interrompez toujours, je ne sais quand je pourrai parvenir à vous prouver que le moment est venu de faire paraître vos Mémoires.

L'EXÉCUTEUR.

Parle, mon fils, je ne dis plus mot.

BENJAMIN.

Que craignez-vous ? D'effaroucher vos lecteurs, parce que les détails de votre profession sont chatouilleux peut-être, et parce que, pour les rendre avec vérité, il vous faut tremper un peu votre plume dans l'encre rouge ? bagatelle ! Rappelez-vous ces beaux jours de 93 où, à la *jacobinière*, chaque démagogue, dans ses motions politiques, enchérissant sur son voisin, le dépassait en mesures *acerbes,* pour le dépasser en patriotisme. Eh bien ! en fait de littérature, il en est ainsi de nos auteurs. Se montant l'imagination à froid, torturant le bon sens, outrant la nature pour mieux viser à l'effet, ils rivalisent de stupidité, et c'est à qui ravira la palme.

Oui, mon père, vous êtes volé ; des incursions sont faites sur vos domaines ; quatre ouvrages viennent, à votre barbe, à votre détriment, d'être lancés dans le public : *Le dernier jour d'un Condamné ; Le lendemain du dernier jour d'un Condamné ; l'Ane mort et la Femme guillotinée ;* c'est le sublime de la chose.

L'EXÉCUTEUR.

Prends garde, petit, je crois que l'auteur de *la Femme guillotinée* a voulu se moquer de vous autres.

BENJAMIN.

Alors c'est un faux frère. Mais laissez-moi donc dire ! Ces messieurs poussent le beau idéal jusqu'à faire voir clair à une tête de supplicié, lorsqu'elle vient d'être séparée du tronc par la hache. Ils suivent le cadavre au cimetière ; ils l'achètent de vos commis ; ils le retournent en tous sens sur le bord de la fosse, et ne lâchent leur proie que quand les vers commencent à la leur disputer.

L'EXÉCUTEUR.

Diable ! moi qui craignais de toucher à ces drôleries dans mon ouvrage, je...

BENJAMIN.

Vous n'êtes qu'une poule mouillée auprès de ces gens-là.

L'EXÉCUTEUR.

Et ça se lit ?

BENJAMIN.

Ça se dévore.

L'EXÉCUTEUR.

Alors je crois pouvoir me permettre.....

BENJAMIN.

Attendez ; ce n'est pas seulement après de pareilles productions que courent les gens de goût, les ames fortes ; c'est au spectacle qu'il faut les voir applaudir, avec trépignements, Cartouche, Mandrin, Desrues et Marat.

L'EXÉCUTEUR.

Enfin, j'ai donc assez vécu pour voir naître la tragédie nationale, et je puis crier à mon tour : *Nunc dimitte servum tuum, Domine !* Mon Dieu ! j'ai assez vécu !

BENJAMIN.

Elle est brutale, la tragédie nationale ; ce qui est farce, ce sont les comédies. L'autre jour on donnait la *Chute des Feuilles* ; ce n'est qu'une jolie petite femme qui trépasse, sur la scène, d'une phthisie pulmonaire, accompagnée de hoquets ; mais hier on nous a régalés d'une jeune fille qui meurt d'un accès d'hydrophobie. Les gesticulations, convulsions, contorsions de l'actrice sont *nature ;* elle eût été céleste si ce n'était qu'elle n'écume pas assez.

L'EXÉCUTEUR.

Pour le coup, me voilà décidé. Mais bien vrai, Benjamin, tu as vu cela hier ?

BENJAMIN.

Hier, avec mon frère.

L'EXÉCUTEUR.

Avec ton frère ! et qu'a dit Saint-André ?

BENJAMIN.

Oh pardi ! vous savez bien que celui-là n'est jamais de notre avis.

L'EXÉCUTEUR.

Mais encore ?

BENJAMIN.

Il disait que pour composer, recevoir, jouer une pièce de ce calibre, il fallait que, auteurs, directeurs, acteurs fussent plus enragés que l'animal dont la morsure cause tout ce grabuge.

L'EXÉCUTEUR.

J'ai toujours pensé que je ne ferais rien de ce garçon-là. Si jamais je lui avais demandé de me donner un coup de main, il était homme à imiter le fils de mon confrère de Chaumont, qui, au lieu de tirer tout simplement la clavette, comme le lui ordonnait son père, s'avança vers le bord de l'échafaud, et se brisa la tête en se lançant sur le pavé.

BENJAMIN.

Il l' eût fait tout de même, voyez-vous ; c'est un atrabilaire, un songe-creux qui ressemble, trait pour trait, à notre cousin Frédéric Styndall.

L'EXÉCUTEUR.

Et comment sais-tu que ton frère ressemble au cousin Frédéric, puisque son père, qui est comme nous dans les hautes-œuvres, exerce à l'étranger, et que son fils n'est point venu à Paris, que je sache ?

BENJAMIN.

Parce qu'un député, qui travaille aussi joliment la langue, voulant à toute force qu'on appelle un vieil habit un habit *démodé,* a écrit dans ce genre la vie du cousin Styndall.

L'EXÉCUTEUR.

Quoi ! la vie d'un fils de bourreau !

BENJAMIN.

Et qui faisait joliment son chemin, car une princesse d'Allemagne voulait l'épouser à toute force.

L'EXÉCUTEUR.

Parce qu'elle ne savait pas qui il était.

BENJAMIN.

Parce qu'elle le savait bien, au contraire.

L'EXÉCUTEUR.

Allons, tu dis des bêtises.

BENJAMIN.

Ce n'est pas moi qui en dis ; je vais vous chercher le livre.

L'EXÉCUTEUR.

Non pas, non pas ; il ne m'est que trop démontré maintenant que je n'ai plus de temps à perdre. Prends vite ce manuscrit, et va le porter à l'imprimeur du tribunal révolutionnaire, le citoyen Patris, rue de la Colombe, n° 4.

BENJAMIN.

Il est mort l'an passé, aux Champs-Élysées, allée des Veuves.

L'EXÉCUTEUR.

Peut-être bien que Gilbert, son associé, travaille encore ?

BENJAMIN.

Celui qui tenait le cabinet de lecture des bains Chinois ?

L'EXÉCUTEUR.

Lui même.

BENJAMIN.

Il est allé ce matin se jeter à la rivière.

L'EXÉCUTEUR.

Alors rends-toi chez l'imprimeur de la Cour d'assises.

BENJAMIN.

C'est dit.

CHAPITRE II

CORRESPONDANCE DE FAMILLE

Un autre fils de l'Exécuteur suspend l'impression des *Mémoires* de son père, et le conjure de lui permettre d'en retrancher beaucoup de choses, d'en changer le style et d'y travailler lui-même. : « Mon père, il y a trois victimes augustes dont il vous est interdit de proférer le saint nom. — *Malheur à vous ! Malheur aux vôtres !* » — Son père lui reproche son aversion pour la profession de bourreau ; lui en signale les avantages à l'étranger, et les prérogatives en France sous le régime populaire. — Anecdotes diverses. — Le père finit par autoriser son fils à revoir et à corriger son livre.

LETTRE DE L'IMPRIMEUR A L'AUTEUR.

UN monsieur qui dit être votre fils et s'appeler Saint-André s'est présenté hier chez moi pour me prier de suspendre l'impression de votre ouvrage, dont il désire prendre connaissance. Je n'ai pas cru devoir lui refuser cette satisfaction ; mais comme, après avoir parcouru le manuscrit, il m'a demandé de distribuer les planches des deux premiers chapitres qui sont déjà composés, je m'y suis refusé, et me suis opposé également à ce qu'il changeât rien au texte qui n'est point encore imprimé. Si votre intention est qu'il y touche, faites-la moi connaître ; j'attends votre réponse. Monsieur votre fils vous écrit en même temps que moi ; le même porteur vous remettra les deux lettres.

LETTRE DE SAINT-ANDRÉ A SON PÈRE.

« Si vous m'avez toujours reproché d'avoir de la répugnance pour votre profession, ce dont je ne me défends pas, du moins ne vous ai-je jamais donné lieu de douter de mon profond respect et de mon attachement pour l'auteur de mes jours. C'est au nom de cette piété filiale que je vous conjure de me permettre de faire quelques changements à votre ouvrage. Croyez, s'il reste tel qu'il est, que le magistrat s'opposera à sa publication ; et il ne fera que son devoir.

« Les deux premières feuilles étant composées, même tirées, je n'y puis malheureusement rien changer. Mais, de grâce, qu'est-ce que ce style dont vous et mon frère vous servez ? Quel jargon ! quelles expressions ! quelles idées ! Parlez-vous sérieusement l'un et l'autre, et sont-ce vos véritables sentiments que vous exprimez ? En ce cas, permettez-moi de vous le dire, ils sont très répréhensibles. Voulez-vous, au contraire, employer l'ironie, le ridicule, mais cette arme maniée avec succès dans des guerres, telles que celles de la Ligue et de la Fronde, n'exciterait ici qu'un sentiment d'horreur, parce que l'ivresse de l'anarchie, les crimes de la terreur sont peu susceptibles d'être égayés, et que si parfois les stupides monstruosités de ce règne arrachent un sourire, ce rire tient moins de la gaîté que d'une sensation convulsive produite par le malaise.

S'il est quelque chose que les hommes cherchent à connaître avec avidité, parce que cela les touche de près, ce sont les dernières paroles d'un mourant, surtout quand il a laissé quelque célébrité ; et nul, par le nombre des victimes dont vous avez été appelé à recueillir le dernier souffle, n'est, plus que vous, sans doute, en état de satisfaire à cette curiosité.

Mais, par le saint nom de Dieu ! gardez-vous de proférer jamais les noms augustes et sacrés de trois d'entre ces victimes.

A l'une il fut dit devant vous : *Fils de saint Louis, montez aux cieux !*

Épouse et mère, la seconde, se sentant défaillir sous le poids de tant d'infortunes, ne. vous adressa que ces mots : *Dépêche-toi !*

Pure comme l'ange du Seigneur, la troisième, dont vous veniez d'écarter le voile pour la frapper plus sûrement, vous dit avec un regard suppliant : *Au nom de la pudeur, couvrez-moi le sein.*

Mon père ! mon père ! pardonnez, je me jette à vos pieds ; mais, en lisant dans votre martyrologe ces noms sanctifiés par le malheur, j'ai cru sentir la malédiction de Dieu s'appesantir sur votre race, et je les ai effacés de la page sanglante où ils étaient inscrits.

Loin de vous, loin de vos enfants ces images de désolation ! si méritoires que soient devant le Dieu de miséricorde les larmes du repentir, ce n'est pas à vous, ce n'est pas aux vôtres qu'il est donné de pleurer sur de tels holocaustes.

Comme vous le mande votre imprimeur, je désire toucher à votre livre, et vous demande en outre la permission d'y ajouter quelques pages de ma main ; ne me refusez pas cette grâce.

Recevez avec bonté mes observations et l'assurance de mon sincère attachement.

Votre fils, SAINT-ANDRÉ.

RÉPONSE.

Nous aurions évité tout ce fatras d'écriture, si vous habitiez encore avec moi, et si, dès votre enfance, vous n'aviez pas eu une profonde aversion pour le toit paternel et pour ma profession. Puisque l'occasion se présente de vous dire un mot de cela, j'en profiterai d'autant plus volontiers que, dans votre lettre, vous ne craignez pas de me manifester encore vos sentiments à ce sujet.

Il est sage de s'accommoder de la condition où le sort nous a placés ; et vous, qui tranchez dn Caton, tout au rebours de cette pensée philosophique, l'état de vos ancêtres vous a toujours répugné. Cependant il y a bien des choses à dire là-dessus ; et vous avez d'autant plus de tort de blâmer mes opinions républicaines, que c'est à la démocratie pure ou à l'ochlocratie, comme il vous convient de l'appeler, que j'ai dû les plus beaux jours de ma vie, l'égalité parfaite dont j'ai joui, ainsi que ma famille, sous le gouvernement de la Convention.

Alors, mon fils, alors on ne me montrait plus au doigt, on ne me jetait plus les provisions de mon office sur la table du sceau ? pour que j'allasse les ramasser comme un chien fait un os. J'étais reçu, accueilli dans les clubs ; je votais à ma section ; je marchais en première ligne dans les fêtes nationales. Plus de dénominations injurieuses, plus de *Charlot-casse-Bras,* mais *citoyen* gros comme le poing, et je tutoyais un chacun. Tout était en France à la romaine, j'étais Romain ; et à Rome, mon fils, quelle n'était pas la considération pour mes pareils, dont les licteurs marchaient environnés ! Ces fonctionnaires étaient aussi nombreux que les soldats d'une légion. Les devoirs de leur charge ne se bornaient pas à mettre en croix, à administrer le pal, à jeter et serrer le lacet, à battre de verges, à frapper de la hache ; huissiers du sénat, ils mettaient à exécution les mandats d'arrêt ; gardes du corps des premières autorités de la République, ils précédaient, armés de leurs faisceaux, le dictateur, les consuls, les préteurs, les vestales et le triomphateur.

Je ne vous dirai pas que leurs prérogatives s'étendaient aussi loin que celles du bourreau d'Angleterre, qui, après avoir tranché la tête à Marie Stuart, poussa l'intrépidité, ainsi que le certifie Brantôme, jusqu'à outrager le corps de cette reine, belle encore, et long-temps oublié sur le tapis d'un billard ; mais je vous dirai que, chez les Romains, peuple classique, nulle vierge, aux termes de la loi, ne pouvant être mise à mort par un licteur, le licteur jouissait du privilége de lui ravir ses prémices avant que de lui ôter la vie. Tel fut le sort, à l'âge de vingt ans, d'une prêtresse de Vesta qui avait laissé éteindre le feu sacré. Tel fut celui de la fille de

Séjan, principal ministre de Tibère, à peine âgée de sept ans.

Et vous voudriez que, pour moi et les miens, j'abjurasse mes principes républicains, que je perdisse, à tout jamais, l'espérance de voir renaître dans ma patrie les jours de l'égalité ! Ah ! ne vous en flattez pas : peut-être sont-ils plus imminents que vous ne le croyez ; le passé n'a point appris aux pilotes à éviter les rescifs, et déjà leur inexpérience fait gronder l'équipage.

D'ailleurs, advienne que pourra, ma vie est pure, ma vie est sans tache. Les thermidoriens, quand ils eurent assassiné le grand homme, auraient bien voulu me trouver des torts : parce que, en montrant au peuple la tête de Charlotte Corday, je lui avais donné un soufflet sur chaque joue ; ils m'ont fait condamner à huit jours de prison ; mais c'était une des injustices les plus criantes de la réaction. Assez.

Vous me dites que, si vous n'y faisiez pas de notables changements, on ne laisserait point paraître mon livre, et vous ajoutez que ce serait une chose équitable que cet attentat à la liberté de la presse. Il était bien juste aussi que je trouvasse en vous un partisan de la censure ; mais enfin, puisque je tiens à être imprimé, et que je ne puis me procurer cette satisfaction si vous ne prenez la peine d'émonder mes productions, je vous donne carte blanche.

VOTRE PÈRE.

CHAPITRE III

APPARITION ET PREMIER USAGE DE LA GUILLOTINE

Les divers genres de supplices usités en France avant la révolution. — L'assemblée Constituante décrète que tout condamné à mort aura la tête tranchée. — Invention de la guillotine. — Services réels qu'elle rendit à l'humanité pendant le règne de la terreur. — Anecdotes relatives à Danton et à Camille-Desmoulins. — Premier guillotiné. — Aventure, à ce sujet, du jeune Agasse, propriétaire du journal le *Moniteur*, et du général Lafayette. — Tribunal extraordinaire créé, après la journée du 10 août, pour égorger les amis du Roi. — La guillotine transférée sur des places diverses. — Un puisard est creusé sous l'instrument de mort. — De la préposition de, et de la qualification de *saint*, — Anecdotes touchant M. de Laporte, intendant de la liste civile. — Du prétendu comité autrichien. — Des *Mémoires* de la femme Lamotte. — Du dénonciateur Merlin de Thionville, et de son aventure avec une nymphe alsacienne. — MM. de Laporte et Durosoy sont exécutés sur la place du Carrousel. — Singulier testament de ce dernier.

POUR plaire aux amateurs des *Causes célèbres,* de la *Gazette* et du *Courrier des Tribunaux*, j'aurais dû commencer ce chapitre par la nomenclature des supplices de tous genres qui sont en usage tant en Europe que chez les Barbaresques ; mais elle eût été trop longue, parce que chaque peuple a ses modes particulières, et qu'en fait de cruautés, le génie de l'homme, dans ses raffinements, outrepasse le génie du démon.

Je me bornerai donc à vous remémorer qu'avant la Révolution, et la philosophie commençant déjà à luire sur notre hémisphère, la justice ne connaissait plus en France que cinq manières de délivrer à un condamné son passeport pour l'autre monde. Aux vilains le gibet était *hoc*, ainsi que la roue, le bûcher et *l'écartèlement* à quatre chevaux, avec accompagnement de plomb fondu dans les veines, déchirées par des tenailles ardentes, lesquelles manières étaient précédées de la torture extraordinaire. Aux nobles seulement, ou fils de bon lieu, était réservée la décollation avec hache luisante ou damas affilé. C'était le temps où mon métier exigeait impérieusement de l'application, du positif et de la classification. Mais l'assemblée Constituante, qui n'a jamais fait que des sottises, ainsi que c'est prouvé aujourd'hui à la tribune et en chaire, oubliant de graduer les peines sur l'échelle des délits, et confondant roture et noblesse, réduisit, sans trop de façons, ces cinq manières de procéder à une seule.

En effet, le 3 juin 1791, elle décrète que « la peine de mort consistera désormais dans la simple privation de la vie, sans qu'il puisse jamais être exercé aucune torture envers les condamnés. *Tout condamné à mort aura la tête tranchée.* »

À partir de cette loi, une machine appelée *guillotine,* du nom de son inventeur, le docteur en médecine Guillotin, membre de l'assemblée Constituante, devint le seul instrument de la décollation.

Bien qu'il ne manquât ni d'esprit ni d'instruction, Guillotin a été dévoré de chagrins jusqu'à la fin de ses jours, tant pour avoir inventé cette machine que parce que son nom lui était resté. Il ne vit pas quel immense service cette invention avait procuré à l'humanité durant nos troubles révolutionnaires. Sans cet instrument expéditif, qui ne l'était point encore assez au gré des faiseurs de 93, dans leur impatience d'expédier leurs ennemis et de s'emparer de leur fortune, il est indubitable qu'ils eussent adopté les mesures de mes collaborateurs Danton, Carrier, Collot-d'Herbois et Maignet, tous quatre députés à la Convention, dont le premier organisa dans Paris les *boucheries* de septembre, le second les *noyades* de Nantes, le troisième les *mitraillades* de Lyon, et le quatrième les *fusillades* d'Orange et l'incendie de Bédouin.

Alors ce n'eût pas été seulement par *fournées* de trente, soixante et quatre-vingt-dix individus par jour que l'on eût envoyé à Paris les hommes sous la hache, ils eussent été conduits dans la plaine de Grenelle, et hachés à coups de canon et de mousquet par-centaines d'abord, ensuite par milliers. Et le peuple souverain eût assisté à ce spectacle, renouvelé des amphithéâtres de Néron, de Caracalla, avec cet empressement, cette hilarité qu'il apportait aux exécutions en miniature dont on le régalait sur la place de la Révolution.

C'est donc, je le répète, un immense service que Guillotin a rendu aux aristocrates, aux patriotes, aux riches et aux pauvres : car, sous le niveau de l'égalité, chaque fraction du peuple, et tous les partis indistinctement, mettaient tour à tour leur nez à *la chatière ;* sur quoi Danton, effrayé des progrès de la doctrine du meurtre, que le premier il avait prêchée avec tant de succès, s'écria à la tribune : « Si les membres des comités de gouvernement continuent à mettre la France en coupe réglée, je n'y vois bientôt plus qu'un seul homme debout, le bourreau, qui, n'ayant plus personne à guillotiner, finira par se guillotiner lui-même de désespoir. »

Danton, qui m'avait fait un salut si amical et serré la main dans les couloirs du Manége, comme il se rendait au comité de sûreté générale, accompagné de ses amis Fabre-d'Églantine. et Camille Desmoulins, pour y dresser avec eux l'acte d'accusation des Girondins, Danton ne me rendait pas justice cette fois là ; j'aurais guillotiné toute la France, c'est vrai, et mes œuvres font foi ; mais me suicider ! j'avais trop de moralité pour ça !

Avant de parler de ceux que le rasoir national atteignit les premiers, disons un mot de deux individus qui, les derniers, subirent le supplice de la corde. Issus d'une famille bourgeoise, ayant reçu une éducation libérale, ils étaient frères, propriétaires en commun du journal *le Moniteur,* depuis l'établissement de cette feuille, et s'appelaient Agasse. Convaincus de fabrication de faux effets publics, ils furent condamnés à être pendus. L'arrêt reçut son exécution, rien de plus simple ; ce qui ne l'est pas autant, c'est que leur ignominie procura des épaulettes à leur frère cadet. — Comment cela ? — Le voici :

En 1790, époque des *dons patriotiques,* de l'épanchement des sentiments libéraux, de la démolition de La Bastille et de la dispersion des *us* et coutumes du bon vieux temps, on crut s'apercevoir qu'il n'y avait pas une forte dose de sens commun dans l'institution féodale voulant que le jugement qui ordonnait de couper le cou à un gentillâtre fût à perpétuité un titre de noblesse pour sa race, tandis que la sentence qui condamnait un manant à finir ses jours avec une cravate de chanvre, couvrait sa famille d'un éternel opprobre ; on voulut qu'à l'avenir, la honte appartînt à la mémoire de celui qui avait commis le crime, et non à ceux qui n'y avaient pris aucune part.

En conséquence, pour donner cette direction à l'esprit public, on fit en sorte que le troisième frère, le jeune Agasse, ne fût pas le moindrement entaché de la faute de ses aînés. Afin d'arriver à ce but, non-seulement on ne voulut point accepter sa démission de garde national du bataillon de Saint-Honoré, où il servait en qualité de simple volontaire ; mais Beaulieu, acteur du théâtre des Variétés, et lieutenant dans ce bataillon, donna volontairement sa démission du poste qu'il occupait, afin de le rendre vacant et d'y faire nommer Agasse. Le général Lafayette, commandant de la milice parisienne, l'y reçut lui-même à la tête de sa compagnie, lui donna l'accolade, et l'invita à dîner chez lui avec ses chefs de bataillon. Depuis lors, Agasse le jeune n'a pas cessé de jouir de l'estime publique ; il a conservé jusqu'à sa mort la propriété du *Moniteur,* et l'a transmise à sa veuve, qui en jouit encore (octobre 1829).

Le premier qui laissa la vie sous le fer de la guillotine était un homme obscur nommé *Lieutaud,* condamné aussi pour fabrication de faux billets de banque ; mais ceux qui subirent immédiatement le même supplice, étaient des hommes remarquables, attachés au Roi, accusés d'avoir tramé contre la nation dans la journée du 10 août, qui précipita Louis XVI de son trône ; lorsque cette trame, au contraire, avait été ourdie, à la face d'Israël, contre le monarque par l'écume de la France.

Arrêtés le lendemain de cette catastrophe ou les jours suivants, ces fidèles serviteurs furent traduits devant un tribunal *extraordinaire,* créé le 17 août 1792 par l'assemblée Législative, pour connaître de ce qu'on appelait les crimes du 10 du même mois. Jaloux de remplir son mandat, ce tribunal d'exception, digne précurseur du *tribunal révolutionnaire* qui allait apparaître, se hâta d'en finir avec les prétendus coupables qui lui étaient dévolus. Je ne ferai mention que de deux de ces victimes, Laporte et Durosoy, mon intention n'étant pas d'enregistrer ici tous ceux qui me sont passés parles mains ce qui formerait un catalogue plus volumineux que *l'Encyclopédie* par ordre de matières.

Depuis que cet arbre de mort, appelé le tribunal extraordinaire, eut commencé à porter ses fruits, ce ne fut plus sur la place de Grêve que je fis jouer mon instrument ; les autorités du jour changèrent plusieurs fois l'emplacement des exécutions. De 1792 jusqu'à la fin de 1794, elles eurent lieu sur la place Louis XV, dite de la Révolution ; sur le terrain récemment nivelé où avait été située la Bastille ; au Champ-de-Mars, tout proche de la rivière ; à la barrière du Trône, où l'on me pria, comme priait le comité de sûreté générale, de faire creuser un entonnoir au pied de l'échafaud, pour conduire, au moyen d'un canal souterrain, le sang des conspirateurs dans les marais les plus voisins ; et d'abord ces exécutions eurent lieu sur la place du Carrousel, en face du château des Tuileries, où, comme de juste, devaient être frappés des sujets attachés à leur Roi : de ce nombre étaient les deux individus que je viens de nommer.

D'abord M. Laporte.... Pardon, lecteur, je serais tenté de croire que ce particulier s'appelait *de* Laporte ; mais, à l'époque que j'essaie de retracer, on avait tellement pris en grippe cette préposition féodale, qu'il était défendu, sous peine *de suspicion,* de la placer devant un nom propre, soit en parlant, soit en écrivant.

Un pauvre diable d'aristocrate, ramassé par une patrouille parce qu'il n'était pas nanti d'une *carte de sûreté,* fut conduit à l'un des quarante-huit comités révolutionnaires pour qu'il eût à prononcer sur son sort. — Comment t'appelles-tu, citoyen ? lui dit le président, qui avait nom *Mutius-S'envola.* — Je m'appelle de Saint-Sauveur. — Sais-tu bien que voilà une réponse qui sent diablement le fagot ? — Parce que ?... — Parce qu'il n'y a plus de *de.* — Eh bien ! Saint-Sauveur. — Il n'y a plus de *saints.* — Alors Sauveur tout court. — Fanatisme tout pur, il n'y a plus de *Sauveur* ; menez-moi cet homme à la maison d'arrêt. — Non pas, président ; puisque je ne suis rien du tout, tu n'a pas le droit de me faire arrêter. — Et tandis que le président rumine à part-lui sur l'étendue de ses droits, mon suspect de sortir tranquillement de l'antre de Cacus.

Quant aux saints, ils inspiraient autant d'horreur aux républicains que l'eau à un hydrophobe. Le *décadi,* jour qui remplaçait le dimanche, on n'affichait plus au coin des rues. Il y a bal à Saint-Denis, à Saint-Ouen, à Saint-Cloud, mais bien il y a bal à *Nis, à Ouen, à Cloud.*

M. de Laporte, intendant de la liste civile, vieillard âgé de 69 ans, fut envoyé au tribunal extraordinaire sur la dénonciation de Merlin de Thionville, qui l'accusa d'avoir fait brûler, dans les fours de la manufacture de Sèvres, cinquante-deux ballots contenant toute la correspondance du prétendu *comité autrichien ;* mensonge aussi bien nourri que tons ceux que se permettait à la tribune le susdit Merlin : car, outre qu'il n'existait point de comité autrichien à Paris, ces ballots ne renfermaient autre chose que les Mémoires mensongers de la femme Lamotte, achetés à Londres par le ministre pour qu'ils ne fussent pas répandus dans le public. M. de Laporte mourut avec fermeté. Sa figure vénérable, ses cheveux blancs, firent quelque impression sur la multitude qui encombrait le Carrousel. Monté sur l'échafaud, il examina avec attention l'instrument qui allait trancher ses jours, et, se retournant vers moi : « Ma conscience est pure ; j'ai fait mon de » voir, faites le vôtre. »

Encore une pause, s'il vous plaît ; j'ai l'honneur de prévenir, pour la dernière fois, ceux qui me liront, que de ma nature je suis chose légère ; que, loin de m'astreindre à suivre une route alignée. j'aime, errant par-ci, par-là, à voltiger de fleur en fleur ; et, qu'elle soit inodore ou nauséabonde, je m'arrête à caresser celle qui me plaît. Ce préambule est pour vous dire que, ayant parlé de l'homme qui poussa M. de Laporte sur la planche fatale, je me sens, moi, poussé du désir de glisser en passant un mot touchant ce dénonciateur banal.

Merlin, pauvre huissier à Thionville, dont il prit le nom, tomba député de la Moselle à l'Assemblée législative, ayant pour toute garde-robe son habit de première communion ; mais, réélu à la Convention, tant opéra l'huissier dans ses missions aux armées, qu'il y amassa d'immenses richesses, lesquelles il tira de leur cachette quand le sans-culotisme et la domination du *vertueux* Robespierre eurent pris fin ; affichant alors à la barbe des Athéniens un luxe désordonné, et faisant faire d'immenses travaux sur le Mont-Valérien, appelé aussi le Calvaire.

Toutefois ce n'est pas que le citoyen Thionville se refusât les jouissances clandestines dont les Spartiates de 93, si rigides qu'ils fussent d'ailleurs, ne purent jamais venir à bout de se sevrer. Étant en mission à Strasbourg, le conventionnel, une *carmagnole* rapiécée sur le dos, un bonnet gras sur son chef, un grand sabre au côté, et deux pistolets de la manufacture de Versailles passés dans une ceinture tricolore, se rend chez une nymphe alsacienne pour lui tirer sa révérence. Avant que de quitter le sanctuaire de Vénus, il dépose sur ses autels un *assignat* pour dernier grain d'encens ; cet assignat était de dix mille francs, au lieu de cinq cents, somme à laquelle le dévot personnage arbitrait la valeur d'une seule station. Le lendemain, il s'aperçoit de l'erreur, et revient dans le temple pour la réparer ; la déesse, ayant fait la sourde oreille, fut citée à comparoir devant Thémis. Elle ne nia point le poids de l'offrande ; mais, montrant du doigt sa partie adverse, elle demanda, en pleine audience, si, pour se déterminer à partager sa couche avec un demi-dieu d'une tournure aussi sale, elle pouvait exiger moins de dix mille francs. Par le demandeur il fut répondu que, puisqu'il s'agissait de couche, il y avait couche et couche, et qu'il présumait, non sans raisons apparentes, que celle de la princesse n'était pas toute jonchée de roses. Parties ouïes, le Rhadamante strasbourgeois, n'ayant cure des pouvoirs illimités dont était armé le représentant, et considérant qu'il n'existe pas en France de loi qui tarife les faveurs du beau sexe, prononce, en mettant les plaideurs hors de cause, que la défenderesse gardera ce qu'elle a touché, et le demandeur ce qu'il croit avoir gagné. Hué par les nombreux auditeurs, le Merlin, sans plus demander son reste, courut le lendemain presser la levée du siége de Mayence. Moi, je retourne sur la place du Carrousel, où je suis attendu par Durosoy.

Durosoy, dont le nom de famille était Farmaing, avait travaillé indistinctement et sans succès pour tous les théâtres de la capitale. Mis à la Bastille pour des ouvrages dont il n'était pas l'auteur, il était sorti de cette prison d'État avec aussi peu de célébrité qu'il y était entré et resta confondu, jusqu'à l'époque de la Révolution, dans les rangs des plus obscurs littérateurs. Incapable, dans ces temps de perturbation, de recourir au crime ou à la bassesse pour se tirer de la gêne dans laquelle il se trouvait, Durosoy projeta alors de faire un journal. Comme il roulait cette idée dans sa tête en se promenant au Palais-Royal, il rencontra un ami, M. Dubié, chargé de la direction du club des étrangers, qu'il aborda en le priant de le tirer de l'incertitude où il était. — J'ai besoin, lui dit-il, d'écrire pour vivre : je veux faire un journal ; mais de quelle couleur sera-t-il ? Serai-je royaliste, serai-je patriote ? — Eh ! bon Dieu, mon ami, les feuilles patriotiques sortent de dessous les pavés ; il y en a plus que d'acheteurs, et, avec elles, il n'y a pas d'eau à boire. Faites-vous aristocrate, il y a du courage à l'être ostensiblement ; on ne connaît que deux écrits périodiques de ce genre : les souscripteurs vous pleuvront, les ministres vous achèteront ; votre fortune est faite.

Cet avis fut accueilli de Durosoy avec enthousiasme, et il écrivit de même dans une feuille intitulée *La Gazette de Paris*, dans laquelle il se fit remarquer parmi les défenseurs les plus outrés du pouvoir arbitraire. Des sentiments honorables se glissaient cependant parmi les exagérations insensées de cet écrivain, et c'est à lui que l'on dut la généreuse idée d'engager les amis du roi à s'offrir comme ses ôtages, au moment où ce prince venait d'être ramené de Varennes, et se trouvait prisonnier aux Tuileries. A cette idée, Durosoy en joignit une autre dont il n'avait pas calculé tous les dangers, et qui servit plus tard de liste de proscription : ce fut de publier journellement les noms des personnes qui s'étaient offertes en ôtage.

Arrêté le soir même du 10 août, et traduit devant le tribunal extraordinaire, il fut condamné, sur un article de son journal dans lequel il proposait les moyens de défendre le château des Tuileries en cas d'attaque. Exécuté aux flambeaux le 25 août, jour de la Saint-Louis, il dit sur l'échafaud, où il monta avec autant de sang-froid que de courage : « Il est beau pour un royaliste de mourir le jour de la fête de son Roi ! »

Il avait fait, à la Conciergerie, un testament olographe qu'il déposa je ne sais où, mais dont je trouvai, après sa mort, une copie dans la poche de son gilet ; cet écrit porte : « Pour être utile à l'humanité quand je ne serai plus, je demande qu'immédiatement après mon supplice, on fasse servir mon corps à l'expérience de la transfusion du sang. »

CHAPITRE IV

VISITE DE SAINT-ANDRE A SON PÈRE LEUR ENTRETIEN

Où commence et où finit le *règne de la terreur*. — Attitude suppliante de l'Assemblée législative pendant le siége des Tuileries. — Son insolence après la victoire. — Un mot des journées de septembre. — Lâche incurie des Parisiens. — Sainte colère du ministre Roland. — Monstrueuse insouciance de l'Assemblée législative.

LE FILS.

JE viens vous remercier de ce que vous avez bien voulu me permettre de retrancher et d'ajouter à votre écrit.

Puisque votre intention est qu'il puisse fournir des documents sur *le règne de la terreur*, il me semble que vous auriez dû commencer par fixer l'étendue de ce règne, et je ne vois pas que vous en ayez dit un mot.

LE PÈRE.

Ce règne a été bien court !

LE FILS.

Vous voulez dire bien long.

LE PÈRE.

Il commence, ce me semble, à l'installation du tribunal révolutionnaire, et finit à la chute de Robespierre.

LE FILS.

Je ne partage point cet avis. Il a commencé plutôt le soir même du 10 août 1792, et a fini, comme vous le dites, à la chute de Robespierre, arrivée le 9 termidor an II de la République, ou 27 juillet 1794, ce qui donne à cette période une durée de deux ans moins treize jours.

LE PÈRE.

Et pourquoi faire remonter cette époque de notre histoire jusqu'au 10 août ?

LE FILS.

Parce que c'est après les combats partiels de cette journée, livrés successivement dans les trois cours alors existantes du château des Tuileries, que la populace de Paris et ses chefs déployèrent leur férocité : des cruautés, inséparables d'une première effervescence populaire, avaient été commises, il est vrai, lors de la prise de la Bastille, mais elles furent surpassées par les atrocités exercées envers les Suisses, si curieusement examinés et *palpés* sur le champ de bataille par des femmes, ou plutôt des furies, avant qu'elles les jetassent, respirant encore, au milieu des flammes des deux corps-de-garde où elles avaient mis le feu ;

Parce qu'après avoir jeté leurs fusils et leurs sabres par ordre de leur commandant, qui agissait lui-même de l'ordre du roi, alors détenu à l'Assemblée dans la loge du logographe, les Suisses désarmés furent impitoyablement égorgés dans le jardin des Tuileries, où ils se sauvèrent ; parce que trois cents d'entre eux, conduits à l'Hôtel-de-Ville, y furent massacrés sur l'escalier, comme l'avait été, le matin, Gaillot-Mandat, commandant de la garde nationale : assassinat commis sur Mandat par ordre de Pétion, maire de Paris, qui, dans la crainte d'être compromis aux yeux des anarchistes, se servit de ce moyen pour lui reprendre l'autorisation secrète qu'il lui avait donnée la veille de repousser la force par la force si le château venait à être attaqué ;

Parce que cette Assemblée législative si lâche, si indigne de l'Assemblée constituante, à laquelle elle venait de succéder, intimidée par le bruit des premières décharges, et ne sachant quelle serait l'issue du combat, fit demander au roi, qu'elle avait attiré dans son sein, qu'il eût la bonté de faire cesser cette lutte pour épargner le sang de ses sujets ; qu'ayant. obtenu ce qu'elle désirait, et sachant bientôt que, par suite d'un pareil ordre, les Suisses et les gens du château avaient tous péri, de suppliante qu'elle était, elle prit l'insolente attitude d'un triomphateur ; envoya le roi à la tour, et, pour mettre à mort ses amis, créa cet horrible tribunal extraordinaire dont vous parlez dans votre chapitre IV ;

Parce que, ce tribunal n'étant point encore assez inique au gré de la multitude, elle reconduisit en prison le marquis de Montmorin, qu'il venait d'acquitter, et l'égorgea le surlendemain ; parce que ces actes de cruauté, qui se passaient en août, présageaient les massacres prochains des 2 et 3 septembre suivants ; et que, depuis lors jusqu'à la chute du tyran, ce ne fut qu'une série d'assassinats journaliers, tant à Paris que dans le reste du royaume, la France n'ayant plus de loi que la volonté aussi atroce qu'arbitraire des comités de gouvernement.

LE PÈRE.

Et d'après ces données, j'aurais dû, si elles sont justes, comprendre dans mon travail les journées de septembre ?

LE FILS.

Sans doute.

LE PÈRE.

Mais j'en aurais parlé comme un aveugle des couleurs : ce fut, dans ces circonstances, la Commune qui se chargea de ma besogne.

LE FILS.

Raison de plus ; quand on est désintéressé, on parle sans partialité.

LE PÈRE.

L'habitude est une seconde nature ; il y a aussi des grâces d'état. La vue du sang ne me répugne pas plus qu'au chirurgien expérimenté qui ampute un bras, une jambe, ou fait une piqûre à la veine ; mais ici, j'avoue ma faiblesse, les saignées de septembre ont été si copieuses que, franchement, je ne me soucierais pas, fût-ce même pour compléter mon ouvrage, de m'appesantir sur un sujet semblable.

LE FILS.

A Dieu ne plaise que je vous donne un tel conseil ; mais, sans vous appesantir sur de telles horreurs, il était de la nature de votre livre de ne point les passer entièrement sous silence. A votre place, j'aurais dit :

Ces scènes de désolation qui firent périr trois mille deux cents individus sont froidement méditées par Danton, Lacroix, Tallien, Marat, Pétion, Manuel, Fabre-d'Eglantine, Camille-Desmoulins, Robespierre, et exécutées avec ordre, avec calme, comme s'il s'agissait d'abattre des animaux dans une boucherie.

J'aurais dit : Les lieux où ces victimes sont parquées pour recevoir la mort sont : la Conciergerie, la Force, le Châtelet, l'abbaye Saint-Germain, le séminaire Saint-Firmin, le couvent des Carmes, le cloître des Bernardins, Bicêtre et la Salpétrière.

J'aurais dit : Les massacres durent cinq jours ; les massacreurs sont en si petit nombre qu'ils peuvent être facilement contenus ; mais, par une lâcheté sans exemple, les habitants de Paris restent spectateurs immobiles. Par une complicité satanique, la stupide Assemblée législative, composée de sept cent cinquante mandataires du peuple français, reste, cinq jours et cinq nuits, impassible, sourde aux cris des femmes, des enfants qui viennent la conjurer d'arracher aux sicaires leurs pères, leurs maris qui ont le poignard sur la gorge. La garde nationale croit ne pouvoir marcher au secours de ceux que l'on tue sans l'ordre exprès de son commandant Santerre, qui ne le donne pas. Et, l'*ouvrage* fini, les cannibales qui l'ont exécuté, et que dès lors on appela *septembriseurs,* viennent, les manches retroussées, demander leur salaire, et sont payés par la Commune, composée en partie de Tallien, de Robespierre et Billaud-Varennes, qui, deux jours plus tard, vont, pour prix de leurs exploits, être nommés à la Convention.

Comme les choses expriment mieux les passions que les discours, j'aurais tiré deux faits de ce chaos d'iniquité. J'aurais peint, dans la cour du palais de justice, les septembriseurs qui viennent d'arracher de la Conciergerie la bouquetière accusée d'avoir fait, par jalousie, un eunuque de son amant, dépouillant cette femme de tous ses vêtements, lui tenant les jambes écartées, et lui introduisant par force des bouchons de paille goudronnée dans le corps, y mettant le feu, et dansant un branle au bruit de ses hurlements.

Pressé de quitter l'enfer pour contempler un tableau céleste, j'aurais couru au couvent des Carmes de la rue de Vaugirard, où se passait un de ces actes solennels qui font époque dans l'histoire des hommes. Par un raffinement de barbarie et d'avarice, Manuel, membre de la Commune, était venu lui-même annoncer aux prêtres renfermés dans ce couvent que, le lendemain, vers les cinq heures du soir, ils seraient déportés et conduits hors de France ; qu'ils pouvaient, en conséquence, envoyer chercher par leurs amis ce qu'ils avaient de précieux pour s'en aider dans leur voyage.

Le lendemain, c'était un dimanche, à l'heure dite, on vint effectivement s'emparer d'eux ; on les chercha dans la maison, dans le jardin, et on les fit tous entrer dans l'église du couvent, lieu désigné pour l'exécution, où ils se trouvèrent au nombre d'environ trois cents.

Un vieillard blanchi dans la maison du Seigneur et dans la pratique des bonnes œuvres, qui, depuis sa réclusion, quittait rarement l'église, où on le voyait toujours en prières, Dulau, archevêque d'Arles, s'aperçût bientôt que ce n'était pas leur déportation, mais leur mort qu'on voulait. Au lieu de soldats qui devaient protéger leur sortie de la capitale, c'étaient des figures sinistres, des cris affreux, des bras nus, faisant vibrer des armes menaçantes. Quand le saint évêque vit son troupeau ramassé autour de lui : *A genoux, mes enfants,* leur dit-il, *à genoux.* — Tous se prosternent. — *Notre dernière heure a sonné, nous allons paraître devant Dieu. Au nom de ce Dieu tout-puissant, du Dieu des miséricordes, je vous absous et vous donne sa sainte bénédiction.*

Levez-vous. — Ils se lèvent. — *Mes vœux sont exaucés ; des deux entr'ouverts je vois descendre sur vos têtes la couronne du martyre. Remerciez Dieu.* — Une seule acclamation se fait entendre : — *O mon Dieu ! je vous remercie.* — Et s'adressant aux cannibales ; — *Vous pouvez commencer.*

Je n'aurais pas oublié non plus ce ministre Roland, si plein de rudesse et de probité, se présentant à l'Assemblée pour lui reprocher son incompréhensible incurie pendant qu'on assassine, et lui disant, dans sa sainte colère : « Représentants, j'avais fait ouvrir les barrières pour faciliter l'évasion des innocents qu'on assomme par milliers ; et vous, pour fournir plus d'innocents aux assommeurs, vous avez permis qu'on refermât ces barrières ; représentants, malédiction sur vous ! »

Il me semble encore que vous auriez pu ajouter

LE PÈRE.

Et il me plaît à moi que vous n'ajoutiez plus rien.

CHAPITRE V

DE LA RELIGION ET DES CULTES DIVERS PENSANT LA TERREUR

Flagellation de marquises et comtesses dans l'église des Théatins. — Blasphèmes de deux conventionnels et du substitut du procureur de la Commune. — Calendrier républicain. — C'est aujourd'hui sainte Chicorée, vierge et martyre. — Jeu de cartes républicain. — Abjuration du prêtre Gobel, évêque de Paris. — Saturnales dans le sein de la Convention. — Repentir de Gobel allant à la mort. — Culte de la déesse Raison. — Son cortège. — Joujoux et breloques à la mode pendant la terreur. — Anecdotes. — Héros à cinq cents francs ; leurs occupations, — Bustes de Chalier, de Marat, de Saint-Fargeau ; détails, anecdotes. — La métropole souillée par le culte de la Nature. — Singulières prophéties accomplies. — Dévoûment de quelques disciples du Christ. Les saints mystères des catacombes se renouvellent dans Paris. — L'abbé Fauchet. — La loi agraire. — La *Bouche de fer*. — Qu'est-ce, dans le jardin du Palais-Royal, que ces autres jardins aériens à la façon de Sémiramis ? — Religion à la mode de l'abbé Fauchet. — Robespierre détrône l'athéisme d'Hébert ; puis le *sans-culotte Jésus* de l'évêque Fauchet, et le remplace par un Être-suprême improvisé. — L'Être-suprême de Robespierre tombe avec lui. — La Réveillère-Lépaux le ramasse, en compose ses *Théophilanthropes*, qui sont culbutés à leur tour par une plaisanterie, et cèdent la place à la religion de nos pères.

QUAND le serment de fidélité à la nouvelle constitution civile du clergé, décrété par l'Assemblée constituante, fut imposé aux ecclésiastiques, le schisme qui s'établit entre eux à cette occasion fut un grand scandale pour la France, et devint une affaire de parti. La dénomination de prêtres *assermentés* fut donnée aux uns, aux autres celle de *réfractaires*.

Les aristocrates devinrent dévots et allèrent à la messe pour narguer les patriotes. La canaille, qui n'avait guère de religion, et qui ne demandait pas mieux que de n'en point avoir du tout, ne fit pas grande distinction entre les *bons* et *mauvais* prêtres, qu'elle qualifia indistinctement de *calotins*. Une soutane, une tonsure étaient pour elle des insignes de réprobation, et celui qui avait le malheur ou le courage de les afficher dans les rues y était couvert de boue, assailli de troncs de choux et de gravois, quand elle en trouvait sous sa main.

Les poissardes et les forts de la halle se portèrent à plusieurs reprises dans les églises où les prêtres réfractaires officiaient, notamment aux Théatins, rendez-vous des sommités du faubourg Saint-Germain. Cette troupe furieuse, après avoir chassé, maltraité l'officiant, renversé l'autel, se partageait le reste de la besogne. Les forts s'emparaient des chaises, des bancs pour tomber sur les comtes, les chevaliers ; et les harengères, munies de verges, fustigeaient à tour de bras marquises et duchesses. Dieu sait si aucune autorité avait le vouloir ou la puissance de réprimer ces excès !

Bientôt, dans la crainte d'être confondus avec les insermentés, les prêtres constitutionnels désertèrent les temples, dont on fit des magasins à fourrages, des ateliers de salpêtre, des fabriques d'armes. Alors plus de culte, partant (pour me servir de l'expression du temps) *plus de bon Dieu*.

Et comment le peuple eût-il conservé une ombre de religion quand, un peu plus tard, ses législateurs lui disent à la tribune nationale par l'organe du conventionnel Dupont : « Non, il n'y a point de Dieu », et que Couthon lui répond : « S'il y en a un, il fait bien de se cacher, car nous le déclarerions suspect ; » lorsqu'il lit dans les feuilles du père Duchesne, rédigées par le substitut du procureur de la Commune : « *Mais boug.. d'imbécille, Dieu, c'est toi, c'est moi, c'est une carotte, c'est toute la. nature* ; *et voilà !* »

Les carottes, en effet, jouaient alors un grand rôle. Un calendrier républicain ayant été substitué au calendier grégorien, la semaine fut convertie en *décade* ; les jours, les mois reçurent une dénomination nouvelle, et dans le calendrier nouveau, au lieu de conserver les noms des saints à la suite de chaque jour, on plaça en regard celui d'un instrument aratoire ou d'un légume, comme salsifis, ciboule ou carotte ; et les femmes du marché allaient disant : « *C'est aujourd'hui sainte Chicorée, vierge et martyre, qui est-ce qui en veut ?* »

Comme la division du temps par décades laissait cinq jours en dehors de l'année, on en fit des jours complémentaires, qu'on baptisa du nom de fêtes *sans-culotides*. Alors, d'après notre manière de compter les jours, nous fûmes en désaccord complet avec presque toutes les nations de l'Europe, et, pour la commodité des relations commerciales et autres, on fut obligé d'avoir sans cesse à la main deux almanachs, afin de pouvoir mettre de la concordance dans les dates. Bonaparte, qui culbuta tant de choses, qui fut culbuté lui-même, culbuta aussi le calendrier républicain ; et l'ancien, accompagné de sa liturgie, de tous ses saints, revint d'émigration et rentra en France le 1er janvier 1806.

Sur nos jeux de cartes, dès le mois de septembre 1792, le roi de carreau et ses confrères cédèrent la place à des canonniers, mèche en main, pipe à la bouche. Quand l'acteur Molé faisait une partie d'échecs sur la scène, il ne disait plus *échec au roi,* mais *échec au tyran*.

Allons, voilà encore mon imagination qui trotte comme une folle, et s'en va, au lieu de suivre son droit chemin, butinant à dia et à hurhaut. Comment (je reviens à ma narration) comment donc le peuple eût-il conservé une ombre de religion, voyant aussi Gobel, son évêque métropolitain, faisant chorus avec les impies, abjurer solennellement le catholicisme ? Ceci mérite explication.

L'ex-chanoine Gobel, né en Alsace, fut élu député aux États-généraux, puis nommé évêque constitutionnel de Paris. Sans principes, toujours flottant entre sa conscience et la peur, mais toujours immoral, il engagea le marquis de Spinola, ambassadeur de Gênes, à demander pour lui au pape une somme de cent mille écus, déclarant qu'à ce prix il était prêt à rétracter son serment. On juge bien que l'ambassadeur déclina cette étrange commission. Dès lors Gobel se laissa entraîner au torrent révolutionnaire. Admis dans la société des jacobins, on le vit des premiers adopter le sale costume des sans-culottes. Le jour de la fête de l'Ascension, en 93, il installa, comme curé des Petits-Pères, un prêtre marié, nommé Aubert, dont la femme assistait à la cérémonie. Étroitement lié avec Chaumette, Hébert, le Prussien Clootz et Perrera, il se laissa entraîner par eux à la Convention le 7 novembre 1793. Il s'y rendit accompagné de treize de ses vicaires et suivi d'une foule de misérables, traînant les chasubles, la crosse, la mitre et autres ornements pontificaux dans la fange des ruisseaux, et faisant leurs ordures dans les vases sacrés. Arrivé à l'Assemblée, il déclara « ne plus reconnaître d'autre culte que celui de la Liberté et de l'Égalité, et renoncer à celui du catholicisme, qu'il avait professé jusque-là. » En même temps, il remit sur le bureau de l'Assemblée ses titres de prêtrise, sa croix, son anneau pastoral, et se couvrit du bonnet rouge.

A ce signal, Chaumette, digne coopérateur de son collègue Hébert, entre dans la salle de la Convention précédé d'une musique militaire, suivi d'un ramas de bandits, de coureuses, et, s'avançant vers la barre, qu'il se fait ouvrir, il montre, dans un palanquin, la demoiselle Aubry, actrice d'une rare beauté, et dit : « Plus de dieu que la nature ; voilà son chef-d'œuvre ; c'est à lui que nous sacrifions. » La demoiselle Aubry descend de son palanquin, la musique joue une valse, et tout le sénat se met à danser, à valser avec l'actrice et ses dignes compagnes.

Gobel avait alors soixante-six ans. Cette infamie ne servit point à prolonger ses jours ; cinq mois après, il fut compris dans la *faction des athées,* et envoyé au tribunal révolutionnaire parle Comité de salut public. Enfermé à la Conciergerie, il écrivit à M. Lothringer, l'un de ses anciens grands-vicaires, le billet suivant, qu'il parvint à lui faire remettre par un inconnu : « Mon cher abbé, je suis à la veille de ma mort, je vous envoie ma, confession par écrit ; dans peu de jours, je vais expier, par la miséricorde de Dieu, tous mes crimes et les scandales que j'ai donnés. J'ai toujours applaudi dans mon cœur à vos principes. Pardon, cher abbé, si je vous ai induit en erreur ; je vous prie de ne point me refuser les secours de votre ministère, en vous transportant à la porte de la Conciergerie, sans vous compromettre, et, à ma sortie pour aller au supplice, de me donner l'absolution de mes péchés. Adieu, mon cher abbé, priez Dieu pour mon âme, à ce qu'elle trouve miséricorde devant lui.

Jean-Baptiste-Joseph Gobel. »

En allant à la mort, il donna de grandes marques de repentir, et la désolation qu'il manifestait offrait un contraste remarquable avec la parfaite sérénité de la jeune et belle veuve de Camille Desmoulins, qui périt avec lui.

Cependant, s'il n'y avait plus de Bon-Dieu, plus de saints, plus d'images, plus de culte enfin, il fallait bien remplacer tout cela par quelque chose. C'est en vain que des insensés veulent rendre les cieux déserts, il faut de la pâture à l'imagination de l'homme, et, quelque sauvage qu'il soit, s'il lui manque un législateur religieux, il se façonnera lui-même des divinités monstrueuses plutôt que d'en manquer, parce qu'il sent sa faiblesse. Pour objet de nos hommages, de notre encens, de nos adorations, on nous donna donc une divinité ; ce fut la déesse *Raison*. Il était impossible de faire un meilleur choix, car c'était le moment où il n'y avait plus de *raison* en France.

Les décadis, jours pendant lesquels il était défendu de travailler, d'avoir boutique ouverte (et du diable si on eût transgressé ce précepte), la déesse, représentée par la citoyenne Maillard, actrice colossale de l'Opéra, était traînée dans les rues de Paris, ou sur les boulevards, sur un char resplendissant. Les attributs de la Raison, merveilleusement adaptés à l'idole, étaient une pique à la main, un bonnet rouge sur la tête, un niveau sur la poitrine, et près d'elle une guillotine en acajou, posée sur un carreau de satin, blanc comme la vierge à qui cette charmante guillotine servait d'appui.

La guillotine était le joujou favori de l'époque. La citoyenne Aspasie, dont je dirai un mot si je songe encore à elle, en avait une en argent suspendue à son cou, et que je détachai moi-même lorsque je fis connaissance avec elle par suite de l'assassinat du représentant Ferraud, à qui elle enfonça la tête à coups de galoche, quand elle le vit expirant au pied de la tribune de la Convention. Des clubistes en portaient à la chaîne de leur montre en guise de breloque. Carrier en fit graver l'image sur son cachet. Son collègue Maignet, partant du comité de sûreté générale pour aller décimer le midi de la France, plaça dans sa voiture une guillotine en miniature, dont il m'avait fait demander les proportions, et qui lui servait, dans les auberges où il s'arrêtait, à couper la tête des poulets, des pigeons, des canards qu'on devait servir sur sa table, ne voulant pas en manger qu'ils n'eussent été *saignés* de cette manière.

Le cortège de la Raison était si nombreux, que, chacun désertant sa maison pour en faire partie, il n'y avait personne aux fenêtres pour le voir passer. N'ayez peur que, pendant la marche triomphale de de la déesse, aucun emblème religieux ou féodal vînt attrister ses regards. Une armée révolutionnaire, composée de *héros à cinq cents francs* pièce, somme à laquelle ils avaient arbitré leur besogne, était chargée de battre la ville et la campagne pour faire disparaître ces insignes. Non moins couverts de poussière que leurs camarades faisant rage à la frontière, ces braves de l'intérieur s'escrimaient contre le portail des églises, jetaient les saints à bas de leurs niches, abattaient les croix des clochers, renversaient toutes celles qu'ils apercevaient sur les routes, dans les cimetières, faisant en même-temps disparaître fleurs de lis et armoiries de tout édifice qui pouvait en être entaché. Si bien qu'après un tel abatis, la Raison, dans ses promenades civiques, dont le peintre David était le grand ordonnateur, ne rencontrait rien qui pût attrister ses regards ; tout, au contraire, réjouissait sa vue. Elle était entourée de bannières surchargées de devises à sa louange, escortée des effigies de ceux qui s'étaient sacrifiés pour elle : trois bustes brillaient parmi tous les autres.

Celui du bon Chaslier, premier bienfaiteur des Lyonnais, qui, voulant leur donner une seconde représentation des boucheries de septembre, attira ses concitoyens dans un traquenard et les fit égorger. O honte ! Le tribunal de Lyon avait eu la scélératesse de le condamner à mort, et ce jugement inique avait été mis à exécution !

Celui de Marat, en l'honneur duquel on venait d'ériger une chapelle au milieu du Carrousel, où ses fidèles pouvaient contempler son simulacre dans la baignoire où il avait reçu la mort de la main de Corday, et voir la planche, l'écritoire, la plume dont il s'était servi dans son bain pour rédiger le dernier article, hélas ! laissé imparfait, de son journal *l'Ami du Peuple*.

Et celui de Lepelletier-Saint-Fargeau, qui, sortant de voter la mort de Louis, fut tué au Palais-Royal, par un garde du corps, chez le restaurateur Février. La victime, en tombant, n'avait dit que ces mots : « J'ai froid. » Le grand faiseur Barrère, ci-devant marquis de Vieuzac, à qui les *carmagnoles* ne coûtaient rien, lui avait prêté ces paroles, qu'on pouvait lire sur le socle qui supportait l'image du nouveau saint : « Je suis satisfait de verser mon sang pour mon pays. » Plus véridique que le prosateur, un poète, qui ne jugea pas à propos de se faire connaître, composa cette épitaphe au défunt :

<pre>
                Ci-gît Le Pelletier,
                Président à Mortier,
                Mort en janvier,
                Chez Février.
</pre>

La procession nationale se dirigeait tantôt vers Notre-Dame, tantôt vers le Panthéon. Sous l'Assemblée constituante, le temple élevé à la patrone de Paris avait changé de destination. On l'a rendu la bergère de Nanterre depuis la restauration ; mais alors, destiné à recevoir les dépouilles mortelles des citoyens illustres, il portait pour inscription : *Aux Grands Hommes, la Patrie reconnaissante*. Il était donc de toute justice que les cendres de l'ami du peuple y allassent figurer entre celles de Voltaire et de Rousseau. Moins patriote que Saint-Just, qui voulait, étant au comité de salut public, que, pour rendre la moitié de la France heureuse, on tuât l'antre moitié, Marat, deux jours avant sa mort, s'était borné à demander qu'on abattît encore trois cents mille têtes. C'était bien, puisque l'on proscrivait le *modérantisme*, un peu de modération à lui reprocher ; mais, passant sur cette faiblesse, la divinité Raison aimait à aller le visiter dans sa gloire jusqu'à ce qu'on leur eût donné à l'un et à l'autre l'égoût Montmartre pour sépulture dernière.

Si on chantait des hymnes funèbres au Panthéon ; si des réchauds exhalant la myrrhe, des soucis et des cyprès y jouaient un grand rôle, moins triste était le rite usité dans la métropole : on eût dit que le polythéisme allait renaître. Là, deux fières déesses, se rencontrant, se toisaient des pieds à la tête, la Raison et la Liberté ; cette dernière représentée en chair et en os par la revendeuse à la toilette Justine Chonchon, non moins athlétiquement moulée que sa rivale Maillard. Le grand-prêtre Hébert, autrement dit Père Duchesne, leur prêchait *la paix et l'union, suivies de la concorde et de la tranquillité.* Sur quoi, les deux princesses, après s'être donné *l'accolade fraternelle,* prenaient chacune un nègre par la main, et commençaient une sarabande sur l'air de la romance :

Aristocrates, vous voilà tous f.....

A ce signal, moines et religieuses décloîtrés d'entrer en danse, le vin de couler, le culte de la nature d'être préconisé, et le précepte d'être mis à exécution par plus d'un ardent néophyte dans les replis obscurs du sanctuaire.

Alors furent accomplies trois prophéties : celle du prédicateur Beauregard, annonçant en chaire que la philosophie du jour (1774) finirait par déchaîner sur la France toutes les puissances de l'enfer, et que la maison de Dieu serait souillée par des abominations qu'on n'aurait point encore vues.

Un peu plus gai et visant aussi juste, le chevalier de Lisle, dans des couplets qui datent de 1778, prédit que les moines et les nonnes, envoyant la guimpe et le froc aux orties, danseront prochainement de galantes chaconnes, et que

Le roi notre maître,
Se croyant un abus,
Ne voudra plus l'être.

Et, en 1784, le Beaumarchais, furieux de ce qu'on refusait de laisser représenter le *Mariage de Figaro,* s'écria, parlant de la cour et du ministre de Paris : « Ils ne veulent pas qu'on joue ma pièce sur un théâtre, eh bien ! je la ferai jouer dans le chœur de Notre-Dame. »

Toutefois, pendant ces saturnales, il existait dans l'ombre quelques prêtres fidèles au culte de la croix. Ils étaient rares, parce que, n'étant assermentés, il y allait pour eux de la vie s'ils étaient découverts. Ce n'était plus la maison du riche qu'ils habitaient, mais le toit de l'indigent, la cabane du maraîcher, à l'extrémité d'un faubourg. Les temps fertiles en crimes le sont en vertus. Quoique la masse du peuple fût profondément pervertie, il se trouva dans la classe la plus infime des âmes généreuses ; et si les domestiques furent les dénonciateurs les plus acharnés de ceux dont ils avaient mangé le pain, il s'en trouva qui recueillirent dans un grenier leurs maîtres réduits à l'aumône, et travaillèrent à la lueur de la lampe pour les faire subsister ; plusieurs même s'exposèrent à périr et périrent du dernier supplice pour avoir caché des proscrits.

Nouveaux apôtres, plus exposés que sous le règne de Dioclétien, ces prêtres insermentés se rendaient chez les affligés qui n'avaient plus de consolations que la douce observance de la loi du Christ. Recommençant les scènes des catacombes, le ministre de l'Évangile visitait les chrétiens, tantôt pour célébrer dans une cave, dans un réduit obscur, le sacrifice de la messe ; tantôt pour leur porter le viatique qu'il tenait suspendu à son cou dans un reliquaire, afin de consommer lui-même l'hostie consacrée, crainte qu'elle ne fût profanée, si, eu allant où son devoir l'appelait, il était reconnu et arrêté. Il n'est pas de dangers que n'aient bravés ces martyrs de la foi. On en a vu, au moment où les tombereaux allaient partir pour la place de la Révolution, pénétrer jusque sous les voûtes de la Conciergerie pour fortifier du pain des anges ceux qui allaient à la mort. Ainsi, comme des marais les plus fangeux s'élancent de brillans météores, ainsi d'un océan de crimes jaillissaient des actions héroïques[1].

Le premier exemple du dévergondage des prêtres avait été donné en 1789 par l'abbé Fauchet. Rayé, quelques années auparavant, de la liste des prédicateurs de la cour, parce que la manière philosophique et un peu leste dont il interprétait la morale évangélique ne plaisait point au plus religieux des princes, Fauchet, ulcéré de cet affront, se lança dans le tourbillon de la révolution. La soutane retroussée, le sabre à la main, l'expression cavalière à la bouche, il marcha l'un des premiers contre la Bastille. Le prêtre qui a une fois franchi les bornes de la décence va vite et va loin. Après son expédition militaire, Fauchet se mit à prêcher la loi agraire ; non pas celle des Romains, qui se bornait à répartir les terres des vaincus entre les légionnaires vétérans, mais une loi en conformité de laquelle toutes les propriétés territoriales de la France seraient distribuées par égales portions entre tous et un chacun de ses habitants.

Pour faire fructifier ce système, il réunissait ses nombreux auditeurs, appelés *gobe-mouches,* au club de la *Bouche-de-Fer* : établi par lui dans le cirque tout flambant neuf du Palais-Royal. Hommes de la nouvelle génération, vous me demanderez peut-être ce que c'était que ce cirque implanté au beau milieu du Palais-Royal : c'était un long boyau construit par le duc d'Orléans, autrement dit *Phi lippe-Egalité* ; l'emploi n'en était pas bien déterminé, mais il pouvait servir à des exercices gymnastiques ou à des fêtes. Ce monument, qui s'élevait à quinze ou vingt pieds au-dessus de terre, était dominé dans toute sa longueur par une terrasse sur laquelle, à la façon des jardins de Sémiramis à Babylone, on voyait des fleurs, des arbres entremêlés de cascades et de jets d'eau. Cette huitième merveille a été détruite par *la Nation* pour mille et une raisons que je ne vous dirai pas.

C'était sous ces cascades, sous cette forêt aérienne que le houzard Fauchet, mêlant les choses du ciel avec les intérêts de la terre, que gens d'église séparent rarement, enseignait un catéchisme où les préceptes du Juste, qu'il appelait *le sans-culotte Jésus,* étaient étrangement travestis. Mais, comme on vient de le voir, cette nouvelle semence, au lieu de fructifier, fut étouffée par l'ivraie que la raison sema à pleines mains dans un terrain disposé à la bien recevoir.

Mais Robespierre, qui, pour me servir d'une expression homérique, faisait trembler le ciel et la terre en fronçant le sourcil, s'avisa de dire que les hommages rendus à cette déesse n'étaient qu'une parade, et ses semailles que de la zizanie. Il avait besoin d'une conspiration pour se défaire des membres de la Commune dont la popularité commençait à l'offusquer, il les accusa d'avoir conspiré contre le ciel, et les envoya tous, à commencer par le révérend père Duchesne, faire une station définitive à *Sainte-Guillotinette.* Après quoi, il fit décréter qu'à l'avenir il y aurait un bon-dieu, et au pardessus une cérémonie qu'on appellerait *fête de l'Être-Suprême.*

Mais à peine cette fête avait-elle été instituée, et présidée par lui au Champ-de-Mars, que ceux de ses collègues qu'il avait eu la bonté de laisser sur pied se dépêchèrent de le tuer pour arrêter ses tueries, qui étaient loin de toucher à leur fin. Maximilien mort et bien mort, voilà l'Être-Suprême de sa façon qui tombe avec lui et se brise en mille pièces.

Rien de perdu dans ce monde : voici venir un autre docteur qui ramasse ces morceaux et vous les rajuste d'une nouvelle manière.

Cet autre fondateur de confréries était le bon Réveillère-Lépeaux, élu, après la catastrophe du dictateur, membre du Directoire de France, et qui avait, à ce que nous apprend son collègue Carnot, une telle frayeur du pape, encore qu'il le tînt en prison, qu'il voyait, toujours sa sainteté à ses trousses, lui décochant sa bénédiction, et le plongeant dans un bénitier.

Un chef de secte doit être bel homme, parce que c'est par le canal des femmes qu'on se fait des prosélytes, et Réveillère était bossu. En Israël rien de beau comme un lévite ; la loi de Moïse ne permettait pas que l'enfant sur lequel on pouvait apercevoir une imperfection physique présentât le sel et l'encens, approchât du tabernacle. Fidèles aux rites mosaïques, jamais en France ni ailleurs, moines n'admirent dans leurs ordres un borgne, un bancal, un Ésope.

A la défectuosité de sa proéminence dorsale, le grand-prêtre Réveillère joignit la sottise de choisir, pour prêcher sa nouvelle religion, des disciples aussi mal tournés que lui. La morale qu'ils débitaient en chaire était bonne ; les prémices des champs, les gerbes qu'ils offraient à Dieu sur un autel, n'avaient pas mauvaise mine ; mais les fleurs dont ils se couronnaient étaient si fanées, leurs voix, leurs cantiques si pitoyables, leurs tuniques si malpropres, leur tournure si piètre, que les curieux qui coururent tout d'abord les voir et les entendre, au lieu de les nommer *théophilanthropes,* nom qu'ils avaient choisi, les appelèrent *filoux en troupe* ; et force fut au théophilanthropisme de s'en aller comme il était venu.

C'est au milieu de toutes ces culbutes religieuses que Bonaparte advint au consulat. On a dit que s'il en savait long comme soldat, il avait le nez court en fait d'institutions religieuses ; on a prétendu que, dans ce chamaillis, dans cette absence de religion prédominante, il aurait dû introduire en France le protestantisme. Je ne sais pas si, avec l'omnipotence de son sabre il aurait pu venir à bout d'un pareil projet ; mais ce que je sais comme tout le monde, c'est qu'il rétablit *le culte de nos pères,* qu'il rappela les prêtres de l'émigration, les dota, leur donna de la consistance, du lustre, et que ces messieurs, sentinelles avancées de la ligue monarchique, lui applanirent, par reconnaissance, le chemin de Sainte-Hélène.

1 Nous croyons qu'il est utile de faire observer que ce chapitre et les suivants ont été retouchés par Saint-André, ainsi que son père le lui avait permis, et que toutes les opinions et réflexions que contient cet ouvrage ne doivent être attribuées qu'au bourreau lui-même ou à son fils. *(Note de l'éditeur.)*

CHAPITRE VI

PARIS, LE JOUR ET LA NUIT

Disparition subite des voitures et des chevaux de luxe, ainsi que des livrées. — Costume des hommes ; celui des femmes. — Robepierre et ses gardes-du-corps. — Compagnie de tyrannicides. — Un paillasse sous la terreur. — Boutiques fermées. — Rues pavoisées. — Longs écritaux à chaque porte. — Inscriptions sur les édificès nationaux. — Activité et admirable dévoûment des femmes. — Voilà les charrettes mortuaires qui passent. — Anecdote tragique d'un nommé Fournier. — Au bruit des enclumes, des marteaux, des forges de Vulcain transplantées dans Paris, succède tout à coup le silence des tombeaux. — Comment, par qui est-il interrompu ? — Jamais il n'y eut moins de filoux et de voleurs. — Les fourgons. — Les patrouilles. — D'où vient ce chant isolé ? — A qui ce sabre retentissant sur le pavé ?

ON ne voyait plus d'équipages, de voitures bourgeoises, de livrées. Tous les chevaux de luxe avaient été mis en *réquisition,* c'est-à-dire confisqués au profit de *la Nation* pour le service des armées ; les fiacres mêmes étaient rares sur la place. Outre que c'était une espèce de somptuosité que d'en prendre un, et par conséquent le moyen de vous attirer des grossièretés, il ne servait point à accélérer votre marche, parce qu'un homme du peuple ne se dérangeait pas pour le laisser passer, et que, si une roue de la voiture ou la tête du cheval l'eût heurté, vous et le cocher vous eussiez été mis en pièces. Les piétons n'avaient plus à redouter ces voitures énormes de moellons, de dalles qui circulent dans Paris pour bâtir ; on démolissait, on ne construisait plus.

Sans être entièrement uniforme, le costume des hommes consistait généralement dans un pantalon, un gilet rond à manches, un bonnet de laine, des cheveux gras mal retroussés, et un énorme bâton à la main. Plus d'un de ces bâtons était une épine creuse, renfermant en pièces d'or toute la fortune de celui qui le portait, soit que déjà il fût sans domicile, parce qu'il avait fui à l'aspect d'un comité révolutionnaire qui venait apposer les scellés dans son logement ; soit que, dénoncé à sa section et déclaré *suspect,* il errât à l'aventure et craignît de rentrer chez lui.

La toilette des femmes n'était point aussi négligée, aussi sale. Point de chapeaux, de fleurs, de bijoux, nul ornement ; mais une simple robe de toile, un fichu de mousseline, une coiffe de linon, tout cela bien propre, et la coiffe surmontée d'une énorme cocarde tricolore, les femmes n'étant pas exemptes d'en porter.

• — Mais quel est cet homme à figure blême, au maintien raide, ayant un habit noir, linge bien plissé, la tête poudrée à blanc, un ample portefeuille rouge sous le bras, et dont la mise contraste si fort avec celle du jour ?

- — C'est Robespierre. — Ces *lurons,* mal vêtus, débraillés, marchant séparés, le suivant à distance, un bâton noueux à la main, un stylet dans la manche, sont ses gardes-du-corps, qui ont Henriot pour capitaine ; leur troupe est nombreuse, ils ne le perdent jamais de vue, ils couchent dans son antichambre.
- — Et celui-ci encore imberbe, portant un casque, une cotte de mailles, un glaive à l'antique et un poignard qu'il ne prend pas la peine de cacher ?
- — Il fait partie du *bataillon sacré,* composé de cent *tyrannicides,* qui ont juré de partir au premier signal de la Conveution pour aller assassiner le souverain qui leur sera désigné, où qu'il se trouve.
- — Voici qui est plus gai ; je vois un faiseur de tours de gibecière, près duquel la foule se rassemble ; approchons.
- — Vous vous trompez, étranger ; les faiseurs de tours, les. pierrots, les paillasses sont métamorphosés en déclamateurs. Celui-ci ouvre la bouche ; écoutons :

PAILLASSE.

Je suis fils de Brutus, et je porte en mon cœur
La liberté gravée et les rois en horreur.

- — Ma foi ! vous aviez raison : filons.
- — Paix donc ! ne parlez pas si haut.

On pense bien que le luxe, en tombant avec rapidité, avait causé la ruine d'une infinité de marchands et de fabricants, et que grand nombre de boutiques étaient fermées. On eût dit cependant que la capitale était parée comme en un jour de fête. A toutes les fenêtres brillaient des drapeaux aux trois couleurs ; et, se flattant qu'on mesurerait l'étendue de son patriotisme sur la longueur de sa bannière, tel Parisien faisait descendre cette oriflamme depuis son cinquième étage jusqu'au rez-de-chaussée.

Sur chaque porte était attaché un énorme écriteau offrant les noms, âges, professions de toutes les personnes, sans exception, qui habitaient la maison. Omettre un seul individu était un crime capital, parce que, en cas de *visite domiciliaire,* on voulait, à toute heure de jour et de nuit, avoir sous les yeux la demeure du malheureux que l'on traquait.

Sur tous les hôtels, et tous étaient abandonnés, on lisait, soit que leurs maîtres eussent émigré, ou que seulement ils fussent cachés, on lisait cette inscription funèbre : *Propriété nationale a vendre.*

Sur la porte des cimetières, et il y en avait beaucoup : *Champ du repos.*

Sur les grands édifices où les administrations étaient logées : *Liberté, égalité, fraternité, ou la mort)* ce que Champfort expliquait de cette manière : « Sois mon frère, ou je te tue ! »

Sur les tabagies remplaçant les cafés : *Ici on boit de la bierre, on fume, on chique, et on jure.*

L'herbe poussait dans trois quartiers, le faubourg Saint-Honoré, le faubourg Saint-Germain, le Marais. Cependant le bruit, l'agitation, la population de Paris n'étaient pas diminués. On y avait attiré tous les ouvriers des départements : pas un bras inoccupé, pas un individu désœuvré qui ne trouvât du travail. Nous avions l'Europe sur les bras ; il fallait la refouler sur elle-même, la vaincre, tout y tendait, et Paris était le nuage d'où partait la foudre. Le charonage des convois militaires et de l'artillerie, l'équipement de la cavalerie et de l'infanterie, l'extraction du salpêtre de toutes les caves soigneusement fouillées, la fonte des projectiles, la fabrication des piques, des armes à feu, le rafinement de la poudre à canon, enfin *la terre révolutionnée*, occupaient quatre cent mille ouvriers dans la capitale. Il n'était pas un vaste local, un cloître, une promenade publique, qui ne fût transformé en atelier et couvert de cyclopes. Le jardin des Tuileries étant à proximité de la représentation nationale, on en avait écarté le bruit des forges et des enclumes, pour ne pas troubler ses travaux ; on s'était contenté, après en avoir labouré le terrain, d'y planter des pommes de terre, d'y semer des navets, parce que, si nous avions des lauriers en abondance, il y avait disette de pain.

Dès que le jour commence à poindre, les femmes au-dessus du commun se mettent en mouvement. Jamais moins de procès civils, toutes les affaires de ce genre sont en stagnation, et cependant jamais plus de solliciteuses. Elles courent assiéger la porte du Comité de sûreté générale, des jurés du tribunal révolutionnaire, et surtout de l'accusateur public. Larmes, prières, souvent aussi le sacrifice infructueux de leur innocence, tout est mis en œuvre par la tendresse, l'amour, le désespoir, pour arracher à la mort un père, un époux, un amant. Anges consolateurs dans ce gouffre d'iniquité, elles ne quittent des juges inexorables que pour voler à la Conciergerie ou dans les maisons de réclusion. Spoliées déjà, dépouillées par des gardiens, des geoliers, s'il ne leur reste plus rien pour les attendrir, pour pénétrer près de l'objet chéri, restant des journées entières assises sur un banc, sur une pierre, elles tâchent, comme au Luxembourg, comme aux Madelonettes, de l'apercevoir sur une terrasse, à travers des barreaux, et, par signes, lui font entendre ou qu'il reste de l'espoir, ou que tout est perdu.

Sur le midi, on voit de tous les points de Paris la populace s'acheminer, dansant, chantant, vers les cours du Palais de Justice ; c'est l'heure à laquelle les chars mortuaires vont partir pour le lieu de l'exécution....

Dominant la multitude, placés entre les colonnes de la façade du *Palais-Égalité*, une femme du peuple et son enfant, âgé de six à sept ans, ont les yeux attachés du côté de la rue Saint-Honoré qui est à leur gauche.

LA MÈRE.

Ne t'avance donc pas tant, mimi, tu tomberas !

L'ENFANT.

Mais je te tiens par ta jupe.

LA MÈRE.

C'est égal, *monsieur,* vous tomberez. C'est la première fois que je vous emmène avec moi ; si vous vous penchez encore, ce sera la dernière.

L'ENFANT.

Ah ! les voici, les voici ! Maman, que de charrettes !

LA MÈRE.

Je n'en vois que six ; le beau venez-y-voir ! hier il y en avait neuf.

L'ENFANT.

Combien sont-ils de condamnés dans chaque voiture ?

LA MÈRE.

Dix seulement, et puis un garçon à guillotine. Tiens, vois-tu celui de la première charrette, celui qui est tout habillé de rouge, et fait des culbutes ?.... Bon, le voilà maintenant debout sur le timonier, et qui bat des entrechats.

L'ENFANT.

Pourquoi donc est-ce qu'il danse sur un cheval ?

LA MÈRE.

Pour faire rire le monde. C'est *Jacot,* c'est le plus farce.

L'ENFANT.

Et ces femmes échevelées qui se cramponnent aux chariots, qu'est-ce donc qu'elles disent aux conspirateurs ?

LA MÈRE.

Elles les agonisent de sottises, mon petit ; on les appelle *lécheuses de guillotine.*

L'ENFANT.

Et les connais-tu ceux qu'on vient de condamner à être fait mourir ?

LA MÈRE.

Pardine ! ce sont tous les anciens fermiers-généraux ; bonne *fournée,* ma foi !

L'ENFANT.

Et contre quoi qu'ils ont conspiré ?

LA MÈRE.

Contre la République.

L'ENFANT.

En quoi faisant ?

LA MÈRE.

En mettant de l'eau dans du tabac.

L'ENFANT.

Les monstres !... Voilà déjà les derniers qui passent ; allons les voir *éternuer dans le sac.* C'est pas loin la place de la Révolution.

LA MÈRE.

Pas de çà, monsieur, vous seriez écrasé par la foule ; quand vous serez plus grand, à la bonne heure.

Si, à l'heure où cette foule de charriots se rendait au lieu du supplice, vous aviez le malheur, en débouchant une rue, de vous rencontrer sur son passage, il vous était impossible de rebrousser chemin, de laisser échapper un signe d'émotion, sans vous exposer à être arrêté, conduit à un comité comme royaliste forcené, comme partisan de l'ancien régime. Plus d'une fois celui qui, pour déguiser ses sentiments, fit l'effort de porter son regard sur la charrette, y aperçut l'ami à qui la veille il avait serré la main dans la rue.

M. Acot, marchand de vins en gros, demeurant rue Saint-André-des-Arcs, près du Palais, avait invité à dîner M. Fournier, commis de M. Quatremère, marchand de draps, traduit devant le tribunal révolutionnaire, et accusé d'avoir fait des fournitures défectueuses pour les troupes. Remarquons, en passant, que, dans ce moment, des généraux s'étant plaints qu'on laissait le soldat sans habits, sans souliers, le comité de salut public, pour prouver aux armées, à qui on envoyait le *Moniteur,* qu'il n'y avait rien de sa faute, fit mettre en jugement et envoyer à l'échafaud un grand nombre de fabricants, de négociants, de cordonniers, comme ayant livré à la République des draps et des souliers qui n'étaient pas de durée.

On allait se mettre à table, quand un huissier du tribunal révolutionnaire, qui n'avait point trouvé Fournier chez lui, vint le chercher chez Acot, et lui dit de le suivre au tribunal, où il était demandé par le président, afin de témoigner dans l'affaire du citoyen Quatremère. La séance était commencée : Fournier, interrogé sur les fournitures faites par Quatremère, affirme qu'elles sont de bonne qualité et absolument conformes aux échantillons donnés pour modèle. — « Assez, lui dit le président, il est démontré que tu es aussi de la conspiration *liberticide* qui a juré de faire périr les soldats de la patrie par le dénûment. »

Plus d'une heure s'était écoulée, et Fournier n'était pas revenu. Il n'y avait qu'un pas de chez Acot au Palais, il s'y rend. Il n'a pas la peine de monter dans les salles : plusieurs charrettes étaient déjà chargées dans la cour, et, sur l'une d'elles, il aperçoit Fournier garrotté à côté de Quatremère.

La nuit venue, au bruit des enclumes et des marteaux ; aux vociférations des clubs et des assemblées de section ; aux hurlements des *tricoteuses* et des compagnes fidèles de la guillotine ; à des hymnes vraiment patriotiques, ainsi qu'à des chansons de cannibales chantées sur tous les théâtres, et répétées en chœur avec enthousiasme ou avec fureur par les spectateurs, succédait tout à coup le silence des tombeaux.

S'ils n'eussent eu pour objet que de garantir les habitants de la capitale des entreprises des voleurs et des filoux, les réverbères eussent été inutiles ; il n'y avait plus ni mendiants, ni filoux, ni voleurs ; et, à cet égard, les grandes routes étaient aussi sûres que les rues de Paris. Cette sécurité venait du départ de la jeunesse, qui, sans vouloir tirer au sort, s'était portée en masse aux frontières ; de ce que, comme on l'a déjà remarqué, il y avait du travail pour tous les bras restants ; et aussi de ce que tous les coupe-jarrets s'étaient enrôlés dans l'armée révolutionnaire. Ajoutez qu'une grande partie des femmes du peuple de Paris recevaient quarante sous par jour de la Convention, des Jacobins, des Cordeliers, de la Commune, où, placées dans les tribunes, elles faisaient passer, par leurs cris et leurs menaces, les décrets les plus barbares, les motions les plus absurdes.

Comment, lorsque les impôts étaient abolis, pouvait-on payer six armées, tant d'immenses travaux, sans compter les *hurleuses ?* avec *la planche aux assignats*, avec le papier-monnaie qu'il était défendu de refuser sous peine de mort.

On pouvait donc marcher la nuit dans Paris sans crainte d'être dévalisé ; mais la nuit, le domicile des citoyens étant respecté, chacun, quand le jour était tombé, rentrait chez soi avec empressement. Les clubs, les spectacles, les tabagies sont fermés ; plus rien d'ouvert à dix heures du soir.

Les longues nuits d'hiver étaient les plus désirées, car la première lueur du matin ramenait les angoisses. Pendant ces heures destinées, mais non consacrées au repos, le silence des rues n'était interrompu que par le pas monotone et le *qui vive* d'une patrouille. Elle s'arrête, elle écoute : ce sont les sourds gémissemens d'une famille que l'on vient de priver de son chef. La patrouille passe son chemin.

- — Une voix rauque a retenti ?

- — Elle appartient à un membre de comité révolutionnaire qui regagne sa demeure en beuglant *la marseillaise* ; hymne qui enfante des prodiges aux armées et glace d'effroi le citoyen dans ses foyers.
- — Un bruit de féraille fait résonner les pavés ?
- — Il vient d'un sabre traîné par un Grammont, un Maillard, un Vincent, un Roncin, gendarmes, et tout à la fois pourvoyeurs du tribunal révolutionnaire, qui sortent de chez Robert, de chez Véry, gorgés outre mesure des mets, des vins les plus recherchés, car les assignats leur sont prodigués par le comité de sûreté générale. Ils ont commandé, en septembre, les pelotons d'égorgeurs envoyés aux prisons ; aujourd'hui ils vont encore dans les prisons marquer celles des victimes qui doivent être immolées les premières.

Mais, en parlant de victimes, un autre bruit plus prolongé interrompt encore le silence de la nuit. Une longue file de fiacres, hermétiquement fermés, dont quatre planches remplacent les vitres, transportent, des *maisons de réclusion* à la Conciergerie, des *détenus* qui, dans douze heures, ne seront plus. Ils sont escortés par des citoyens armés, qui demain seront escortés à leur tour par d'autres citoyens pour être conduits à la même destination.

CHAPITRE VII

LE VILLAGE ET LE VILLAGEOIS

Comités révolutionnaires des campagnes. — Amélioration du sort des paysans. — Ils ne se refusent rien. — Ils s'emparent des propriétés des ci-devant seigneurs. — Ils dénoncent les bourgeois et les envoient à la mort pour en hériter. — Primes accordées aux filles de village qui donneront un garçon à la patrie. — Divorce pour incompatibilité d'humeur acclimaté dans les campagnes. — L'insatiable avidité des paysans occasione la famine. Ils ne veulent point d'assignats. — Manière dont ils dépouillent les habitants de la ville.

AVANT 1789, les charges, les vexations de tous genres qui pesaient sur l'homme des champs rendaient sa condition misérable, hideuse. La Constituante le fit remonter de l'âge de fer à l'âge d'argent, et le règne de la terreur le replaça sous l'âge d'or.

D'abord chaque village, chaque hameau avait aussi sa tabagie où l'on chiquait, où l'on jurait ; sa jacobinière, convoquée au bruit du tambour, au cri d'une crécelle, dans une grange, où le maître d'école, désormais inoccupé, faisait la lecture des pages sanglantes du *Moniteur* et de l'*Ami du Peuple,* tant qu'il vécut.

Un comité révolutionnaire dont les membres rébarbatifs, ne sachant pas épeler, tenaient de bas en haut le passeport du voyageur, et, feignant de lire soigneusement, en le toisant de la tête aux pieds, lui disaient d'un air capable : « Tes papiers ne sont pas en règle, je t'arrête » ; ou bien : « Voilà qui est bon, tu peux passer. »

C'était beaucoup sans doute pour la vanité des paysans que de singer ainsi la ville ; mais que ces prérogatives purement honorifiques étaient loin d'équivaloir à des avantages plus palpables ! et c'était à ceux-ci qu'ils s'attachaient avec opiniâtreté. Il est tout naturel que celui qu'on a foulé aux pieds cherche, s'il peut se relever, à se venger de son oppresseur ; que celui qui n'a vécu que de privations soit altéré de jouissances ; mais le paysan, avec son air bête, est, de tous les animaux, le plus rancuneux, le plus vorace, le plus insatiable. Tandis que l'habitant des cités nageait dans le sang, l'habitant des campagnes nageait comme le poisson en pleine eau.

Le gibier ne dévastait plus son champ ; la semence qu'il confiait à la terre n'était plus mangée par les pigeons avant qu'elle eût germé ; il pouvait tuer l'un et l'autre. La pêche et la chasse lui étaient permises sur son terrain, ainsi que sur celui d'autrui. Les gardes-chasse étant supprimés, ce n'était plus dans leurs cabanes ou dans celle d'un braconnier que l'on trouvait une perdrix, un lièvre, un cuisseau de chevreuil mangé à la dérobée ; tant qu'il y en eut, on en vit sur la table des paysans.

Ils s'emparèrent des terrains vains et vagues, des étangs, des prairies, des forêts des ci-devant seigneurs, et, sous le prétexte, assez plausible, qu'ils avaient été anciennement dépouillés par la force de toutes ces propriétés, ils demandèrent à y rentrer. Leur demande fut accueillie avec acclamations par les représentants de la nation, qui les envoyèrent en possession de tout ce qu'ils réclamaient. Des bois, des landes, des prés furent donc ou partagés ou mis en commun, et chaque habitant put alors se chauffer, récolter et nourrir des bestiaux.

L'appétit vient en mangeant. Il n'y avait plus de ci-devant nobles dans les villages, ils étaient bien loin ; et s'ils n'avaient point passé la frontière, ils n'avaient pas été tentés de rester sur une terre de promission où l'on avait, il y a quatre ans, incendié leurs châteaux, et où maintenant, dans les castels restés debout, et que les compagnies noires commençaient à jeter par terre, où faisait, par ordre exprès de la Convention, des feux de joie avec les parchemins des antiques chartriers.

Mais si les barons féodaux avaient déserté les champs, quelques bourgeois s'y étaient retirés, cherchant à se soustraire aux agréments de la ville. Une maison plus apparente que les autres, un mobilier décent, un petit jardin composaient leur avoir. Il n'en fallait pas tant pour éveiller la cupidité du manant, à qui les journaux du temps répétaient à souhait que, si l'on faisait passer le goût du pain au riche, c'était pour en donner au pauvre.

Partant de là, si le bourgeois, malade ou bien portant, n'accourait pas à la société populaire au premier grincement de dents de la crécelle ; s'il restait chez lui pendant la procession du buste de Marat, s'il mettait le nez à la fenêtre sans être affublé du bonnet rouge, ou enfin s'il émondait ses pommiers un jour de décadi, mon bourgeois était appréhendé au corps par le comité révolutionnaire campagnard, et, dûment garotté, conduit en laisse jusqu'à la prison de la ville la plus prochaine, où on ne lui donnait pas le temps de moisir.

En effet, si cette cité était, comme beaucoup d'autres, gratifiée du privilége d'avoir une *guillotine en permanence,* ou qu'elle eût dans ce moment l'honneur de posséder dans son sein un représentant en mission, l'affaire de notre homme ne pesait pas une once. Mais si la ville était veuve de la guillotine et du conventionnel, à leur défaut, le commissaire du *district* expédiait le conspirateur à Fouquier-Tinville, qui se chargeait de lui faire expier son forfait à Paris.

A tant de liesse se joignaient au village une aménité, une facilité de mœurs peu communes. On dépensait beaucoup d'hommes aux armées ; voulant combler le déficit, les représentants-missionnaires disaient aux jeunes villageoises : « La patrie a besoin de défenseurs ; la fille qui donnera un mâle à la République recevra un prime de cinq cents francs », et chaque fille allait s'efforçant de gagner la prime.

Si les femmes mariées, en faisant des mâles, ne jouissaient pas de l'expectative d'une récompense nationale, elles étaient, d'un autre côté, dédommagées de cette privation. Permis à toutes les épouses de la République *indivisible* de se séparer de leur époux, de divorcer *pour* simple *cause d'incompatibilité d'humeur ;* et aux champs, comme à la ville, le beau sexe usait du privilège : si, qu'en moins d'une année, Perrette et Nanon pouvaient légitimement, et en toute sûreté de conscience, souspeser le poids et la valeur de tous les coqs du village.

Aussi le règne de la *Sainte-Montagne* n'avait-il pas de partisans plus chauds que les gens de campagne ; n'était, qu'ils n'avaient pas un goût décidé pour les *assignats*. C'était en vain que les décrets les plus terribles leur enjoignaient de porter leurs denrées, et surtout leur blé, sur les marchés. D'une disette factice qui désolait la France, ils surent faire, par leur cupidité, une disette réelle. Ils ne conduisaient sur les places publiques que ce qu'ils ne pouvaient pas cacher, que ce qu'ils ne pouvaient pas enfouir. S'entendant comme larrons en foire, il n'y avait pas de risque que, adoptant la mode du jour, ils se dénonçassent les uns les autres ; entre eux association inviolable, indissoluble, pour dévaliser ce qu'ils appelaient encore les bourgeois.

LA BOURGEOISE.

Ah ! te voilà donc, Nanette ! il y a long-temps que je ne t'ai vue. Tu as l'air d'avoir bien chaud ?

LA VILLAGEOISE.

Dame ! c'est que ma hotte est bien pleine, et qu'il y a loin d'ici à Prognay.

LA BOURGEOISE.

Veux-tu te rafraîchir ?

LA VILLAGEOISE.

Ça n'est pas de refus, citoyenne.

LA BOURGEOISE.

Qu'est-ce que tu as là, ma fille ?

LA VILLAGEOISE.

Des féves, du maïs et un petit sac de farine.

LA BOURGEOISE.

De la farine ! il y a huit jours que je ne puis m'en procurer pour faire de la bouillie à mon petit ; viens, que je t'embrasse.

LA VILLAGEOISE.

C'est bien de l'honneur que vous me faites.

LA BOURGEOISE.

Quoiqu'il pâtisse, vois comme il est joli ! le pauvre enfant ne demande qu'à venir.

LA VILLAGEOISE.

C'est comme les nôtres.

LA BOURGEOISE.

Oh ! les tiens, Nanette, il ne manquent de rien.

LA VILLAGEOISE.

Pour ce qui est de ça, ils ne chôment pas.

LA BOURGEOISE.

Combien ce qu'il y a dans la hotte et le panier ?

LA VILLAGEOISE.

Oh ! ma fine, bon marché.

LA BOURGEOISE.

Encore ?

LA VILLAGEOISE.

Seize francs.

LA BOURGEOISE.

Tiens, voilà trois *corsets*,[1] et le reste *en sols-cloche*.

LA VILLAGEOISE.

Passe encore pour vos sols-cloche, quoiqu'ils ne vaillent pas les *monnerons* ; mais, pour vos corsets, je n'en veux point.

LA BOURGEOISE.

Foi d'honnête femme ! je n'ai pas d'argent ; nous ne sommes payés qu'en papier.

LA VILLAGEOISE.

C'est égal, je n'en veux point.

LA BOURGEOISE.

Comment, Nanette, tu n'en veux point ? tu ne sais donc pas que ceux qui les refusent

LA VILLAGEOISE.

Je sais ça, mais je sais aussi qu'à vous autres il vous faut du lait, du beurre, de la crème, et que nos vaches ne mangent pas d'assignats.

LA BOURGEOISE.

Cependant *sextidi*, pas plus tard, ton mari a porté à l épouse du général Brunet, non pas un petit, mais un gros sac de farine.

LA VILLAGEOISE.

C'est la vérité.

LA BOURGEOISE.

Eh bien ! est-ce que la citoyenne Brunet n'a pas payé ton mari en assignats ?

LA VILLAGEOISE.

Non da !

LA BOURGEOISE.

Et comment l'aurait-elle payé autrement, puisqu'il est à ma connaissance qu'elle a donné à son fils Henry jusqu'à son dernier écu pour aller à Paris, afin de tâcher de faire mettre en liberté son père, détenu à la Bourbe ?

LA VILLAGEOISE.

Je ne dis pas que la citoyenne Brunet a baillé de l'argent à notre homme ; je mentirais.

LA BOURGEOISE.

Et que lui a-t-elle donc donné ?

LA VILLAGEOISE.

Dame ! il est venu à Prognay avec une commode à dessus de marbre dans notre charrette, un lit de plume et le grand miroir de la cheminée.

LA BOURGEOISE.

Ton mari et toi, vous êtes chers.

LA VILLAGEOISE.

Pas si chers qu'André Dumont, qui, pour un muid de vin et un cochon mi-gras, a rapporté hier soir quatre couverts d'argent dans sa poche.

LA BOURGEOISE.

Nanette, j'ai besoin de bouillie pour mon enfant ; prenez ces gros sous, puisque vous en voulez bien, et donnez-moi un peu de farine.

LA VILLAGEOISE.

J'entends bien, mais, voyez-vous, c'est que ça dérangerait notre arrangement. Si tout ne vous convient pas, la liberté est libre, je ne veux point vous gêner, je trouverai ailleurs.

LA BOURGEOISE.

Quoi ! Nanette, vous vous en allez ?

LA VILLAGEOISE.

C'est bien à contre-cœur, citoyenne.

LA BOURGEOISE.

Vous m'en donnez la preuve.

LA VILLAGEOISE.

J'ai si bonne envie de vous accommoder, que si vous vouliez, ça serait bientôt bâclé.

LA BOURGEOISE.

Et comment cela ? je n'ai point de glace sur la cheminée, et je n'ai plus que des couverts d'étain !

LA VILLAGEOISE.

Et cette chaîne d'or que vous avez au cou ? et ce gobelet d'argent dans lequel vous faites boire à présent votre enfant ?

LA BOURGEOISE.

J'entends. Laissez-moi encore le gobelet aujourd'hui, Nanette : tenez, voilà la chaîne.

[1] Un corset était un assignat de cent sous de la dimension d'une carte à jouer.

CHAPITRE VIII

DES THÉÂTRES ET DES ACTEURS DE LA CAPITALE

Au moment de l'abolition des priviléges, des salles de spectacle sont construites dans tous les quartiers de Paris. — Les Variétés instalées au théâtre du Palais-Royal. — Les Beaujolais. — Dépravation des moeurs, ou *le Spectacle de la* nature. — Division entre les comédiens français. — Querelle entre les acteurs Naudet et Talma. — Comment elle se termine. — Une partie des comédiens français passe au théâtre des Variétés ; ils y trouvent déjà Monvel. — Censure rigoureuse accordée aux anciens comédiens du roi sur les pièces des théâtres secondaires. — Anecdotes à ce sujet : Brisard, mademoiselle Olivier, Dazincourt et un acteur des boulevarts. — Grimod de la Reynière ; son originalité ; son aventure avec un comédien. — Le théâtre des Variétés devient le théâtre de la République. — Farces dégoûtantes jouées sur tous les théâtres. — Fils de l'acteur Grammont, son action révoltante ; il meurt avec son père et refuse de l'embrasser au pied de l'échafaud. — Comment était tournée une affiche de spectacle. — Scène sublime à l'Opéra, affreux intermèdes. — Parodie plaisante, touchant quelques acteurs ; Bordier, première victime de la révolution, frappé par le glaive de la loi. Pourquoi ? S mort. Réhabilitation de sa mémoire par les jacobins de Rouen. — Trial ami de Robespierre, est cause de la mort de la famille Sainte-Amarante. — Collot-d'Herbois ; fureurs de ce monstre ; ses massacres ; anecdotes. — Condamné à la déportation, il meurt à Cayenne ; son agonie épouvante les nègres qui en sont témoins. — Michaud. — Payardel. — Fusil. — Le jeune Robert, sa fin tragique. — Le 9 thermidor sauve les comédiens-français qui, n'ayant pas voulu suivre leurs camarades au théâtre de la République, avaient été incarcérés comme suspects. — A leur sortie de prison, ils se réinstallent à l'Odéon, et élèvent autel contre autel. — Le Directoire veut réunir les deux troupes ; il échoue dans cette négociation. — Moyen expéditif dont il se sert pour arriver à son but, il échoue de nouveau. — Bonaparte survient, il tranche la difficulté. — Les comédiens-français et ceux de la République deviennent comédiens de l'Empereur, et les comédiens de l'Empereur redeviennent comédiens du Roi.

A SON aurore, la liberté, bien ou mal comprise, ayant été proclamée dans toute son étendue, et les priviléges étant abolis, des spectacles s'élevèrent dans tout Paris concurremment avec ceux qui existaient déjà. De nouvelles salles furent construites au Marais, à l'Estrapade, rue Saint-Martin, au boulevard du Mont-Parnasse, rue de Bondi, rue Dauphine, au jardin des Capucins, rue de Louvois, et rue Richelieu.

Outre ces salles improvisées, il y en avait, à l'époque dont nous parlons, une autre que l'on bâtissait plus lentement, et dont les travaux étaient commencés depuis plusieurs années ; je veux parler de la salle de la rue Richelieu, où sont aujourd'hui (1829) établis les comédiens-français. Ceci a besoin d'un mot d'explication.

Comme prince apanagiste, le duc d'Orléans, nommé depuis *Philippe-Egalité*, et mort sur l'échafaud révolutionnaire, avait le privilége de pouvoir établir un spectacle dans l'enceinte de son apanage, dont le Palais-Royal faisait partie ; son père, son aïeul, le Régent en avaient usé ; c'était au Palais-Royal qu'était l'Opéra. L'Opéra ayant été brûlé en 1781, le père de Philippe-Égalité ne fit point reconstruire la salle brûlée, et provisoirement l'Opéra fut transporté sur le boulevard de la porte Saint-Martin.

Immédiatement après la mort de son père, arrivée en 1784, Philippe bouleversa le jardin du Palais-Royal, et fit construire ces galeries, ces boutiques, ce théâtre qui le remplacent en partie. Mais une auguste princesse, ennemie du duc d'Orléans, qui le lui rendait bien, fut un obstacle à ce que les acteurs de l'Opéra vinssent s'établir dans le nouveau local qui leur était destiné. Ce local était prêt à les recevoir, quand la suppression des priviléges amena la fureur de construire des théâtres. Gaillard, entrepreneur de celui des Variétés, établi sur le boulevard du Temple, voyant le parti qu'il pouvait tirer de la nouvelle position des choses, vint trouver le duc d'Orléans, dont il loua la grande salle pour loger ses petits acteurs ; et voilà les *Variétés amusantes* installées dans un monument construit pour les pensionnaires de l'Académie royale de musique.

Sans compter les Variétés et les *Beaujolais*, comédiens de bois gesticulant sur la scène, tandis que des acteurs en chair et en os déclamaient et chantaient leurs rôles dans la coulisse, le duc d'Orléans avait bien un autre spectacle dans l'enclos de son palais : c'était le *Spectacle de la nature*, dont on aime à croire qu'il ignorait l'existence.

On a dit que Vénus était née de l'écume de la mer, sans doute pour nous apprendre que ce qu'il y a au monde de plus attrayant pour l'homme est le produit de ce que les flots soulevés vomissent de plus impur. Pour que nous arrivassions en politique à un état de choses désirable, que de tempêtes nous ont tourmentés ! que de souillures nous ont flétris !

Le local destiné à ce *Spectacle de la nature*, relégué sous les combles du bâtiment, était peu spacieux, et situé vers le milieu de la galerie de droite en entrant par la cour du palais. Une grille de fer, comme dans les endroits consacrés à des banques de jeu prohibés, en défendait ou protégeait l'entrée. Cette grille ne s'ouvrait qu'aux porteurs de cachets vendus aux amateurs, à qui on disait à l'oreille ce qu'ils allaient voir.

Avant que de voir, on commençait par entendre un philosophe de la fabrique du jour, qui apprenait aux spectateurs renfermés dans leurs loges grillées, car il n'y avait là ni balcon, ni parterre, que « chez les Égyptiens, les Grecs, les Romains, qui nous valaient bien, les emblèmes virils de la génération étaient portés en triomphe dans les cérémonies religieuses ; que les matrones en avaient de monstrueuses images suspendues à leur cou ; que tout le mouvement du monde tendait à la reproduction des êtres, et que quand on ne se cachait pas pour exterminer les hommes à la face du soleil, il ne fallait pas chercher les ténèbres pour les procréer. »

Cette allocution, bardée de quelques passages de Charron et de Montaigne abondant dans ce sens, était aussitôt suivie d'une scène pastorale dont les acteurs des deux sexes, dans la fleur de l'âge, joignaient, sous les yeux du spectateur, les exemples aux préceptes, variant à l'infini les attitudes de leurs tableaux cyniques. Cette anecdote suffit pour donner une idée du dévergondage et de la perversité du moment.

Pendant quelque temps, les acteurs des Variétés continuèrent à donner des pièces de leur genre dans la salle du Palais-Royal ; mais Gaillard, leur directeur, saisissant toutes les occasions qui pouvaient, dans ces jours de confusion, donner de l'extension à son entreprise, profita des querelles domestiques qui existaient entre les comédiens du Théâtre-Français pour les attirer chez lui, afin de pouvoir y jouer la haute comédie et la tragédie ; il n'eut pas de peine à réussir. Comme partout ailleurs, le trouble était au comble dans la troupe des comédiens du roi. Il y avait été mis, non-seulement par la divergence des opinions politiques, mais par une injure grave faite à Talma, qui, en conservant un long souvenir, transporta le premier ses pénates chez Gaillard.

On donnait *Tancrède* : l'acteur Naudet, chargé du rôle d'Argyre, devait ouvrir la scène. Au lever du rideau, tous les chevaliers sont en place ; Argyre seul n'est pas à la sienne. Il se fait attendre, il arrive enfin ; mais Naudet, qui n'était pas gâté par le public, en est encore plus mal accueilli que de coutume. La scène terminée, il rentre dans la coulisse et demande au garçon de théâtre qui a donné l'ordre de lever le rideau avant qu'il fût à son poste. — C'est le semainier, monsieur. — Qui est semainier ? — M. Talma.

Sur cette réponse, Naudet monte au foyer des acteurs, y trouve Talma, et, en présence de ses camarades et de plusieurs étrangers, lui donne un soufflet. On alla se battre ; Naudet laissa le choix des armes à Talma, qui prit le pistolet. Il fut décidé par les témoins qu'il tirerait le premier, et que la distance serait de vingt pas. Talma avait la vue basse ; il fit observer qu'à cette distance il ne voyait pas. A cette observation, les témoins restèrent muets, ne voulant pas, puisqu'il avait l'avantage du premier feu, lui livrer son adversaire à brûle pourpoint. Naudet, ancien sergent aux gardes, connu par sa bravoure et un peu de crânerie, se rapproche de dix pas, se présente de face et dit à son ennemi : — Tire maintenant. Talma le manque ; Naudet tire en l'air.

L'autorité des gentilshommes de la chambre n'était plus reconnue des comédiens ; l'exemple de Talma, acceptant un engagement du directeur Gaillard, fut suivi par sa femme, la demoiselle Vanhove ; par Vanhove, père de madame Talma ; par Dugazon et madame Vestris. En arrivant aux Variétés, ils y trouvèrent déjà un ancien camarade, l'acteur Monvel, à qui ses amours à la grecque avaient fait prendre la route de-Suède, et qui, ne craignant plus d'être inquiété pour de semblables peccadilles, s'était empressé de regagner la France.

Quand les acteurs des Variétés, qui s'étaient crus grandis d'une coudée en passant du boulevard du Temple à la rue Richelieu, virent arriver ce détachement de comédiens du roi, ils se doutèrent bien que leur directeur allait les prier sous peu de déménager de nouveau, et leur haine contre leurs anciens tyrans, qui venaient les supplanter, s'en accrut de beaucoup.

Pour se faire une idée de cette haine invétérée, il faut savoir que, jusqu'en 1789, la censure des pièces jouées sur les théâtres secondaires était attribuée aux comédiens-français ; et que si, dans ces pièces, il se trouvait une intrigue passable, une scène bien filée, ils dénaturaient l'une et biffaient l'autre impitoyablement.

Ayant le droit exclusif de jouer la tragédie, le drame et la comédie, et assurés en conséquence d'une forte part au bout de l'année, au lieu de travailler, ils laissaient pourrir dans leurs cartons les productions des auteurs, et ne permettaient pas à ceux qu'ils ne voulaient pas jouer d'avoir le sens commun dans des ouvrages qu'ils étaient forcés de porter ailleurs. D'autre part, la distance entre nos seigneurs des Français et les comédiens du boulevard était si incommensurable, qu'il n'y avait point encore eu d'exemple qu'ils se fussent mésalliés jusqu'à ouvrir leurs rangs pour y admettre un de ces derniers.

Aussi les acteurs du boulevard, les auteurs rebutés, pour rabattre l'orgueil de ces messieurs, ne négligeaient-ils jamais l'occasion de faire circuler les anecdotes qui servaient à prouver que leur ignorance ne le cédait en rien à leur morgue. Je n'en citerai que deux.

Fils unique d'un fermier-général, Grimod la Reynière, cet original plein d'esprit, qui, s'étant fait recevoir avocat, se tenait dans la loge du portier de son père, et demandait à ceux qui se présentaient : « Auquel des deux la Reynière en voulez-vous ? Est-ce au défenseur de la veuve et de l'orphelin ? le voici, parlez. Est-ce à la sangsue du peuple ? montez cet escalier de marbre, et pénétrez dans un salon où vous trouverez, suspendu au plafond, un lustre dont le prix eût suffi pour nourrir cet hiver vingt familles au besoin. » Grimod, né avec un défaut de conformation aux mains, se servant de doigts postiches, au moyen desquels il écrit, découpe et dessine merveilleusement, rédigeait, en 1779, le *Courrier des Spectacles*. Il critiqua amèrement un acteur du Théâtre-Français, nommé D...., qui lui écrivit qu'il aurait l'honneur de se présenter chez lui tel jour, à telle heure, pour lui demander raison de ses injures. Grimod inséra sur-le-champ la lettre dans son journal, disant que M.D...., aussi connu par son habitude à manier les armes qu'à estropier sa langue, aurait sans doute la satisfaction de le jeter sur le carreau ; que la seule vengeance qu'il pouvait tirer de sa mort, par anticipation, était de faire imprimer le cartel de M.D.... Il le publia ; et ce billet, qui ne contenait que trois lignes, renfermait quatre solécismes et onze fautes d'orthographe.

Celui des comédiens du roi qui avait les ciseaux les plus inexorables pour mutiler les productions dramatiques des auteurs travaillant pour le boulevard était Bri****.

Depuis six mois qu'il l'avait entre les mains, il ne rendait point une pièce de Lieutaud, reçue à un théâtre secondaire. Lieutaud, acteur plus que médiocre des Variétés, mais écrivain passable, impatienté de ce que la porte de lui toujours fermée, alla le relancer jusqu'au Théâtre-Français, où les comédiens réunis venaient d'entendre la lecture d'une pièce qu'ils n'avaient pas reçue. Lieutaud pénètre dans le sanhédrin, encore assemblé, en même temps que l'acteur D****, qui, n'ayant pu se trouver au comité, accourait pour s'informer du sort de l'auteur, auquel il prenait intérêt.

- — Eh bien ! dit-il en entrant, la tragédie de Dubuisson ?
- — MADAME SUIN. Mauvaise copie de son *Thamas Koulikan ;* refusée, mon garçon.
- — D****. Ah diable ! j'aurais pourtant bien voulu que vous la *recevassiez*.
- — — LA JOLIE MADEMOISELLE OLI****. Ah ! le malheureux ! comme il parle ! la *recevassiez !*
- — D** : Et comment donc fallait-il dire, adorable princesse ?
- — MADEMOISELLE OLI****. Mais que vous la *recevissiez*.
- — DASIN*****. Sacrebleu ! ma chère amie, il valait mieux vous taire que d'ouvrir la bouche.
- — MADEMOISELLE OLI****. Quand tu ouvriras des yeux à m'avaler, voyons, ne vaut-il pas mieux m'apprendre comment il fallait dire ?
- — Que vous la *reçussiez*, mademoiselle, dit Lieutaud ; c'est un acteur des boulevards qui se permet de vous l'apprendre.

Quand donc la discorde se fut introduite dans le camp des Grecs, il y eut deux grands théâtres rivaux ; dès lors ceux qui continuèrent à exploiter celui du faubourg Saint-Germain furent tenus pour aristocrates, et ceux qui avaient passé la rivière pour des patriotes par excellence.

La révolution marchait à pas de géant ; les aristocrates devinrent suspects, les suspects furent incarcérés, et, en conséquence, messieurs les comédiens du faubourg Saint-Germain allèrent habiter les maisons de réclusion, sans excepter l'acteur Désessarts, tenant bien l'emploi des financiers, mais d'une grosseur si monstrueuse, que le commissaire chargé de l'arrêter requit l'assistance de tout un bataillon, attendu que le susdit Désessarts formait à lui seul tout un rassemblement. Quant aux pensionnaires de Gaillard, libres et dispos, au lieu de cette inscription : *Théâtre des Variétés,* ils firent mettre sur leur boutique : *Théâtre de la République.*

La République proclamée, les aristocrates, les souverains de l'Europe, les prêtres, *Pitt* et *Cobourg* devinrent le sujet banal des bouffonneries des acteurs et de la risée du public. Malheur à vous si vous n'applaudissiez pas ces charges dégoûtantes, vous étiez suivi à la sortie du spectacle on s'informait, de votre nom, vous étiez noté à votre section. Un enfant de quinze ans, le fils de l'acteur Grammont, dont il a déjà été parlé, assis au parterre du théâtre Montansier, avise au balcon une jeune femme qui ne mêle point ses cris à ceux de la multitude il l'examine avec attention, il monte vers elle. — Je ne vois point ta cocarde, lui dit-il, où est-elle ? — Citoyen, je l'ai oubliée. — Le monstre de quinze ans assène sur la tête de la jeune femme deux coups à poing fermé ; et l'infâme canaille spectatrice de cet acte de férocité d'y applaudir. Huit mois après, compris dans une conspiration imaginaire, le fils Grammont fut envoyé à la mort avec son père ; ce dernier ayant voulu l'embrasser au pied de l'échafaud, il détourna la tête en lui disant : *C'est à vous que je dois d'être ici.*

Toutefois, on donnait encore au Théâtre de la République des tragédies telles que *Brutus,* la *Mort de César, Caïus Gracchus, Epicharis et Néron* ; mais l'on ne hasardait sur la scène aucune pièce de l'ancien répertoire, qu'elle n'eût auparavant été émondée, républicanisée par le procureur de la Commune et son substitut, les citoyens Chaumette et Hébert, à qui la surveillance et l'inspection des théâtres étaient confiées.

Si le peuple ne parvenait à avoir du pain qu'avec une extrême difficulté, si, pour s'en procurer moins d'une livre, il était obligé de passer une partie de la nuit à *faire queue* à la porte des boulangers, on le dédommageait de ces privations par les spectacles qui lui étaient prodigués. Flattant sa vanité, toutes les fois que l'on jouait *gratis,* l'autorité parodiait, en faveur de la canaille, l'ancien *par ordre* de la cour. Voici, par exemple, comment une affiche était conçue :

DE PAR ET POUR LE PEUPLE.

Les Comédiens du théâtre de la République donneront aujourd'hui, première sans-culotide,

LE JUGEMENT DERNIER DES ROIS,
SUIVI DU
MARIAGE DU CAPUCIN.

Chaumette, ayant un goût décidé pour l'Opéra, ne négligeait rien de ce qui pouvait contribuer à sa magie : jamais on ne déploya plus de pompe que dans les *Chœurs de. Marathon.* Il me souvient d'un autre intermède de ce genre ; avant que j'en dise un mot, qu'on se rappelle que tous les rois sont conjurés contre nous, que toute la jeunesse est aux frontières ; qu'on sache que, dans la main du comité de salut public, le journal le *Moniteur* avait seul le droit de parler des opérations de l'armée, et que quand il se taisait, ce qui arrivait souvent à cause des revers de nos premières campagnes, son silence jetait sur la nation un deuil universel.

On était dans un de ces moments d'angoisse lorsqu'on joua cet intermède. La scène représentait une forêt ; la nuit était sombre, et ce n'était qu'à la lueur des éclairs qu'on pouvait distinguer dans le lointain la statue de la Liberté. Tout à coup l'on entend, derrière la toile, le bruit d'une charge de cavalerie, et le cliquetis des armes ; bientôt le canon gronde, des fusillades commencent, les armées s'approchent, elles en viennent aux mains. Les clairons, les tambours ont cessé, on ne distingue plus que le bruit sourd d'une horrible mêlée. Dans ce moment où l'on ne voit rien, mais où l'on devine tout, passent rapidement et armés à la hâte des soldats citoyens qui volent au secours de leurs frères ; ils sont suivis de femmes échevelées accourant se prosterner aux pieds de la statue de la Liberté. Mais des enfants de dix à douze ans, dédaignant la blesse de leurs mères, s'avancent armés de piques vers l'autel de la patrie et, la main tendue, chantent cette dernière strophe ajoutée à la *Marseille* :

Nous entrerons dans la carrière,
Quand nos aînés ne seront plus ;
Nous y trouverons leur poussière
Et la trace de leurs vertus.
Bien moins jaloux de leur survivre,
Que de partager leur cercueil,
Nous aurons le sublime orgueil
De les venger ou de les suivre.

Aux armes, citoyens ! formez vos bataillons....

A ce refrain terrible, à ces sons éclatants d'une musique guerrière, vous eussiez vu aristocrates et patriotes, riches et pauvres, se précipiter spontanément à genoux au parterre, dans les loges, partout, et, les mouchoirs, les chapeaux agités, répéter avec fureur : *Aux armes citoyens* ! que l'ennemi eût été aux portes, ils y volaient, il n'était plus.

Mais que, de cet élan sublime, une ame généreuse retombait bien vite dans l'abattement et la consternation ! Dans les entr'actes un acteur s'avançait sur le bord de la scène pour annoncer au public le nombre des victimes qui venaient ce jour même de perdre la vie sur la place de la Révolution : et cette annonce était accompagnée d'une chanson à la façon des bagnes, dans laquelle on célébrait, en y ajoutant de sanguinaires contorsions, le bruit sourd de la hache et l'éloge des services qu'elle rendait à la liberté.

Les lazzis du Vaudeville allaient leur train. Il y avait alors dans Paris trois restaurateurs bien connus, Rault, Méot et Juliette. Les Italiens donnèrent un opéra dont le titre était :

ROMÉO ET JULIETTE,
ou
TOUT POUR L'AMOUR.

Le *Vaudeville* en afficha ainsi la parodie :
RAULT, MÉOT ET JULIETTE,
ou
TOUT POUR LA GUEULE.

Oui *tout pour la gueule* ; on était oppressé du cauchemar ; on voulait s'en délivrer, s'étourdir ; J'homme jusqu'alors le plus sobre, s'oubliant à table, cherchait à perdre dans la fumée des liqueurs, de la bonne chère, le pressentiment du sort qui lui était réservé. C'est alors qu'on pouvait dire avec vérité : Il n'est de bien assuré que celui qu'on mange.

Après avoir parlé des théâtres pendant la terreur, parlons aussi de quelques-uns des acteurs qui se sont fait remarquer à cet époque.

BORDIER.

Pensionnaire de Gaillard, Bordier, acteur des Variétés, aimé du public à cause de l'originalité et du piquant de son jeu, fut la première victime de la révolution frappée par l'organe des lois.

La Bastille venait de tomber ; les fauteurs de troubles poussaient les villes et les campagnes à s'insurger contre l'autorité royale et les premiers corps de l'État. Une émeute considérable eut lieu à Rouen sous le prétexte de la cherté du pain, et Bordier, qu'aucune affaire particulière n'appelait dans cette ville, fut trouvé à la tête du peuple en tumulte, le haranguant, le dirigeant. Il paraît constant, d'après tout ce qui fut dit et écrit à ce sujet, que dans ce soulèvement l'acteur était un émissaire du duc d'Orléans.

Malheureusement pour le conspirateur subalterne, se trouvait alors à Rouen le régiment de Navarre, qui n'était point encore corrompu, et qui, obéissant aux autorités locales, dissipa les séditieux et s'empara des chefs. Le délit était flagrant ; le parlement de Normandie s'assembla sur l'heure, et, pendant la nuit, Bordier fut jugé, condamné à être pendu, et l'exécution fixée au lendemain matin, pour que son châtiment eût lieu en plein jour.

Des jeunes gens de la ville qui aimaient et le talent de Bordier, et la révolution, entreprirent et vinrent à bout de le tirer secrètement de prison pendant la nuit. Ils lui procurèrent une voiture, de l'argent, et le firent sauver. Quand l'évasion du condamné fut connue, ces mêmes jeunes gens, pour n'être point soupçonnés d'avoir favorisé sa fuite, furent les premiers à offrir de courir après lui pour le rattraper. Ils montèrent à cheval, se joignirent à la maréchaussée, et poursuivirent le fugitif avec d'autant plus d'ardeur qu'ils le croyaient plus éloigné : car, une fois rendu sur les terres du ressort du parlement de Paris, Bordier se trouvait en sûreté. Mais quel fut leur étonnement, quand ils le trouvèrent à Magny, moitié chemin de Rouen à Paris, qui déjeûnait tranquillement dans une auberge, au lieu de poursuivre sa route ! Il fut ramené à Rouen et pendu en arrivant.

On connaissait ce mot de Bordier dans une pièce de Dumaniant. *S'il m'arrive d'être pendu, j'en mourrai de chagrin.* Il ne mourut point de chagrin, il marcha à la mort avec un grand courage. On était dans l'habitude, à Rouen, de couvrir d'un voile noir la figure du patient en le conduisant au supplice ; Bordier refusa ce voile en disant que l'innocence marchait à front découvert. Apercevant, à peu de distance du gibet, des femmes de sa connaissance, des actrices qui s'étaient mises à un balcon pour le voir passer : « Mesdames, leur dit-il, vous voilà placées aux premières loges pour assister à un vilain spectacle. » Il fut exécuté au mois d'août 1789, et, en 1793, la Convention et la société des Jacobins de Rouen réhabilitèrent sa mémoire.

TRIAL.

La dame Sainte-Amarante et sa sœur, âgée de dix-huit ans, d'une beauté exquise, et mariée depuis peu au jeune de Sartine, ne durent leur fin tragique qu'à une indiscrétion échappée à Robespierre. Il avait, en dînant avec elles, et après avoir bu avec peu de modération dans un château de la commune de Maisons, où le nommé Deschamps, aide-de-camp d'Henriot, lui servait de concierge et de pourvoyeur, parlé de l'intention dans laquelle il était de se défaire de beaucoup de députés. Trial, acteur des Italiens, son ami, son commensal, vint le trouver le lendemain de grand matin, et lui reprocha d'avoir laissé échapper des paroles qui pouvaient donner l'éveil aux représentants menacés. Robespierre, sentant la justesse de la réprimande, demanda les noms des personnes qui avaient été du dîner. Trial les lui ayant donnés, il les écrivit aussitôt sur un bout de papier qu'il fit passer à Fouquier-Tinville, avec ordre de faire arrêter, juger et exécuter sans retard les individus dont il lui adressait la liste.

COLLOT-D'HERBOIS.

Parmi les hommes de carnage qui, siégeant à la Convention, déshonorèrent la cause de la révolution, il en est peu qui aient poussé le besoin de répandre du sang aussi loin que ce Collot-d'Herbois, tigre à face humaine. Né dans la dernière classe de la société, on eût dit que ce misérable, gonflé d'orgueil, une fois parvenu au sommet du pouvoir décemviral, avait formé le projet d'exterminer tout ce qui avait été au-dessus de lui pendant la durée de son abjection.

Chef d'une troupe de comédiens ambulants, parcourant la province suivi d'une charrette dans laquelle il entassait pêle-mêle et ses acteurs déguenillés et le bûcher de *la veuve du Malabar*, dans laquelle il jouait le rôle de *Montalban*, il se mêlait aussi de faire des pièces de théâtre. Mais fatigué, tant comme acteur que comme auteur, du bruit des sifflets qui l'accueillaient partout, dévorant la rage dont il était rempli contre les Lyonnais, qui l'avaient assailli de pommes et de noix sur le théâtre de leur ville ; sans ressource pour faire face aux dépenses d'une mauvaise troupe, qui lui était plus à charge que profitable, il déserta les planches pour venir se jeter à Paris dans le club des Jacobins, appelé qu'il était dans la capitale en tumulte, comme ces animaux carnassiers qui flairent les cadavres aux approches des batailles.

Encore qu'il ne sût point parler, que toutes ses phrases fussent coupées, non suivies, saccadées, que sa voix fût sourde et monotone ; qu'il eût toujours l'air d'être sur des tréteaux ; que sa faconde fût en harmonie avec sa figure purulente, ses petits yeux enfoncés et ses cheveux crépus, il devint, dès qu'il eut mis le pied dans l'antre des Jacobins, le plus infatigable des hurleurs.

Le premier de ses brillants exploits dans Paris fut de faire décerner les honneurs du triomphe à des galériens, à des assassins, aux soldats révoltés du régiment suisse de Château-Vieux ; lui-même, paré du bonnet rouge de l'un de ces forçats graciés sur la demande de Louis XVI (bonnet qui devint aussitôt la coiffure des frères et amis), se plaça sur le char de l'ovation, traîné par quatre chevaux blancs, et traversa Paris entouré de flammes tricolores. — Qu'est-ce que cet homme ? se demandait-on. — Il a nom Collot-d'Herbois

Et, pour second exploit, l'homme qui avait nom Collot-d'Herbois, lié qu'il était avec Dubuisson, Danton, Proli, Fion, Tallien, Marat, Manuel, poussa de toutes ses forces aux massacres de septembre ; et la commune usurpatrice de Paris, les pieds encore dans le sang, le nomma député à la Convention.

Quand il fut parvenu à cette assemblée, les opinions, les votes, les motions du cannibale le portèrent au comité de salut public, véritable pandémonium qui avait accaparé toute la puissance des enfers, et dont il ne sortait que des décrets extermina leurs, intimés avec insolenceaux représentants de la nation, esclaves prosternés dans la poussière, et renchérissant, par crainte, sur la férocité de leurs maîtres.

Investi, par ses collègues des comités de salut public et de sûreté générale, de leur omnipotence infernale, c'est alors que Collot-d'Herbois, ce génie du mal, parcourut les départements la faulx de la mort à la main. Mais c'est surtout sur la seconde cité de la République, sur Lyon, où il avait été maltraité comme auteur pitoyable, qu'il fit tomber les éclats de sa haine invétérée ; d'autant plus implacable dans ses vengeances que, immodéré dans sa passion pour les liqueurs fortes, il joignait à la soif du sang, l'ivresse des boissons spiritueuses.

Les horreurs auxquelles il se livra contre les malheureux habitants de cette ville, qui avaient voulu résister à la tyrannie de la Convention, ne peuvent entrer dans la pensée et font dresser les cheveux. En peu de jours, six mille citoyens, hommes, femmes, vieillards, enfants, périrent par la hache, par la mitraille, par la baïonnette. Les jeunes épouses, les jeunes filles, bravant la rage du proconsul et celle de ses nombreux bourreaux, volaient sur l'échafaud, sur le champ destiné aux massacres et, couvrant leurs pères, leurs époux, leurs amants des plus douces étreintes, des baisers les plus tendres ; les plus passionnées criaient au monstre, témoin de ces scènes déchirantes, de les réunir à tout ce qu'elles aimaient ; et le monstre, plus d'une fois, leur accorda cette faveur, dont elles le remerciaient avec l'exaltation de l'amour et de la piété filiale. Un jeune soldat, saisi d'un tremblement soudain, manque un citoyen resté debout, après avoir essuyé le feu d'un canon chargé à mitraille. Collot lui arrache son fusil, ajuste la victime, la jette par terre, et, rendant l'arme au conscrit : « Tiens, voilà comme doit tirer un républicain. »

Si Collot, à la journée de thermidor, se rangea du parti qui détrôna le dictateur, ce n'est point qu'il désapprouvât les excès du tyran ; mais Robespierre voulant, à l'exemple de Cromwel, se faire proclamer protecteur de la République, avait, depuis quelque temps, fait scission avec les comités de gouvernement, où il ne se montrait plus, et où Saint-Just et Couthon, ses créatures, ne restaient que pour épier leurs mouvements et leurs opérations ; et Collot, redoutant les machinations de son collègue, se joignit aux thermidoriens pour l'écraser.

Mais, quels ne furent pas son désappointement et sa fureur, quand il vit que le supplice de Robespierre et de ses complices faisait rétrograder le char de la terreur ! rien ne fut négligé par lui et les siens pour le remettre dans la bonne voie et le faire rouler de nouveau sur des cadavres. Il fut de toutes les conspirations des Montagnards qui s'efforcèrent vainement de ressaisir la puissance décemvirale. Ses machinations reçurent enfin le prix qu'elles méritaient ; frappé d'un décret de déportation, il fut transféré à Cayenne.

Cet homme, qui avait apporté dans le Nouveau-Monde ses systèmes dévastateurs, essaya d'établir une propagande à la Guyane, et s'efforça, par des discours et des manœuvres dont l'autorité ne tarda pas à être instruite, de soulever les noirs contre les blancs. Arrêté à l'instant, il fut renfermé dans le fort de Sinnamary. Cet acte, d'une rigueur trop méritée, et l'usage des liqueurs fortes qu'il avait contracté dès sa jeunesse, et qu'il portait à l'excès depuis quelques années, l'ayant fait tomber dans les transports d'une fièvre chaude, l'ordre fut donné de le transférer du fort de Sinnamary à l'hôpital de Cayenne, et exécuté, dans toute l'ardeur du jour sous le soleil de la ligne. Il demanda à grands cris de l'eau pour étancher la soif dévorante qui le consumait ; les nègres qui portaient le brancard sur lequel il était étendu lui donnèrent, par ignorance, ou peut-être à dessein, une bouteille de rum, qu'il avala tout d'un trait. Dès lors ses souffrances devinrent tellement insupportables, ses cris si aigus, ses transports si effrayants, que les nègres l'abandonnèrent en s'écriant, dans la simplicité de leur langage : « Il est puni pour avoir tué Dieu et les hommes. » Collot demeura seul et sans secours dans cette horrible situation, jusqu'à ce qu'une personne, passant sur la même route, eut pitié de son état et le fit conduire dans l'hôpital de Cayenne, où il mourut le 19 nivôse an IV (8 janvier 1796).

DE QUELQUES AUTRES COMÉDIENS.

Michaud accepta des missions de la part des comités du gouvernement.

Payardel et Graffet, commissaires d'une division de l'armée révolutionnaire *ambulante,* furent chargés de, la diriger sur Lyon, pour y mettre à exécution les boucheries ordonnées par le tribunal populaire.

Fusil fut un des juges de ce tribunal.

Plusieurs de leurs camarades, au lieu d'imiter un pareil exemple, quittèrent la carrière du théâtre pour suivre celle des armes, où ils se distinguèrent. Tels furent, entre autres, messieurs Gr***, Duf***, et le jeune Robert, officiers-généraux : les deux premiers existent encore. Le jeune Robert, qui était parti comme volontaire, et avait gagné par sa bravoure le grade de colonel en moins d'une année, étant venu passer quelques jours à Paris, y périt misérablement à l'âge de vingt-deux ans.

Le lendemain de son arrivée, il alla rue de Ventadour, suivi de deux comédiens ses anciens camarades, demander à dîner à une actrice de sa connaissance. Elle n'y était pas ; il n'y avait personne chez elle, mais elle allait rentrer à la minute. Les trois amis restent sur son palier en l'attendant. Robert était assis sur le bord d'une croisée ouverte ; en jouant, il est poussé par un de ses amis, et, d'un troisième étage, il tombe dans la cour pour ne plus se relever.

Quoique cet article soit déjà beaucoup trop long, je le croirais incomplet si je n'ajoutais que *la jour née de thermidor* sauva les comédiens-français qui avaient été incarcérés. Certes ! il n'était pas à présumer que les demoiselles Contat, Raucourt, que Fleury, Saint-Fal, Saint-Prix et autres, iraient, en sortant de prison, se réunir à leurs camarades de la rue Richelieu, qu'ils soupçonnaient de leur avoir fait *siffler la linotte*. Ils allèrent se réinstaller dans leur ancien local, que, pendant leur absence, on avait baptisé du nom *d'Odéon,* et s'empressèrent d'élever autel contre autel.

On courut les revoir avec empressement ; c'était bien naturel, et *la jeunesse dorée de Fréron,* qui se portait dans les autres théâtres pour forcer les acteurs qui avaient pris une part trop active aux mesures révolutionnaires à faire amende honorable sur la scène, prodiguait ses applaudissements aux acteurs de l'Odéon. Leur caisse se remplissait : *Misanthropie et Repentir* attirait la foule. Il n'en fallait pas tant pour exciter la jalousie de leurs rivaux de la rue Richelieu, qui firent des démarches auprès du nouveau gouvernement pour obtenir de lui un rapprochement et la réunion des deux théâtres.

Ses démarches ayant été infructueuses, *le Directoire de France,* composé de cinq conventionnels qui n'avaient point encore dépouillé le vieil homme, ne trouva pas de meilleur expédient, pour opérer la fusion des deux troupes, que de faire mettre le feu à l'Odéon. Si bien fut opéré, qu'à l'exception des murs, tout fut brûlé, voire le garçon de théâtre qui avait été chargé de l'expédition, et qui ne put se sauver, parce qu'on avait eu la précaution de fermer la porte sur lui.

Le Directoire et les comédiens de la République avaient compté sans leur hôte ; la grillade ne fit qu'envenimer la plaie, au lieu de la cicatriser. La demoiselle Raucourt recueillit ses camarades qui se trouvaient sur le pavé, et les conduisit, à ses frais et dépens, à la salle vacante de la rue de Louvois, dans laquelle ils s'installèrent.

Comme ils gesticulaient dans cette bicoque, advint un petit homme qui avait des cheveux plats lui tombant sur l'oreille, un menton de galoche, une cadenette, et surtout une volonté à lui. Le petit homme envoya le Directoire par-dessus les ponts, et les acteurs de la rue de Louvois au théâtre de la rue Richelieu. Bientôt le petit homme fit suivre à la République elle-même le chemin du Directoire ; et les *artistes dramatiques* réunis, vivant sous le même toit comme chien et chat, prirent cependant, d'un commun accord, le titre de Comédiens de Sa Majesté l'Empereur, qu'ils quittèrent ensuite pour reprendre celui de Comédiens du Roi, qu'ils ont encore ; et j'ai fini.

CHAPITRE IX

TROIS FEMMES, OU AVANT, PENDANT ET APRÈS LA TERREUR

Théroigne de Méricourt ; patriotisme exalté de cette courtisane célèbre, — Elle brûle la cervelle au journaliste Suleau. — Elle devient folle ; renfermée à la Salpêtrière, elle y termine ses jours d'une manière déplorable. — Femme céleste : de toutes les victimes de la Révolution, nulle n'approcha de la jeune marquise de Bois-Bérenger. — Aspasie ; sa frénésie ; son supplice.

Avant la Terreur.

THÉROIGNE DE MÉRICOURT.

COURTISANE célèbre, née dans le Luxembourg, Théroigne de Méricourt joua un rôle pendant les premières années de la Révolution. Liée avec divers chefs du parti populaire, elle les servit utilement dans la plupart des émeutes, et contribua, le 5 octobre 1789, à Versailles, à corrompre le régiment de Flandre, en conduisant dans les rangs d'autres filles dont elle avait la direction, et en distribuant de l'argent aux soldats. Douée d'un physique avantageux et d'une sorte d'éloquence naturelle, possédant surtout une grande facilité à reproduire les lieux communs patriotiques qui, à cette époque, entraient pour beaucoup dans l'art oratoire, on la vit paraître, une pique à la main, à la tête d'une armée de femmes, et haranguer dans les clubs, dans les places publiques.

Le 10 août, de grand matin, avant l'attaque du château, elle fit massacrer, dans la cour des Feuillants, le journaliste Suleau et cinq autres individus qui, comme lui, avaient fait partie d'une fausse patrouille. Ce jour-là, elle avait un habit d'amazone, des pistolets à la ceinture, un sabre au côté. Elle porta le premier coup à Suleau, qui avait souvent dirigé contre elle les railleries les plus amères, l'appelant madame *Populus,* et la mariant, dans sa feuille, avec le député du côté gauche qui portait ce nom à l'assemblée Constituante.

Peu de jours après le 10 août, elle perdit entièrement la raison, et fut renfermée à la Salpêtrière, où, jusqu'à sa mort (en 1817), elle présenta l'affligeant spectacle d'une morne démence, que troublaient par intervalles de violents accès de fureur. On la voyait, couverte d'une simple chemise de toile grossière, car elle refusait tout autre vêtement, traverser les cours pendant le froid le plus rigoureux, auquel elle paraissait tout-à-fait insensible. Elle repoussait également tous les vases dans les quels on lui présentait ses aliments ; elle les dévorait, à la manière des animaux, sur le pavé où on les lui jetait, et s'abreuvait dans le ruisseau qui traversait la cour. Dans cet état de misère et d'abrutissement, elle avait conservé des restes de beauté ; ses pieds et ses mains étaient surtout d'une perfection remarquable.

Pendant la Terreur.

BOIS-BÉRENGER.

Charlotte Tardieu de Malessi, née à Paris, fut une des plus courageuses et des plus intéressantes victimes de la terreur. Mariée au marquis de Bois-Bérenger, qui avait quitté la France en 1791, elle divorça, espérant par là pouvoir conserver, après l'émigration de son mari, une partie des biens qui lui appartenaient ; mais elle ne put se soustraire elle-même à la proscription qui s'étendit bientôt sur toute sa famille. Arrêtée comme suspecte, en novembre 1793, elle sembla à ses compagnes de malheur un ange descendu du ciel pour les consoler et les servir.

Son père, presque mourant, sa mère et sa jeune sœur avaient été enfermés avec elle dans la prison du Luxembourg. Madame de Malessi ayant été mise au secret, madame de Bois-Bérenger avait obtenu d'un geôlier, moins inhumain que les autres, de faire passer à sa mère une partie des aliments dont elle se privait pour les lui envoyer. Tous trois furent traduits devant le tribunal révolutionnaire, comme complices de l'une de ces prétendues conspirations des prisons avec lesquelles les comités de gouvernement alimentaient les échafauds. Trois jours seulement avant de paraître au tribunal, madame de Malessi était sortie du secret ; seule de sa famille, madame de Bois-Bérenger n'avait point reçu d'acte d'accusation, et ne pouvait s'accoutumer à l'idée de survivre à tout ce qu'elle avait de cher au monde : « O Dieu ! s'écriait-elle, faut-il donc que vous mouriez tous avant moi ? J'eusse été si heureuse d'être enfermée dans la même tombe ! » En prononçant ces mots, elle s'arrachait les cheveux et perdait toute connaissance.

Ce fut pendant qu'elle était ainsi renversée dans les bras de sa mère, dont elle était au moment de se séparer pour jamais, que l'acte d'accusation, égaré quelque temps par la négligence d'un huissier du tribunal, se trouva enfin, et fut remis à madame de Bois-Bérenger, qui le reçut comme un bienfait. A l'instant, la sérénité la plus douce remplaça sur cette figure céleste les traces du plus affreux désespoir ; elle cessa de s'occuper d'elle pour prodiguer les plus touchantes consolations à ses infortunés parents, prit avec gaîté quelques aliments, et dit à sa mère qui succombait à l'horreur de sa situation : « Consolez-vous, ma bonne maman, consolez-vous, nous mourrons ensemble ; que laissez-vous sur la terre ? rien qui mérite vos regrets : toute votre famille vous accompagne dans l'éternel séjour de l'innocence et de la paix ; c'est là que vos vertus vont recevoir leur récompense. Ma chère maman, au nom de ce Dieu qui nous attend, consolez-vous ! »

Ces paroles paraissaient rendre parfois quelque courage à madame de Malessi. Lorsqu'il fallut partir pour l'échafaud, madame de Bois-Bérenger sollicita et obtint des exécuteurs la permission d'être assise auprès de sa mère, pendant le long et terrible trajet de la Conciergerie à la barrière du Trône. Liée elle-même, elle la soutenait sur son épaule, et ne cessait de l'entretenir, quoique l'infortunée eût cessé de l'entendre. On lui accorda sur l'échafaud la grâce qu'elle avait demandée, celle d'épargner à sa famille le spectacle de son supplice : elle fut frappée la dernière.

Après la Terreur

ASPASIE.

Parmi les femmes qui fréquentaient habituellement les tribunes du conseil général de la Commune, on distinguait particulièrement une jeune fille de dix-neuf à vingt ans, d'une figure aussi douce qu'intéressante, quand elle cessait d'être agitée par des passions violentes. Cette jeune fille, Carle-Migelli, était connue sous le nom d'Aspasie. Abandonnée à l'âge de quinze ans par un amant qu'elle adorait, elle tomba dans des accès de folie si furieux, que, malgré sa jeunesse et la faiblesse apparente de ses moyens physiques, sa mère fut obligée de la faire renfermer pour prévenir des malheurs que présageait un pareil égarement. Par suite de la révolution, rendue à la société comme une victime du despotisme, tantôt Aspasie restait des mois entiers ensevelie dans un morne silence, dans une imperturbable insensibilité ; tantôt, saisie par des transports de rage, elle se mêlait à la plus vile populace, et dans les émeutes, la surpassait en paroles et en actions.

Dans ces moments de frénésie, toujours animée contre sa mère, elle la dénonçait aux autorités comme une aristocrate Forcenée qu'il fallait envoyer à la guillotine ; en même temps, elle criait de toute sa force, la nuit, dans les rues : *Vive le roi !* cri qui était alors un arrêt de mort contre celui qui le prononçait. Arrêtée pour ce crime, et traduite au tribunal révolutionnaire, elle y provoqua elle-même sa condamnation, et parut dans un état de démence si complet, qu'il fut impossible aux jurés de la condamner ; chose rare, ils lui rendirent la liberté.

L'usage qu'elle en ferait n'était pas, difficile à prévoir. Après la chute de Robespierre, et lors de l'insurrection du Ier prairial an III (20 mai 1795), Aspasie, confondue avec la lie du peuple, se porta à la Convention, ivre de liqueurs fortes, et y demandait Boissy-d'Anglas, surnommé alors *Boissy-Famine,* qu'elle voulait poignarder, disait-elle, comme étant l'auteur de la disette qui régnait dans Paris.

Boissy-d'Anglas n'était pas difficile à trouver, car il occupait alors le fauteuil de la présidence, que son collègue Vernier, accablé d'âge et de fatigues, venait de lui céder pour quelques instants. Au milieu de cet effroyable orage, un coup de pistolet, tiré au hasard, vint frapper le député Ferraud, revenu depuis peu de jours de l'armée. Ce député, tombé au pied de la tribune, essayait, encore quelques efforts inutiles pour se relever, lorsqu'à ce nom de Ferraud, prononcé par quelques-uns de ses collègues, et que la multitude confondait avec celui de Fréron, dont les écrits contribuaient si puissamment alors à la destruction de l'anarchie, et que les brigands avaient expressément désigné comme l'une des victimes de cette journée, l'abominable Aspasie s'avança, brisa la tête de l'infortuné Ferraud avec les galoches qu'elle détacha de ses pieds, et se précipita ensuite, le couteau à la main, sur le député Camboulas, qui n'écarta son bras qu'avec beaucoup de peine, et parvint heureusement à se perdre dans les flots de populace dont la salle était inondée.

Arrêtée et mise au secret, cette femme déclara qu'elle n'avait agi que d'après les conseils des Anglais, des royalistes et des émigrés ; mais il fut impossible de lui arracher le nom d'un seul de ses complices, qui probablement n'étaient que supposés. On attachait un grand intérêt à recueillir de nouveaux renseignements sur cette étrange procédure, qu'on ne se pressait point de terminer ; mais lorsqu'il fut évident pour la police qu'elle ne pouvait en obtenir aucun, Aspasie fut livrée aux tribunaux, mise en jugement et condamnée à mort. Cette femme, sujette à des emportements terribles, entendit prononcer son arrêt avec le sang-froid le plus étonnant ; elle déclara qu'elle n'avait, en mourant, d'autre regret que de n'avoir pu poignarder Boissy-Famine, chez lequel elle s'était présentée plusieurs fois infructueusement pour le tuer, et monta sur l'échafaud sans laisser paraître aucune émotion. Elle était alors âgée de vingt-trois ans.

CHAPITRE X

UNE EXCURSION AU COMITÉ DE SURETÉ GÉNÉRALE

Colloque entre Vadier, surnommé *la Bête du Gévaudan,* et son collègue Amar. — Fabrication de l'acte d'accusation contre Danton, Camille-Desmoulins, Philippeaux, Hérault-de-Séchelles et autres. — Ces derniers avaient eux-mêmes fabriqué l'acte d'accusation de la Gironde. — Motifs secrets de la mort de Danton et de ses amis : anecdotes. — Correspondance des proconsuls en mission : les *mariages républicains* de Carrier. — La manière dont Lebon arrose l'arbre de la liberté pour le faire reverdir. — Fouquier-Tinville et le bourreau demandés au comité. — Accès de fureur et aliénation de Fouquier. — Combien peut-on frapper de victimes par heure ? Réponse à cette question. — Guillotine à trois tranchants.

(Une grande salle : elle est tapissée de papier velouté, ayant pour dessins des faisceaux de licteurs, avec la hache surmontée d'un bonnet rouge. Sur la cheminée, au lieu de glace, est un papier vert encadré dans une bordure tricolore, et sur lequel est écrit : LIBERTÉ OU LA MORT. Une pancarte des DROITS DE L'HOMME est suspendue à la muraille. Des deux côtés de la cheminée, sur des gaines en stuc, sont placés les bustes de DAMPIERRE[1] et de VIALAT[2]. A une table oblongue, couverte d'un tapis vert, sont assis, à chaque extrémité, deux membres du comité, VADIER, surnommé LA BÊTE DU GÉVAUDAN et son collègue AMAR.)

VADIER.

J'ai passé la nuit ici ; je suis harassé.

(Jetant sa plume et se frottant les mains.)

Enfin voilà qui est fini !

AMAR.

Quoi, fini ?

VADIER.

Mon rapport. Il ne sera pas moins bien nourri que celui que tu as été chargé de rédiger, et de prononcer à la tribune contre la Gironde.

AMAR.

Quelque nouvelle bande de conspirateurs pris la main dans le sac ?

VADIER.

Demain, grande jubilation sur *la Montagne* ; mines alongées dans *la Plaine*, et même dans *le Marais*.

AMAR.

Pourquoi ce désappointement de nos ennemis ? Tu me parles par énigmes.

VADIER.

C'est ta faute. Comment se fait-il qu'hier soir, en sortant de la séance des Jacobins, tu ne sois pas venu chez Robespierre ?

AMAR.

Il ne me l'avait point fait dire. D'ailleurs, à quoi bon une assemblée chez lui, lorsqu'il nous mande et nous fait venir au Comité de salut public quand il lui plaît ?

VADIER.

C'est que Hérault-de-Séchelles, qui est de ce comité, pouvait y entrer, et que sa présence eût été de trop.

AMAR.

En ce que ?.

VADIER.

En ce que le maître a mis dans sa tête de l'adresser au tribunal expéditif, et que c'était sur cette mesure qu'il voulait nous consulter comme il nous consulte.

AMAR.

Un membre d'un comité de gouvernement, Hérault-de-Séchelles à la place de la Révolution ?

VADIER.

Assisté, ne t'en déplaise, de Danton, Camille-Desmoulins, Philippeaux et d'une douzaine de conventionnels de même acabit.

AMAR.

Et de quoi sont-ils coupables ?

VADIER.

Tu veux dire accusés ?

AMAR.

Sans doute.

VADIER.

Sans doute, sans doute ; il est bon là ! Est-ce que maintenant il y a deux formules d'accusation ? *ils sont atteints et convaincus d'avoir conspiré contre l'unité et l'indivisibilité de la république*. Ne sont-ce pas Danton et Camille qui t'ont suggéré à toi-même ce moyen pour ton rapport contre les Girondins ?

AMAR.

J'en conviens.

VADIER.

Eh bien ! on les traite comme ils ont traité les autres ; de quoi peuvent-ils se plaindre ?

AMAR.

Quittons la plaisanterie ; voilà l'étiquette du sac, le prétexte qu'en public on mettra en avant ; mais, entre nous, mon cher, quels motifs secrets a Robespierre de...

VADIER.

Ah ! il te faut des motifs ! Est-ce donc que la loi ne donne plus aux accusés pour unique défenseur *la conscience du juré patriote ?* et diras-tu que Robespierre n'est pas le patriotisme incarné ? puisqu'il faut des motifs à M. Amar, qui de sa propre main arrêta Rabaut-Saint-Étienne ; à M. Amar, qui, le premier, dans le département de l'Ain, fit emprisonner cinq cents personnes d'un seul coup de filet, et envoya aux sombres bords une femme de vingt-cinq ans, pour avoir correspondu avec son fils émigré, encore qu'elle n'eût jamais eu d'enfant, on va donner des motifs à M. Amar.

Hérault-de-Séchelles n'a-t-il pas élaboré la constitution populaire de 93, enfant mort-né que, le lendemain de son adoption, nous avons étranglé, enterré, pour lui substituer le gouvernement révolutionnaire ? Le jour de l'acceptation de cette constitution, Hérault, le plus bel homme de France (attends, la remarque n'est pas de trop), n'a-t-il pas été élu président de l'assemblée, qui le combla d'honneurs et de prévenances ? et n'as-tu pas vu ce chafouin de Robespierre devenir tour-à-tour pâle comme un linceul et pourpre comme du sang de bœuf ?

S'il t'en faut davantage, ne te souvient-il plus que son fils adoptif, que Saint-Just, stygmatisé par la débauche, ayant voulu prendre un air de supériorité avec Hérault, celui-ci lui répondit : « Tais- toi, maître fat, tu t'efforces de porter la tête comme un saint-sacrement, mais tout ton corps n'est qu'un sépulcre blanchi ? »

Philippeaux, qui arrive de l'Ouest, ne vient-il pas de dire et d'imprimer que la guerre de la Vendée, dont il a vu les fureurs, n'est qu'un chancre politique alimenté par les comités de gouvernement, dont le projet bien connu est de réduire la France aux deux tiers de sa population ?

AMAR.

Toute vérité n'est pas bonne à dire ; je te livre l'imbécile.

VADIER.

Camille, dans son *Vieux Cordelier,* prodiguant le sarcasme aux partisans de la Montagne, dit que le Père-Duchesne, prenant sa pipe pour la trompette de Jéricho, croit faire crouler la réputation d'un vrai républicain quand il s'est avisé de fumer trois fois autour d'elle.

AMAR.

Mais je croyais que le patron ne goûtait guère les ordures, les turpitudes du substitut ?

VADIER.

Quand il n'aura plus besoin de ses aboiements, il jettera le boule-dogue à la rivière. Camille, soutenu par Danton, qui paie les frais d'impression, ose demander dans son journal qu'on mette enfin, au lieu des échafauds, *la clémence à l'ordre du jour.*

AMAR.

La clémence ? frappe alors et frappe fort ; c'est un transfuge.

VADIER.

Un transfuge, lui ?

AMAR.

Arborant le premier la cocarde nationale, et plus patriote que Mirabeau. — Que veux-tu donc, demandait le tribun à Camille, mécontent ? — La liberté, toute la liberté. — Malheureux ! sais-tu que la liberté à ta façon est une prostituée qui n'accorde ses faveurs que sur des matelas de cadavres ! — Eh bien ! ces faveurs, ravissons-les, n'importe à quel prix. — Et maintenant que ses vœux sont exaucés transfuge ! te dis-je ; et puis demander de la clémence au dictateur, il a bien trouvé son homme !

VADIER.

Plus que tu ne crois.

AMAR.

A d'autres !

VADIER.

Amar ! Amar ! as-tu donc aujourd'hui des yeux pour ne point voir ? Ce n'est pas parce que Camille-Desmoulins souhaite que la clémence soit mise à l'ordre du jour que Robespierre est furieux contre lui ; non, c'est parce que, en faisant cette demande, il a pris l'initiative ; c'est que Robespierre, qui a soin, depuis quelque temps, de ne signer que rarement les arrêtés du Comité de salut public, pour qu'on ne puisse un jour les lui reprocher tous, aurait voulu être le premier à provoquer la cessation des sacrifices humains, après laquelle soupirent en silence les trois quarts de la France, terrifiée par une poignée d'hommes énergiques. Sa puissance est colossale sans doute, mais elle est fondée sur la destruction. Le jour où il rétablira l'ancien culte, où il fera rebrousser les tombereaux et ouvrira la porte aux détenus, le jour enfin où il proclamera la clémence, un long règne peut-être lui sera assuré.

AMAR.

Il ne sait pas monter à cheval !

VADIER.

Pendant la bataille, Octave se tenait à fond de cale ; et pour lui cependant il y allait de l'empire du monde, qu'il a saisi, et conservé.

Mais toi-même, en parcourant cette correspondance, tu riais tout à l'heure, et cependant tu n'es pas coutumier du fait.

AMAR.

C'est vrai, mais je n'y tenais pas.

VADIER.

Fais-moi part des motifs de ton hilarité.

AMAR.

Carrier nous mande de Nantes que l'activité de la hache n'est pas ralentie, que les *bateaux à sou pape* vont toujours leur train, mais que, la besogne ne marchant point encore assez vite, il a cru, à ces deux modes d'opération, devoir en ajouter un troisième. Il fait lier ensemble une jeune fille et un jeune garçon, une vieille femme et un sexagénaire, qu'il fait jeter dans la Loire. Par les efforts qu'ils ont pour surnager, pour échapper aux flots, on dirait qu'ils se *caressent* ; et Carrier appelle ces noyades des *mariages républicains*.

VADIER.

Mais s'ils venaient à bout de rompre ce chaste hymen, les époux, regagnant le rivage, pourraient fort bien s'en aller chacun de son côté.

AMAR.

N'aie pas peur, Carrier y a pourvu ; il y a là des assistants, armés de crocs, qui les repoussent sur le lit nuptial.

Ce diable d'homme a toujours eu des idées originales !

AMAR.

Voici une autre missive qui n'est guère moins divertissante : Lebon, nous écrit qu'ayant trouvé à Arras l'*arbre de la liberté* mal venant, il a, de la place des exécutions à celle où l'arbre est planté, fait creuser une rigole, qui ne cessera de lui porter le sang des conspirateurs que quand il aura reverdi.

VADIER.

Pas mal imaginé !

AMAR.

Plus expéditif encore, mettant le feu à tout une commune, et faisant, à coups de baïonnette, rejeter dans les flammes hommes, femmes et enfants qui cherchent à fuir, notre ami Maignet....

VADIER.

Chut ! on ouvre la porte.

(Un garçon de bureau ou messager attaché au comité annonce.)

Le citoyen exécuteur des hautes-œuvres est dans l'antichambre : il attend les ordres du comité.

DEUXIÈME MESSAGER.

L'accusateur public vient d'arriver ; il se dit mandé par le comité.

VADIER.

Ils le sont l'un et l'autre pour la même affaire ; qu'ils entrent en même temps.

(L'accusateur public et l'exécuteur paraissent.)

VADIER.

Prends un siége, Fouquier.

AMAR à l'exécuteur.

Assieds-toi, citoyen.

L'exécuteur s'assied. Fouquier n'entend pas. Son front est plissé, son œil hagard, ses bras croisés compriment sa poitrine, il se promène, et son pas fait résonner le parquet :

VADIER à l'exécuteur.

Toi, je commencerai par te laver la tête. Lorsque le jugement qui t'a été remis avant-hier par le greffier du tribunal porte les noms de soixante-trois condamnés, comment se fait-il que tu sois parti sans un recollement préalable, sans t'être assuré que tu avais bien ton compte, et que tu n'en aies conduit que soixante-deux sur l'emplacement de la Bastille ?

L'EXÉCUTEUR.

Je ne suis pas geôlier, citoyen représentant, je ne puis m'emparer que de ceux qu'on me livre ; et ce n'est pas d'aujourd'hui que l'on a dû te dire que le concierge Richard n'était pas *au pas* ; je ne dois point répondre de son fait. J'ai bien crié, mais le peuple, qui attendait dans la cour, impatient de ne pas *voir partir,* criait encore plus fort que moi.

VADIER.

Amar, fais-moi le plaisir d'inscrire le nom de Richard sur le registre n° 5 *bis*. Mais venons à ce qui m'a fait t'appeler ici. Combien peux-tu *déblayer* d'individus par heure ?

L'EXÉCUTEUR.

Attendez : attacher à la bascule, faire tomber le fer, le relever, détacher le corps, le jeter dans un tombereau, c'est l'affaire d'une minute ; partant, j'expédie mes cinq douzaines à l'heure.

VADIER.

C'est trop lent.

L'EXÉCUTEUR.

Trop lent, dis-tu ? je te défie, mon représentant, de....

VADIER.

Le peuple, trop long-temps debout, pourrait enfin se lasser de humer la fumée du sang qui bouillonne. Il faudrait trouver le moyen de tripler la besogne sans tenir plus d'une heure la multitude devant....

FOUQUIER, les dents serrées et continuant à se promener.

Devant l'autel de Moloch.

VADIER, à Fouquier-Tinville d'un regard menaçant.

Fouquier !

FOUQUIER à Vadier.

Tais-toi ! je suis saoûl de la vie ! Complais-toi dans le meurtre, il me pèse à moi ! En venant ici, j'ai cru voir la Seine ne rouler que sang et cadavres.

(Jetant son bonnet sur la table.)

Tiens, vois ces cheveux, ils sont encore hérissés !... Malheur ! malheur !

(Il sort sans reprendre son bonnet ; et tire la porte avec violence.)

VADIER.

Savez-vous que cet homme est capable de se porter à quelque extravagance !

AMAR.

Sois tranquille ; ce n'est pas la première fois qu'il a de pareils accès de folie. Coffinhal, son ami, et vice-président de son tribunal, a seul le pouvoir de le rappeler à la raison. Je vais aller trouver ce dernier, et je gage que, sous son égide, Fouquier ira, comme de coutume, avant l'audience, dresser des listes de proscription au café de la cour du Palais de Justice, où il donne rendez-vous à ses limiers. Mais pourquoi l'avais tu mandé ce matin ?

VADIER.

Pour le même sujet que le citoyen ici présent ; pour lui dire qu'il eût à doubler le nombre des prévenus qu'il porte chaque jour sur son acte d'accusation.

AMAR.

Sans lui faire une pareille demande, qu'il refuserait peut-être dans ce moment, on peut arriver au même résultat en divisant le tribunal révolutionnaire en deux sections : on doublera les juges et les jurés.

VADIER.

Tu as, ma foi ! raison.

AMAR.

La salle où siégeait la grande chambre du parlement, appelée aujourd'hui *salle de la Liberté*, étant occupée par le tribunal en exercice, la section qu'on lui adjoindra pourra siéger dans le local de l'ancienne Tournelle, que nous nommerons *salle de l'Égalité*.

VADIER.

Voilà qui est dit. Broche un bout de rapport pour le comité, et, séance tenante, il sera adopté. Mais si, par ce moyen, nous obtenons que les exécutions soient doublées, comment remédier à cette odeur, à cette fumée de sang qui *bouillonne,* et dont le peuple se lasse ?

AMAR.

Rien de si facile ; qu'un récipient soit creusé au pied de l'échafaud.

VADIER, à l'Exécuteur.

Tu entends ! que ce puisard existe dès ce soir.

L'EXÉCUTEUR.

Oui, citoyen.

VADIER.

Et comment abréger le temps des exécutions ?

AMAR.

Est-ce que hier tu n'étais pas ici quand Dumas est venu nous offrir le modèle d'une guillotine à trois couperets[3] ?

VADIER.

Non, je n'ai vu ni Dumas, ni le modèle dont tu parles.

AMAR, tirant le dessin d'un portefeuille.

Tiens, le voilà.

VADIER, regardant le dessin.

Admirable ! L'ordre d'exécuter ce modèle est-il donné ?

AMAR.

Sans doute.

VADIER.

Quand l'aura-t-on ?

AMAR.

Sous trois jours.

VADIER.

Qu'on paie le double, et qu'il soit fait demain.

UN GARÇON OU MESSAGER.

Les membres du comité de législation !

VADIER.

Qu'ils attendent.

(A l'Exécuteur.)

La séance va s'ouvrir, retire-toi.

1 Général républicain, mort sur le champ de bataille.

2 Enfant de treize ans, tué en s'opposant à ce que des partisans des Girondins passassent une rivière pour se réunir à leur parti.

3 La machine fut faite, mais on ne s'en servit point.

CHAPITRE XI

LES DEUX EMPLOYÉS

Apparition d'un émigré retrouvant un ancien ami. — La scène se passe à la commission des subsistances. — Anecdote. — Conversation entre Goujon, président de la commission, et deux étrangers désignés par leur commune pour venir demander des vivres. — Épouvante dont ces derniers sont saisis. — Les papiers de l'émigré sont très en règle. — Nous ne sommes pas bien ici ; voici ma clef ; va m'attendre chez moi.

BELBEUF, employé en qualité de chef à la commission des subsistances. CHÉVÉRU, employé dans les charrois militaires, et connu sous le nom de VIÉNOT.

(La scène se passe à la commission des subsistances, dans le cabinet particulier où travaille Belbeuf.

Il est neuf heures du matin. Belbeuf entre dans son cabinet. Il est suivi de Chévéru, qui l'a reconnu dans la rue.)

BELBEUF.

Que veux-tu, citoyen ?

CHÉVÉRU, habillé comme un soldat du train.

T'offrir une prise de tabac, citoyen.

BELBEUF.

Je n'en prends point.

CHÉVÉRU.

Et moi, je dis que tu en prends.

BELBEUF.

Voilà qui est fort !

CHÉVÉRU.

Tu en prends, te dis-je : à telles enseignes que, enfonçant plus que de raison le pouce et l'index dans cette boîte, que je te présentais, il y a quatre ans, comme aujourd'hui, tu l'as jetée maladroitement par terre, et tu as fêlé le verre qui recouvre ces cheveux blonds. Tiens, la reconnais-tu ?

BELBEUF.

Ciel ! Chévéru !

CHÉVÉRU.

Chut ! je me nomme Viénot.

(Belbeuf court ôter la clef de la porte ; revient, et presse avec transport son ami sur son cœur.)

BELBEUF.

Toi, ici !

CHÉVÉRU.

Tu y es bien !

BELBEUF.

Mais je n'ai pas émigré.

CHÉVÉRU.

Eu cours-tu moins de dangers ?

BELBEUF.

On peut venir ; assieds-toi, et cache ton émotion.

CHÉVÉRU.

Et toi tes larmes.

(Belbeuf retourne mettre la clef à la porte :)

BELBEUF.

Comment va ta femme ? Comment va ton cher Henri ?.... Tu ne me réponds pas ?

CHÉVÉRU.

Henri, qui n'a encore que seize ans

BELBEUF.

Il doit être beau garçon ?

CHÉVÉRU.

Toujours aussi bon que tu l'as connu, et ne pouvant supporter le spectacle de ma douleur, il m'a demandé la permission de partir pour l'armée.

BELBEUF.

Le spectacle de ta douleur, dis-tu ?... Mon ami, aurais-tu perdu ta femme ?

CHÉVÉRU.

Oui.

BELBEUF.

Et depuis quand est-elle morte ?

CHÉVÉRU.

Sophie n'est pas morte.

BELBEUF.

Je ne te comprends plus.

CHÉVÉRU.

Elle a demandé le divorce pour épouser un homme que tu connais ;.... l'abbé Surget.

BELBEUF.

Quoi ! le précepteur de ton fils ?

CHÉVÉRU.

Oui.

(Ici on entend du bruit. BELBEUF fait semblant d'écrire ; la porte s'ouvre ; c'est le conventionnel GOUJON, président de la commission des subsistances. :)

GOUJON, des papiers à la main, et s'adressant à Belbeuf.

Tiens ! le village de Flavigny demande douze sacs de bled et trois quintaux de riz : j'ai pris des renseignements ; les habitants sont des fanatiques qui ont caché leur curé. Réponds-leur qu'en place de riz, je vais leur envoyer un détachement de l'armée révolutionnaire.

(Deux citoyens étrangers se présentent.)

PREMIER CITOYEN, s'adressant à Belbeuf.

Citoyen, nous venons pour....

BELBEUF.

Voici le président de la commission, tu dois d'abord t'adresser à lui.

PREMIER CITOYEN.

Citoyen président, nous venons vers vous

GOUJON, sèchement.

Vers *toi* ?

PREMIER CITOYEN.

Nous venons vers toi pour te prier...

GOUJON.

On ne prie plus personne, ni dieu ni diable ; pour te *demander*...

PREMIER CITOYEN.

Pour te demander, au nom de la commune de...

GOUJON.

Remets ton bonnet sur ta tête ; il n'y a qu'un esclave qui se découvre.

PREMIER CITOYEN.

Le voilà remis Au nom de la commune de Villeneuve-le-Roi —

GOUJON, l'interrompant.

Sacrebleu ! Villeneuve-*le-Roi* !

DEUXIÈME CITOYEN.

Eh ! non ; il voulait dire Villeneuve-sur-Yonne. C'est que vois-tu, président, l'habitude, et puis ton air qui n'est pas déjà si rassurant....

GOUJON.

Au fait. Qui es-tu, toi qui as l'air si rassuré ?

DEUXIÈME CITOYEN.

J'ai nom Pérancy ; je suis maire de Villeneuve.

GOUJON.

Et cet iroquois ?

PÉRANCY.

C'est le citoyen Château-Feuillet, mon adjoint, qui ordinairement parle mieux que ça.

GOUJON.

Eh bien ! citoyens Pérancy et Château-Feuillet que voulez-vous ?

PÉRANCY.

Toutes nos ressources sont épuisées, foi de républicain ! Les mariniers nous menacent de leurs crocs ; leurs femmes veulent nous avaler, et leurs gueules sont larges comme des fours. Si, après t'avoir présenté notre requête, nous n'amenons pas avec nous de la farine, mon adjoint et moi nous serons *hissés à la lanterne*, aussi sûr que je te parle.

GOUJON.

Messieurs de Château-Feuillet et Pérancy, sachez que quand on vient ici crier famine, il ne faut pas être, comme vous l'êtes l'un et l'autre, porteurs d'une figure de jubilation, d'un menton à triple étage, et d'un ventre de polichinelle ; et que, si vous ne descendez à l'instant les marches de l'escalier quatre à quatre, je vous ferai monter celles de la guillotine.

(Château-Feuillet, qui, s'entendant apostropher du nom de *monsieur*, avait, perdu l'usage de ses jambes, fut poussé ou roulé jusqu'au bas de l'escalier par le maire Pérancy. Goujon étant sorti en riant, les deux amis se retrouvèrent seuls.)

BELBEUF.

Nous ne sommes pas bien ici pour causer ; va m'attendre chez moi.

CHÉVÉRU.

Toujours place Vendôme ?

BELBEUF.

Du diable ! ici près, à deux pas de la commission, rue Neuve-des-Bons-Enfants, n° 5, dans une maison où l'on entre par une allée.

CHÉVÉRU.

Par une allée, mon cher !
La fortune aux Romains a bien TOURNÉ la face !
Et au cinquième, peut-être ?

BELBEUF.

Non, à l'entresol. Tiens, prends ma clef ; je te joindrai le plus tôt possible.

(Il arrête Chévéru, qui va pour sortir.)

Un moment. Je te vois sur le corps un uniforme du train, c'est bien ; mais es-tu réellement employé ?

CHÉVÉRU.

Je le suis, non dans l'artillerie, mais dans les charrois militaires pour le transport des fourrages. Chez toi, je te dirai ce qui m'amène ici.

BELBEUF.

Puisque je ne t'ai pas remis sur-le-champ, je ne crains pas que quelque dénonciateur te reconnaisse ; ce coup de sabre qui te partage la figure te rend méconnaissable.

CHÉVÉRU.

Sans ce masque, je n'aurais pas osé remettre le pied dans Babylone.

BELBEUF.

Oui ; mais ton passeport, sous le nom de Viénot, est-il bien en règle ?

CHÉVÉRU.

Parfaitement ; et par-dessus le marché je tiens en poche cartouche excellente, certificat de civisme et diplôme de jacobin.

BELBEUF.

Avec ce bagage, c'est fait de toi si on t'arrête.

CHÉVÉRU.

Qu'est-ce à dire ?

BELBEUF.

Que Chaumette vient de commenter la *loi des suspects,* de donner le type fondamental de leur signalement ; que ce commentaire draconien est affiché sur tous les murs de Paris, envoyé à tous les clubs, à tous les comités révolutionnaires de la République.

CHÉVÉRU.

Eh bien ! qu'est-ce qu'il chante ce commentaire ?

BELBEUF.

« Que nul doute qu'il ne faille mettre la main sur tous les individus qui ne sont pas porteurs de papiers attestant leur républicanisme ; mais qu'en même temps c'est moins ceux qui n'ont point de papiers du tout que ceux qui en ont beaucoup qu'il faut arrêter ; que celui qui vous étale fièrement un passeport, une carte de sûreté, un certificat de civisme, le diplôme d'une société populaire, et la quittance de ses contributions, est *trop en règle* ; et qu'à coup sûr c'est un aristocrate déguisé qu'il ne faut pas laisser échapper. »

CHÉVÉRU.

Diable ! il est difficile de se tirer de là.

BELBEUF.

Pas à toi, du moins ; ton emploi te range dans la classe des militaires ; et tu n'as besoin que d'un passeport.

CHÉVÉRU.

Alors, le passeport excepté, tout le civisme qui est en évidence dans mon portefeuille va être mis à l'ombre dans la doublure de mon pantalon. A tantôt, ne me fais pas languir.

BELBEUF.

Encore un mot ; et mon meilleur ami après toi, ton frère, qu'est-il devenu ?

CHÉVÉRU.

Tué !

BELBEUF.

A l'armée de Condé ?

CHÉVÉRU.

Non, en France, à Feurs, département de la Loire, et de la main même d'un représentant du peuple.

BELBEUF.

Se peut-il ?

CHÉVÉRU.

Charles et moi nous partîmes ensemble pour aller rejoindre l'armée des princes ; et, de ce moment nous ne nous quittâmes jamais. Nous fûmes tous deux faits prisonniers, lors de la prise de Mayence par Custine ; ce général, qui était notre parent, au lieu de nous faire mettre à mort comme émigrés, ainsi que cela lui était ordonné, facilita notre évasion, et nous donna lui-même le conseil d'entrer, pour notre plus grande sûreté, dans les charrois de l'armée. Nous faisions ce métier depuis huit mois, lorsqu'on nous dirigea pour le service de l'intérieur, sur les bords de la Loire. Quand nous fûmes à Feurs, où le représentant Javoques venait de créer une commission populaire pour se baigner dans le sang, il prit fantaisie à ce conventionnel de passer en revue notre détachement. J'étais dans ce moment à l'hôpital par suite de cette balafre qui me déguise si bien. Mon malheureux frère, que l'on n'avait point désarmé à Mayence, portait encore le sabre qui lui avait servi à l'armée de Condé. Javoques, inspectant les armes, aperçoit une fleur de lys sur la lame de ce sabre : jurant comme un païen, il tire un pistolet de sa ceinture, l'appuie sur le front de Charles et lui casse la tête.

BELBEUF, portant ses deux mains à ses yeux.

Va-t'en.

CHAPITRE XII

LES MAISONS DE RÉCLUSION

Que veulent les lois du jour ? Récapitulons un peu. — État de la France au physique et au moral ; femmes, enfants, jeunes hommes, vieillards, tous sont en réquisition ; tous sont employés au salut de l'empire. — La châsse de sainte Geneviève brûlée. — La sainte-ampoule foulée aux pieds. — Les tombeaux de Saint-Denis profanés. — Les autels renversés. — Le culte de la Nature en pleine activité. — Héroïsme des Vendéens ; sublime adoration de la croix. — Les académies sont supprimées ; les collèges et les écoles fermés. — La Commune vient demander à la Convention le prompt incendie de toutes les bibliothèques de la France. — La guillotine est trop lente ; Javoques demande qu'on fusille trois cents suspects par jour dans la plaine de Grenelle. — Collot-d'Herbois, plus expéditif, demande qu'une mine *salutaire*, creusée à l'instant sous les prisons, fasse sauter tous les détenus. — Désignation des principales maisons de réclusion de Paris. — Inspecteurs. — Rapiotage. — Moutons. — Horrible conduite des moutons et des inspecteurs envers les détenus ; pourquoi ? — Intrigues d'amour — Faiblesses cruellement expiées. — Admirable fraternité des détenus. — Comment tous les membres du parlement de Paris sortent de la prison du Luxembourg pour aller au tribunal révolutionnaire. — Le maréchal Mouchy et son épouse. Belle fin. — L'égoût de la maison d'arrêt du Plessis. — Madame de Kolly et ses deux enfants. Dernier gage de tendresse maternelle. — Le respectable Angrand D'Alleray faisant l'exercice avec un bonnet de nuit et un bougeoir à la main. — Séparation déchirante. — La Nina de Port-Libre. — Madame de Rosambo et mademoiselle de Sombreuil. — Folie d'un ancien ministre de la maison du roi. — Singulière évasion du facétieux monsieur de Combles. Étrange mystification au moyen de laquelle il mit tout Paris en émoi. — Les fourgons viennent chercher des détenus pour les conduire au tribunal assassin : tableau de ceux qu'on emmène et de ceux qui restent encore.

Au moral, comme au physique, tout marche à souhait ; récapitulons un peu.

Que dit la loi ? Tous les Français seront en réquisition permanente pour le service des armées.

Il y aura une fabrication extraordinaire d'armes de tout genre.

Il sera frappé des contributions en nature pour former les grands approvisionnements.

Tandis que les jeunes gens iront combattre, les hommes mariés transporteront des subsistances ou forgeront les armes.

Les femmes feront des habits, serviront dans les hôpitaux.

Les enfants feront de la charpie.

Les vieillards harangueront sur les places publiques, afin d'exciter le courage des défenseurs de la liberté, la haine des rois et l'indivisibilité de la République.

Les palais deviendront des casernes ; les ci-devant églises des magasins à fourrage.

Les caves seront lessivées pour l'extraction du salpêtre ; les armes de calibre serviront à ceux qui seront en présence de l'ennemi ; les fusils de chasse seront réservés pour le service intérieur contre les ennemis de la révolution.

Tous les chevaux sont mis à la disposition des comités de gouvernement.

C'est Carnot, c'est Barrère, ce sont et Merlin de Douai et Robespierre, qui font décréter tout cela, trouvant, comme le fait observer un chroniqueur du jour, dans le départ de tous les jeunes gens le double avantage d'opposer des multitudes à trois cent mille soldats disciplinés, et de dégarnir l'intérieur de cette population dont la bouillante ardeur pourrait, d'un seul élan inattendu, renverser leurs projets.

Voilà pour le physique : voici pour le moral.

A Paris on brûle, sur la place de Grève, la châsse et les reliques de sainte Geneviève.

Ruhl, en mission à Reims, écrase sous ses pieds la sainte-ampoule, dont il envoie les morceaux à la Convention.

Les caveaux de Saint-Denis sont violés ; et la poussière de nos rois devient le jouet des vents, si plus d'outrages ne lui sont prodigués.

Les héros à cinq cents francs, après avoir abattu les effigies des saints qui décoraient l'extérieur des temples, pénètrent dans l'intérieur et brûlent les images et les autels.

Le culte de la Nature, prêché par *la Raison,* est en pleine activité.

Sans parler des départements de l'Ouest, où tout est à feu et à sang, où les femmes, nouvelles amazones, montent à cru, et, le sabre à la main, s'écrient, quand les hommes sont tombés : » En avant, les Vendéennes ! en avant[1] ! « Sans parler des villes d'un ordre inférieur, à Marseille, Arras, Nîmes, Bordeaux, Toulon, Nantes, Orange, on guillotine, on mitraille, on noie, on fusille, on incendie.

Les académies sont supprimées ; tous les colléges le sont également, et leurs biens vendus, ainsi que les biens dont les hôpitaux étaient dotés ; toutes les écoles, toutes les maisons d'enseignement sont fermées.

La Commune de Paris se présente en corps à la Convention, et l'adjure d'ordonner par un décret le prompt incendie de toutes les bibliothèques..

En même temps, l'illustre Javoques demande à la société populaire séant aux Jacobins que, la guillotine ne marchant point assez rondement à Paris, on imite les frères des départements méridionaux, et que l'on conduise chaque jour trois cents détenus à la plaine de Grenelle, pour qu'il leur soit envoyé du plomb dans la tête.

Remarquons en passant, car j'aime les remarques qui font plaisir, que le susdit Javoques, conventionnel montagnard, fut lui-même, deux ans après cette motion anodine, fusillé dans cette plaine de Grenelle, pour avoir conspiré contre le Directoire.

Sachant à quoi s'en tenir sur les fusillades, Collot-d'Herbois, qui arrive de Lyon, dit que la proposition de son collègue Javoques est celle d'un modéré ; qu'il demande, lui « que, sous chacune des soixante-quinze maisons de réclusion qui sont dans Paris, il soit creusé *une mine salutaire,* à laquelle on mettra le feu sans délai. »

Dans la crainte qu'on ne charge et qu'on ne fasse jouer cette mine, hâtons-nous, pendant qu'il en est temps encore, de jeter un coup-d'œil rapide sur quelques-unes de ces maisons d'arrêt. Il faudrait, pour en parler convenablement, écrire des volumes, qu'on lirait avec intérêt ; nous ne leur consacrerons que quelques pages.

La loi du 13 août 1793, qui créait des suspects, n'eut pas été plus tôt proclamée, que la France, sur toute son étendue, fut couverte de prisons. Cent cinquante conventionnels ou proconsuls en mission, quatre mille municipalités, sept mille comités révolutionnaires, cinq cent cinquante districts, quatre-vingt-quatre administrations département tales, ayant tous, à l'instar des comités de salut public et de sûreté générale, le droit de décerner des mandats d'arrêt, tous, ou presque tous, eurent leurs prisons ou leurs dépôts particuliers ; la seule ville de Paris en renfermait près de quatre-vingts[2].

Toutes ces maisons n'étaient pas également hideuses ; si plusieurs n'avaient que des chambres obscures, de sombres corridors, des cachots, dans d'autres il y avait un préau, une cour, un jardin. Quelques concierges, au risque de perdre leur place, et plusieurs la perdirent, se comportèrent avec humanité envers les prisonniers ; d'autres, et en grand nombre, exercèrent leur emploi avec des raffinements de barbarie et une cupidité sans exemple.

De nombreux inspecteurs, aux ordres de la Commune de Paris, et salariés par elle, venaient visiter chaque jour les nouveaux incarcérés. Ces inspecteurs avaient dans chaque prison un cabinet secret, appelé la chambre du *rapiotage,* où ils faisaient venir hommes et femmes ; où, sous le prétexte de chercher des, limes, des couteaux, un écrit, ils se livraient aux investigations les plus dégradantes. Debout devant ces misérables, les femmes offraient à leur brutalité tout ce qui pouvait exciter leurs féroces désirs, leurs dégoûtants propos. La lubricité s'éveillait bientôt, et de jeunes infortunées, les yeux baissés, tremblantes, éplorées devant ces bandits, ne pouvaient cacher à leurs regards, soustraire à leurs attouchements ce que la pudeur dérobe même à l'amour heureux.

Des délateurs, appelés *moutons,* furent placés dans les maisons de réclusion pour rapporter tout ce qui s'y disait, tout ce qui s'y passait, et même ce qui ne s'y disait ou ne s'y passait pas. Ils étaient chargés de fournir tant au comité de sûreté générale qu'à l'accusateur public, des listes de proscription ; et l'on a vu des nobles, détenus comme suspects, faire ce métier infâme, pour échapper à la mort ou recouvrer la liberté.

Ces moutons avaient en outre une mission expresse, c'était, à force de vexations et de tyrannie, d'exciter un soulèvement, une apparence de rébellion parmi les détenus, afin d'avoir un prétexte de les accuser de conspiration, et de les envoyer en masse à la guillotine.

Ces occasions d'une trop juste révolte, ils les fournissaient à chaque heure du jour ; mais on était en garde contre leurs perfides manœuvres. C'est en vain qu'on retrancha la lumière aux détenus dès que la nuit fut venue, qu'on les empêcha de communiquer avec leurs parents, leurs amis, qui ne furent plus reçus ni dans l'intérieur ni même à la grille de la prison ; que, de jour comme de nuit, on refusa d'aller chercher le médecin pour des malades expirants ; que les aliments qu'on apportait du dehors à plusieurs reclus étaient jetés pêle-mêle dans un même baquet, les vins confondus dans un même tonneau, sous le prétexte que le régime de l'égalité le voulait ainsi. C'est en vain que, quand il fut interdit aux prisonniers de faire venir des aliments de chez eux, et que le gouvernement leur accorda cinquante sols par jour, en assignats) pour leur nourriture, c'est en vain, disons-nous, qu'on ne leur servit plus que des fèves à peine cuites, de la viande en putréfaction ; ils supportaient toutes ces indignités sans se plaindre, parce qu'ils savaient qu'un murmure trop prononcé entraînerait la mort, non-seulement de ceux qui le feraient entendre, mais celle de leurs compagnons de misère, qui leur étaient chers.

Au Luxembourg et à Port-Libre, les hommes et les femmes ne furent point séparés d'abord ; on s'y réunissait dans de grandes pièces pour lire les journaux, jouer et causer. L'amour s'étant glissé dans ces réunions, bientôt la pétulance de quelques dames françaises, les billets interceptés de plusieurs Anglaises, moins vives, mais non moins tendres ; enfin la publicité trop réelle de certaines aventures galantes, firent prendre aux commissaires de la prison du Luxembourg le parti de séparer les deux sexes. La manière dont celui de ces messieurs qui portait la parole fit part aux recluses de la mesure qu'ils venaient d'arrêter, n'était pas faite pour flatter des oreilles délicates. « Savez-vous bien, mesdames, leur dit-il, que le Luxembourg passe pour le premier b....l de Paris ; que vous n'êtes toutes que des catins, et que nous sommes las de vous servir de manteau ? A dater d'aujourd'hui, vous n'aurez plus aucune communication avec les hommes. »

Toutefois ces censeurs, non moins repoussants par leur sale tournure que par leurs expressions, n'étaient pas aussi rigides dans les mœurs qu'ils affectaient de le paraître. Il n'est que trop certain qu'ayant le droit de s'introduire chez les femmes détenues, plusieurs vinrent à bout d'en séduire, sous la promesse de leur sauver la vie : faiblesse, si c'en est une, trop cruellement expiée, puisque ces monstres qu'on ne sait plus comment qualifier, dans la crainte d'une indiscrétion, d'un indice de leurs liaisons avec des femmes entachées d'aristocratie, provoquaient, hâtaient eux-mêmes le supplice des victimes qu'ils venaient de souiller !

Parmi quelques faiblesses, que de vertu, de bienfaisance, de grandeur d'âme dans ces lieux de désolation ! L'infortune rapproche les hommes sans doute, mais c'est bien là qu'était *l'égalité*. Tant que les riches purent conserver quelques ressources, ceux qui ne possédaient rien ou se trouvaient loin de leur famille ne manquaient ni d'argent ni de consolations. Des jeunes femmes délicates, élevées dans la mollesse, passaient le jour, la nuit au chevet d'un inconnu d'un vieillard infirme, leur rendant tous les services d'une garde-malade.

Si la fierté d'un détenu repoussait la main bienfaisante qui s'ouvrait pour lui, ménageant sa délicatesse, on feignait de faire arriver du dehors des secours envoyés par une main qui lui était chère. Combien de malheureux, enfermés pour n'avoir pu payer au gouvernement des taxes qui leur étaient arbitrairement imposées, durent leur délivrance à la générosité d'hommes compatissants qui s'empressaient de leur ouvrir leur portefeuille ! « Plus heureux que nous, allez, leur disaient-ils, allez retrouver votre femme et vos enfants. »

Quand tous les membres du parlement de Paris furent appelés pour paraître au tribunal et aller en masse à l'échafaud, ils se dépouillèrent de ce qu'ils avaient sur eux, afin d'assurer la subsistance des indigents qu'ils laissaient dans la maison de réclusion. Ensuite ils se mirent en marche, traversant la cour en silence, rangés sur deux files par rang d'ancienneté, et conservant cette impassibilité avec laquelle ils rendaient leurs arrêts.

Accusé d'avoir secouru de pauvres prêtres prétendus réfractaires, le maréchal de Mouchy fut arrêté et conduit d'abord à la Force ; transféré peu de temps après avec son épouse au Luxembourg, il fut, ainsi que la maréchale, l'objet du respect général de tous les autres détenus. Personne ne parlait d'eux qu'avec une espèce de vénération. Cependant M. de Mouchy devait périr, sa mort était résolue ; le jour arriva. Lorsqu'on vint l'appeler pour aller à la Conciergerie, qui était comme le vestibule du tribunal, il pria celui qui lui annonçait qu'il fallait descendre au greffe de ne pas faire de bruit, afin que madame la maréchale ne s'aperçût point de son départ ; elle avait été malade les jours précédents et était dans les remèdes. — Il faut qu'elle vienne aussi, lui répondit-on, elle est sur la liste, je vais l'avertir de descendre. — Non, reprit le maréchal, puisqu'il faut qu'elle vienne, c'est moi qui l'avertirai. Il va aussitôt dans sa chambre et lui dit : « Madame, il faut descendre, Dieu le veut, adorons ses desseins ; vous êtes chrétienne ; je pars avec vous, je ne vous quitterai point ».

La nouvelle que M. de Mouchy allait au tribunal se répandit en un moment dans toutes les chambres ; le reste du jour fut pour tous les prisonniers un temps de deuil. Des détenus s'éloignèrent des endroits d'où l'on pouvait les voir passer ; ils ne se sentaient pas la force de supporter ce spectacle : les autres, au contraire, se tinrent en haie, mais dans le maintien que fait naître la réunion du double sentiment de la douleur et du respect. Un particulier éleva la voix et dit : — Courage, monsieur le maréchal ! — Il répondit d'un ton ferme : *A quinze ans, j'ai monté à l'assaut pour mon roi ; à quatre-vingts, je monterai à l'échafaud pour mon Dieu.*

La cour où, pendant la triste durée des jours, les hommes, dans la maison d'arrêt du Plessis, pouvaient respirer un peu d'air, était séparée par un mur de la partie occupée par les femmes, et un égout était entre eux la seule communication possible. C'est là que se rendait tous les matins et chaque soir le fils de madame Kolly. Ce pieux enfant, qui, à peine dans son adolescence, connaissait déjà toutes les misères de la vie, s'agenouillait devant cet égout infect, et, la bouche collée sur le trou, échangeait les épanchements de son cœur contre ceux de sa mère. C'est là que son plus jeune frère, âgé de trois ans, beau comme l'amour, intéressant comme le malheur, et resté près de sa mère, venait lui dire : « Maman a moins pleuré cette nuit ; elle a un peu reposé, et te souhaite le bon jour ; c'est Lolo, qui t'aime bien, qui te dit cela. » Enfin c'est par cet égout que la malheureuse mère, allant à la mort, remit à l'aîné de ses enfants sa longue chevelure, comme le seul héritage qu'elle pouvait lui laisser.

Entre les plus inexorables inspecteurs des prisons, était un nommé Marino, qui fut l'un des mitrailleurs de Lyon, et dont le 9 thermidor fit justice. Aux Madelonettes, des latrines infectes, qu'on ne pouvait ouvrir sans être asphyxié, avaient, par leur horrible méphitisme, engendré une épidémie dans le corridor au bout duquel elles étaient placées, et M. de Sabran, ancien colonel de cavalerie, en avait été victime ; cependant Marino ne voulait pas que, pour empêcher la maladie de faire des progrès, on ouvrît une fenêtre qui seule fournissait un courant d'air dans le corridor, ni qu'on brûlât du genièvre ou du vinaigre ; mais ce digne inspecteur n'était pas plus tôt parti, qu'avec la permission du bon concierge Vaubertrand, l'air arrivait par la croisée, que les fumigations allaient leur train, et que, suivant l'ordonnance du zélé Dupontet, médecin de la section de l'Homme-Armé, les détenus faisaient long-temps l'exercice dans la cour avant de se coucher.

La manœuvre était commandée par le général Lanoue ou par Saint-Prix, acteur des Français. On eût ri de voir le vénérable Angrand-d'Alleray, ancien lieutenant civil, le plus respectable, le plus aimé des magistrats, ayant, aux exercices du soir, son bonnet de nuit, sa robe de chambre à fleurs et une bougie à la main, se tenir, à quatre-vingts ans, droit comme un jeune homme, marcher au pas de charge, et ne pas manquer une évolution. Peu de jours après, Fouquier le fit réclamer pour son charnier ; nous aurons occasion d'en dire encore un mot.

Tous cependant n'étaient pas doués de la même dose de courage, et plusieurs, succombant sous le poids du chagrin, ne trouvèrent le repos qu'en perdant la raison.

A la Bourbe, le féroce guichetier monte dans la chambre de la marquise de Lavalette ; il n'y trouve point son mari, ancien officier aux gardes, qui dans ce moment jouait au ballon dans le jardin. Comme les fenêtres de madame Lavalette donnaient sur le jardin, le guichetier l'aperçoit et dit à cette dernière :

- — Appelle ton mari.
- — Mon mari ! et pourquoi ?
- — Dépêche-toi de l'appeler.
- — Mais, mon ami, pourquoi ? je t'en conjure !
- — Pour aller au tribunal, où il est demandé.

Madame de Lavalette tombe sur le carreau.

Appelé par le guichetier, le malheureux Lavalette n'a pas le courage de s'éloigner sans avoir secouru, embrassé sa femme, qu'il rappelle à la vie. Elle entrelace ses bras autour du cou de son mari, ses jambes dans les siennes, et ne prononce que ces mots : *Avec lui ! avec lui !* On les sépare de force ; elle perd une seconde fois la raison, et ne la retrouve plus.

Madame Lachabaussière est au secret à Port-Libre dans une espèce de cachot ; sa fille, femme pleine de grâce et de majesté, enceinte dans ce moment, est tellement affectée du malheur de sa mère, qu'elle en a perdu l'esprit : c'est la Nina de la piété filiale. Si elle essaie quelque ouvrage d'aiguille, elle travaille une minute ; puis, se levant avec précipitation, elle parcourt les corridors et va s'asseoir à la porte du cachot de sa mère. Elle écoute, et si elle n'entend rien, elle s'écrie douloureusement : « Ma mère ! ma tendre mère ! réponds-moi donc ! » Si elle l'entend marcher, elle frémit de joie ; elle lui parle des heures entières, assise par terre. Vient-elle se rasseoir au foyer commun ; ses grands yeux se fixent, elle ne voit rien, et ne pousse que des gémissements. Elle ne prend plus soin de sa personne, ses cheveux sont en désordre, et tout son corps est agité de convulsions : elle ne peut plus vivre ; elle mourra en donnant le jour à son enfant.

On vient chercher à Port-Libre le vertueux Malesherbes et sa famille, pour les mener devant le tribunal assassin, qui déjà a condamné à mort M. de Rosambo, son gendre. Madame de Rosambo, fille de M. de Malesherbes, qui était tombée dans le délire après l'exécution de son mari, voyant qu'on venait la chercher en même temps que son père, recouvre subitement la raison, court chez mademoiselle de Sombreuil, et lui dit : *Vous avez eu le bonheur de sauver monsieur votre père* (lors des massacres de septembre), *je vais avoir celui de mourir avec le mien.*

M. A*****, ancien ministre de la maison du roi, et distributeur des lettres de cachet sous Louis XV, ne se vit pas plus tôt enfermé au Luxembourg, qu'il perdit la tête. Il maltraitait si fort sa femme, qu'on était obligé de le garotter. Quand il était calme et qu'on lui rendait l'usage de ses mains, il s'en servait pour inviter à dîner les princes de l'Europe, et même tous les membres de la Convention, marquant à son président qu'il serait bien reçu, lui et ses collègues, parce qu'il ne conservait point de rancune contre eux. Sa dernière dépêche fut une lettre de cachet par laquelle il mettait en réquisition trois cents jeunes négresses pour le service des détenus du Luxembourg. Il est mort dans un accès de délire.

Balézaire, ancien capitaine dans les grenadiers de France, eut le bonheur de trouver dans sa prison un noble de sa connaissance qui, jouant le rôle de mouton, eut cependant le rare courage, en rougissant devant son ami du métier infâme qu'il faisait, non-seulement de ne point se débarrasser de sa présence, mais encore de rester fidèle à l'amitié. Ce mouton faisait parvenir à Balézaire ses lettres, de l'argent, et le mettait au courant de ce qui se passait au dehors. Instruit par cet homme, il égayait ou assombrissait les soirées qu'il passait avec ses compagnons d'infortune. Il était doué du plus beau physique que l'on puisse voir, d'une amabilité peu commune ; le fond de son caractère était la gaîté, et il n'y avait que quelques heures qu'il avait régalé ses amis d'une histoire fort plaisante, lorsque, à leur grand étonnement, ils virent, le lendemain matin, Balézaire descendre dans la cour, ayant mis sur sa tête sa culotte en guise de bonnet de nuit, et faisant des efforts incroyables pour passer sa jambe dans un bonnet de coton.

Voici l'histoire qu'il avait racontée la veille à ses camarades, histoire qui venait d'arriver réellement, et que Balézaire avait sue sans doute, ou de la bouche du mouton, ou au moyen d'une lettre que ce dernier lui avait remise secrètement :

« Mes bons amis, M. de Combles, ancien magistrat d'une cour souveraine, est plus heureux que vous et moi. Il doit d'avoir échappé à la mort, dont il était menacé, à un fonds de gaîté qui ne l'abandonne jamais. Après avoir vu brûler par des paysans le château magnifique qu'il venait de faire construire dans les environs de Grenoble, il fut incarcéré dans cette ville comme suspect. Riche, noble, parlementaire, M. de Combles ne se vit pas plus tôt arrêté qu'il ne douta point du sort qui lui était réservé ; il chercha aussitôt les moyens de s'y soustraire ; voici comment il y parvint.

Pour se distraire, ainsi que ses compagnons, M. de Combles, deux ou trois fois la semaine, donnait dans la maison de réclusion une représentation de petites pièces qu'il composait lui-même, et qu'il faisait jouer par des marionnettes de sa façon. Le gardien de la maison d'arrêt, menuisier de son état, était d'un grand secours à M. de Combles, qui ne cessait de l'employer à faire marcher son petit théâtre et ses machines. Le gardien, bien payé, ne demandait pas mieux que de passer une partie de son temps dans la chambre de M. de Combles, où il portait ses outils, qu'il avait soin, les premières fois, de remporter à la fin de son travail ; mais à la longue, ayant pris confiance en son prisonnier, il laissa ses outils chez lui.

M. de Combles, tenant sous sa main, et sans être surveillé, tout ce dont il avait besoin pour se procurer son élargissement, s'empresse de limer les barreaux de sa prison, de fabriquer une échelle avec des planches et des cordes, et parvient à s'échapper, en laissant dans sa chambre l'affiche suivante collée sur la muraille :

Cette nuit, première représentation de

LA FUITE DE POLICHINELLE,

spectacle à grandes machines.

CETTE PIÈCE SERA SUIVIE DU

GEOLIER DANS L'EMBARRAS.

Puisque nous voilà avec M. de Combles, gardons-nous bien de le quitter avant d'avoir cité une autre mystification de sa façon, qui avait mis tout Paris en émoi dix ans auparavant.

On était, à cette époque (1784), dans le plus fort de l'engouement des globes aérostatiques, et l'enthousiasme que cette découverte venait de produire était tel, que rien de ce qui avait rapport à la plus haute perfection des sciences ne paraissait impossible. M. de Combles, qui était alors un des premiers magistrats de Lyon, met dans sa confidence un horloger de cette ville, et lui fait écrire au rédacteur du *Journal de Paris* une lettre par laquelle il lui mande que, s'étant occupé toute sa vie d'arts mécaniques, il a découvert le secret de *marcher sur l'eau à pied sec,* au moyen de *sabots élastiques* ; et qu'il offre de traverser ainsi la Seine, aux yeux de tous les habitants de la capitale, depuis le Pont-Royal jusqu'au Pont-Neuf.

L'horloger ajoutait que, cette découverte lui ayant pris du temps et coûté de l'argent, il croyait juste d'en être indemnisé ; qu'en conséquence, aussitôt, qu'une souscription de cinq cents louis, versée entre les mains du rédacteur du *Journal de-Paris,* serait remplie, il partirait de Lyon pour venir satisfaire la curiosité du public.

Le bon *Journal de Paris* donne en plein dans le panneau, et il n'a pas plus tôt publié la lettre en question, que la cour, la ville et les faubourgs suivent son exemple. Vingt mille souscripteurs s'empressent d'aller porter leur argent ; parmi eux on compte les deux frères du roi et M. de Flesselles, qui, représentant, la ville de Paris, et chef de la navigation en sa qualité de prévôt des marchands, prétend avoir la place d'honneur pour lui et ses échevins. Tout Paris est en rumeur ; on n'attend plus que le moment, et l'on mande au mécanicien, dont la souscription est plus que remplie, qu'il peut arriver.

M. de Combles, instruit par les journaux que la plaisanterie passe peut-être le but qu'il s'était proposé ; que des princes, des autorités, des savants, tous gens irritables de leur nature, sont pris pour dupes, accourt à Paris, et se rend chez M. de Flesselles, qui, ayant été intendant de Lyon était particulièrement connu de lui. Il lui déclare que l'horloger n'a fait que lui prêter son nom ; que les sabots élastiques ne sont qu'une chimère de son invention, et que tout le remue-ménage de la capitale vient de ce qu'il a parié vingt-cinq louis avec un ami qu'il ferait *gober* une pareille niaiserie aux *badauds* de Paris.

M. de Flesselles, d'autant plus indisposé contre M. de Combles qu'il avait pris la chose plus à cœur que personne, court rendre compte de ce qui se passe au ministre de Paris ; ce ministre se rend à Versailles pour en instruire Louis XVI, qui part d'un éclat de rire, car il était à peu près le seul de la cour qui se fût douté du pot au noir. Il plaisanta ses frères, et déclara qu'il prenait sous sa protection spéciale *l'inventeur des sabots élastiques*. Le produit de la souscription fut, du consentement des mystifiés, distribué aux pauvres de la capitale.

La causerie, la gaîté, quand on s'y livrait, était de courte durée dans les maisons dont nous parlons. Sans doute, en conversant avec ses compagnons de captivité, en s'exaltant réciproquement, on parvenait quelquefois à s'étourdir sur son sort ; mais tout à coup arrivaient les huissiers, les gendarmes et les fourgons qu'ils traînaient à leur suite. La voix du guichetier, à qui l'on remettait la liste des victimes demandées par le tribunal, retentissait aussitôt sous les voûtes, dans les corridors. Ces mots étaient prononcés avec une voix de Stentor : *On vous appelle, descendez* !

Et chacun immobile, oppressé, la pâleur sur le front, l'oreille avide, attendait que la liste fatale fût épuisée pour respirer.

Quarante, soixante, cent, et jusqu'à cent vingt détenus, furent demandés à la fois au Plessis et au Luxembourg. Rangés dans la cour, où on les comptait avant que de les faire entrer dans les fourgons, quel tableau que celui de leur départ ! Des mères, des époux, des amantes tenaient embrassés pour la dernière fois ce qu'ils avaient de plus cher C'était des cris déchirants, des paroles de consolation

- — *Cessez, cessez ces pleurs, nous nous reverrons là-haut.*

D'autres, avec un crayon, traçaient sur leur genou un dernier adieu à leurs amis à leurs enfants.

- — Des femmes, aux pieds des gendarmes, des geôliers, leur disaient : *Au nom de la pitié ! remettez cette lettre.*
- — *Remettez ces cheveux* !
- — *Ce portrait ! promettez-le moi, jurez-le moi !*
- — *Adieu, vous qui restez* ; *nous vous laissons plus à plaindre que nous.*

Oui, plus à plaindre, car les accusés reprenaient, en présence du tribunal assassin, tout le calme de l'innocence ; et l'on sait comment ils mouraient tous. Mais quel silence, quel deuil dans la prison quand ils étaient partis, quand le bruit des chars qui les entraînaient avait cessé de se faire entendre ! — Ils étaient là, à cette table, dans cette chambre ; et ils ne sont plus !

Ils n'étaient plus. Un journal, vendu en cachette et au poids de l'or, apprenait le lendemain qu'ils avaient vécu ; et le prisonnier, en lisant cette feuille, disait : *A mon tour* !

1 Il y avait quelque différence entre la religion de la populace de Paris et celle des paysans vendéens. L'une se battait pour le culte de la Nature et l'égalité, les autres pour la morale du Christ et la royauté. *Brigand,* crie vive la république ! disait, un *bleu* à un Angevin qu'il tenait étendu à ses pieds, ou je te tue. — Non, rends-moi mon dieu et mon roi.

Voyez-vous les bleus, précédés de quatre pièces d'artillerie, s'avancer avec précaution vers le Bocage, où ils soupçonnent que des paysans sont embusqués ? Voyez-vous à l'entrée du *Bocage,* sur une roche en saillie, un homme qui a un mouchoir rouge autour de la tête, un autre de même couleur qui lui sert de ceinturon, dans lequel sont passés trois ou quatre pistolets dépareillés, et dont le sabre encore dans le fourreau, est suspendu à une ficelle ? c'est un chef Un peu plus loin. sous les arbres, et dans un ravin, sont ses soldats, vêtus de blouses, armés de faulx et de bâtons ferrés : ils ont l'œil sur leur commandant, et prêtent l'oreille au prêtre qui les harangue un crucifix à la main. Le signal est donné ; le chef a tiré son sabre, il s'écrie : « *Enfants, il est temps, emparons-nous de ces canons.* » Le groupe prend sa volée, court aux bleus de toute la vitesse de ses jambes ; mais, à la moitié de la course des Vendéens, une croix se présente élevée sur un monticule. Ils sont sous le feu de la mitraille, elle les crible ; rien ne les émeut ; ils tombent à genoux devant le signe révéré et entonnent le premier verset de : *O Crux ave !* le prêtre resté debout, les bénit encore ; et, le verset fini, s'élançant encore avec plus n'impétuosité, ils assomment, ils fauchent les artilleurs sur leurs pièces, qu'ils emmènent en triomphe au *Bocage.*

2 Les prisons, maisons d'arrêt, ou de réclusion, comme on voudra les appeler ; les

plus notables de la capitale furent : *la Mairie, la Commune, Saint-Lazare, les Madelonnettes, Saint-Firmin, les Carmes, le Luxembourg, le Plessis, Louis-le-Grand, la Force, l'Abbaye-Saint-Germain, la Bourbe ou Port-Libre, Sainte-Pélagie, la maison* dite *des Oiseaux*, rue de Sèvres, et *la Conciergerie :* la Conciergerie ! trop fidèle image du tonneau des Danaïdes, transfusant le sang humain.

CHAPITRE XIII

SUITE DE L'ENTREVUE DES DEUX EMPLOYÉS

Pensées d'un solitaire de Port-Royal. — Le petit doigt du général Beurnonville. — La queue chez les boulangers. — Danton. — Liste des émigrés. — Les plaques de cheminée. — Fanatisme révolutionnaire et probité, ou le jacobin Prugnion. — Que veulent les puissances coalisées contre la France ? — Du ministre de Danemarck, comte Bernstorf. — Les girondins, leurs erreurs, leur héroïsme. — Le boulevard de Coblentz. — Le chevalier de Palierne et mademoiselle Desroziers. — L'émigrette. — Le quatrain parodié. — Les Prussiens dans les vignes de Champagne.

CHÉVÉRU, en entrant chez son ami, fut frappé de l'exiguité de son logement et de la pauvreté du mobilier. Il faisait encore froid ; c'était le 16 germinal an XI (5 avril 1794). Il vit des mottes qui brûlaient sous la cendre, une falourde dans un coin de la chambre ; il se fit du feu.

Comme le lui avait dit Belbeuf, sur la cheminée était un livre qu'il ouvrit : il renfermait les pensées d'un solitaire du Port-Royal ; il lut : « Il est dans la vie des situations si désespérées, que l'homme doit détacher entièrement ses regards de la terre pour les tourner vers le ciel, et se réfugier tout entier dans le sein de la Divinité. Murmurer contre elle, c'est se priver de sa dernière ressource. »

Chévéru ne poursuit point ; il s'arrête sur cette pensée, tient le livre machinalement, et, les yeux attachés sur le foyer, il demeure long-temps absorbé dans ses réflexions. Tout à coup il jette le livre avec dépit, et, pour ne point *murmurer* contre la Providence, il saisit une pile de ces bulletins que les colporteurs vont criant dans les rues ; il les parcourt ; un rire fou lui échappe. C'est le général Beurnonville qui, fidèle aux ordres qui lui ont été donnés de dissimuler nos pertes, mande à la Convention : « Après trois heures d'une action terrible (celle de Pellingen, à peu de distance de Trèves), dans laquelle les ennemis ont eu un monde considérable de tué, la perte des Français s'est réduite *au petit doigt d'un chasseur.* » Ce qui fit dire alors que le petit doigt de Beurnonville n'avait. pas tout dit.

Belbeuf rentra, apportant dans un panier deux bouteilles de vin, du jambon, une volaille froide et des fruits. Il était suivi de sa portière, qui rangea sur une table quelques assiettes de terre et des couverts d'étain.

Thérèse, lui dit Belbeuf, tâchez, je vous prie, de nous avoir du pain.

LA PORTIÈRE.

C'est aujourd'hui comme hier ; dès cinq heures du matin il n'y en avait plus chez les boulangers.

BELBEUF.

Et ne pourriez-vous nous en céder un peu du vôtre ?

LA PORTIÈRE.

Il ne m'en reste pas ce qui tiendrait dans mon oeil. Le citoyen sait bien que, si j'en avais, il serait à son service.

BELBEUF.

C'est parce que je le sais que je vous en demandais.

LA PORTIÈRE.

En revanche, je peux vous offrir un peu de café ; il m'en reste de notre déjeûner ; il est bon ; en prendrez-vous ?

BELBEUF.

Cela n'est pas de refus, Thérèse.

LA PORTIÈRE.

Allons, voilà qu'on frappe à présent. Je suis seule ; ma petite est allée voir guillotiner Danton et sa clique ; c'est jeune, il faut bien que ça s'amuse. Je descends pour tirer le cordon. Quand vous voudrez votre café, vous n'aurez qu'à frapper du pied.

BELBEUF.

C'est entendu.

CHÉVÉRU.

Quel homme que ce Danton ! que de crimes ! mais aussi quelles n'ont pas été son audace, sa puissance depuis la chute du trône jusqu'à celle de la Gironde, qu'il a tuée !

BELBEUF

Le parti de Danton était encore hier assez puissant pour attaquer avec succès le tyran ; celui-ci n'a fait que le prévenir.

CHÉVÉRU.

Et Danton n'a que ce qu'il mérite. En attendant que son rival reçoive aussi sa récompense, causons de nos affaires, et laissons les tigres vider les leurs.

Je conçois que ce n'est pas le moment d'afficher du luxe ; mais te voilà diablement déchu. Est-ce que l'hôtel de la place Vendôme n'est plus à toi ?

BELBEUF.

Je l'ai encore, il est à louer ; mais qui oserait s'y loger ?

CHÉVÉRU.

Et ta terre de Bourgogne ?

BELBEUF.

Mon régisseur m'a fait porter sur *la liste des émigrés* de la Côte-d'Or, sachant très bien que j'habite Paris ; le fripon a eu ses raisons pour en agir ainsi.

CHÉVÉRU.

Cela ce conçoit de reste.

BELBEUF.

Les revenus en sont séquestrés, et peut-être, au moment où nous en parlons, est-elle vendue comme propriété nationale. Cinquante mille individus sont, ainsi que moi, portés sur la liste fatale sans avoir quitté la France. Mais qui oserait élever la voix pour réclamer ? ce serait le moyen de se faire incarcérer si on est libre, ou de se faire envoyer à l'échafaud si on est incarcéré. Le dictateur lui-même, dans toute sa puissance, ne se permettrait pas de proposer la radiation d'un soi-disant émigré de la table de proscription sur laquelle il se trouve inscrit.

CHÉVÉRU.

En ce cas, tes finances doivent être en mauvais état ; et, sur ce chapitre, j'exige de toi que tu me parles à cœur ouvert.

BELBEUF.

Mes appointements de chef sont plus que suffisants pour me nourrir ; et, derrière cette cheminée, j'ai plus de mille louis en or.

CHÉVÉRU.

La cachette est bien trouvée, et surtout bien déguisée !

BELBEUF.

Comment ?

CHÉVÉRU.

Quoi ! en voyant ce plâtre blanc qui contraste avec la suie, ne saute-t-il pas aux yeux que cette plaque nouvellement déplacée cache quelque chose ?

BELBEUF.

Nullement ; c'est au contraire ce qui assure le dépôt qui lui est confié. Toutes les plaques en fonte étaient ornées d'armoiries, de fleurs de lis, particulièrement de l'écu de France ; il a été ordonné de les changer ou de les retourner dans le délai de quarante-huit heures, sous peine de suspicion.

CHÉVÉRU.

Je n'ai plus rien à dire.

BELBEUF.

Tu as à me dire quel motif si puissant a pu te déterminer jusqu'à pénétrer dans l'effroyable enceinte de ces murs ?

CHÉVÉRU.

C'est ce que j'allais faire. Je ne suis ici que depuis hier. Lorsque, par le plus grand hasard, je t'ai rencontré comme tu entrais à ton administration, je venais de voir Prugnion.

BELBEUF.

L'ancien valet de chambre de ton père ?

CHÉVÉRU.

Oui, celui qui fit avec lui les guerres de Hanovre, il y a trente ans.

BELBEUF.

J'espère que cet homme est...

CHÉVÉRU.

Atroce ! Prugnion, établi sur le carreau des halles, dans une maison qui lui appartient, joint aujourd'hui à la qualité de fruitier *orangiste* celle de président de comité révolutionnaire de sa section, et Prugnion est à la hauteur du poste qu'il occupe.

BELBEUF.

Et il t'a va ?

CHÉVÉRU.

Et il m'a vu.

BELBEUF.

Et il t'a reconnu ?

CHÉVÉRU.

Et il m'a reconnu.

BELBEUF

Tu es perdu.

CHÉVÉRU.

Non. C'est tout à la fois un être infâme, monstrueux et... mais écoute.

Percy, qui n'émigra que long-temps après moi, après les horreurs de septembre, alla voir ma mère avant d'abandonner Paris. Il la trouva couchée sur sa chaise-longue, qu'elle ne voulut point quitter, et dont elle ne sortit plus depuis qu'elle eut acquis la certitude que mon père, au 10 août, s'était fait tuer dans les appartements du château. « Percy, lui dit-elle, demain j'aurai cessé de souffrir. Si vous retrouvez mes fils, dites-leur que je les bénis. Dites-leur que, pleine de confiance dans la probité de l'ancien serviteur de leur père, j'ai déposé entre ses mains un écrin d'une grande valeur, pour qu'il leur soit remis, s'il entre dans les décrets de Dieu qu'ils contribuent de leur épée à la délivrance du prisonnier du Temple. » Et, en même temps, elle donna à Percy l'adresse de Prugnion.

Tu penses bien que, si les chances de la guerre ne m'avaient pas fait rentrer en France malgré moi, je ne serais pas venu de gaîté de cœur me jeter dans la gueule du loup pour courir après un écrin, encore que sa valeur soit de plus de cent mille francs. Mais, des bords de la Loire, notre train ayant été dirigé sur Paris, pour de là cheminer vers la Sambre, j'ai cru pouvoir profiter de l'occasion pour voir mon homme et retirer le dépôt.

J'étais sur le carreau de la halle avant six heures du matin ; je ne doutais point que Prugnion, qui m'avait vu naître, ne me revît avec plaisir. Toutefois, avant que de me présenter chez lui, je feignis de ne pas connaître sa demeure, afin de prendre, en la demandant, quelques informations sur son compte. Je n'eus pas ouvert la bouche, que j'en appris plus que je n'en voulais savoir. Prugnion est aussi connu à la halle que Barabas dans la Passion.

- — Tiens ! dit à une de ses voisines la marchande de marée à laquelle je m'étais adressé, d'où vient-il donc celui-là, qu'il me demande où demeure *Brutus* ?
- — Et mort non pas d'un chien ! ce n'est pas ton Brutus que je demande, mais le citoyen Prugnion.
- — Voyez le méchant ! ne dirait-on pas que ce jeune et beau guerrier, avec l'égratignure de chat qui lui bride la face en manière de cordon rouge, et son bel uniforme de charretier embourbé, va m'avaler avec ma merluche et mon éventaire ! — Et, là-dessus, mon adorable d'énumérer les dignités populaires auxquelles est promu *Brutus*-Prugnion, les vertus civiques de ce grand citoyen, et de me montrer enfin sa demeure.

A ce panégyrique, je fus tenté de rebrousser chemin, et je sentis un frisson parcourir tous mes membres. Mon écrin est perdu, me dis-je, et il y a plus que de la folie à me présenter aux regards de ce misérable. Je faisais encore ces réflexions, que déjà j'étais entré dans sa boutique ; il servait des chalands. Debout, les bras croisés, je le regardais avec des yeux qui l'auraient dévoré s'ils en avaient eu la puissance. Sa figure avait toujours été blême, immobile, impassible. Chez mon père, il faisait son service silencieusement, obéissait à un signe, et ne répondait que par oui ou par non. Son air glacial, son laconisme étaient encore les mêmes avec les gens auxquels il débitait sa marchandise ; mais, soit prévention, soit réalité, je crus voir sur son front le signe de Caïn.

Quand il eut servi les pratiques qui étaient entrées avant moi : — Que veux-tu, toi ? — Ces quatre mots sont à peine prononcés, qu'il me regarde en fronçant les sourcils, en fermant l'œil à moitié, en courbant et en avançant la tête vers moi. Il me saisit bientôt par le bras, et m'entraîne dans une petite cour qui est à la suite d'une arrière-boutique. Là, il me déchire mon gilet plutôt qu'il ne me le déboutonne, écarte ma chemise, et reconnaît une brûlure que j'ai sur la poitrine depuis ma plus tendre enfance.

Pendant cette courte scène, son agitation était extrême ; dès qu'il a vu le signe qu'il cherchait, il reprend son flegme, ordonne à ses gens de ne point quitter la boutique, et, montant dans une chambre haute, il me dit de le suivre.

Quand nous sommes arrivés, il pousse deux siéges vers la cheminée ; il verse de l'eau-de-vie dans deux petits verres et m'en offre un ; je le prends, je l'approche du sien pour trinquer avec lui ; mais, comme si le contact l'eût souillé, il retire sa main et boit. Le rouge me monte à la figure, je jette au feu et mon verre et ce qu'il contient. Prugnion s'assied.

Sa première parole est. « Toi ! porter l'uniforme du train ! »

MOI.

Pourquoi pas, monsieur ?

PRUGNION.

Un noble, servir la République !

MOI.

Custine l'a bien servie !

PRUGNION.

Bien ! tu veux dire mal. Guillotiné.

MOI.

Biron ?

                          PRUGNION.

Guillotiné.

                          MOI.

Le maréchal de Luckner ?

                          PRUGNION.

Idem.

                          MOI.

Les deux Dillon ?

                          PRUGNION.

Théobald, haché en morceaux par ses soldats ; Arthur, guillotiné.

                          MOI.

Le général Brun et ?

PRUGNION.

Idem.

MOI.

Westermann ? Houch ****

PRUGNION.

Idem, idem, idem.

MOI.

Idem, idem ; mais avec ces *idem,* vous envoyez les patriotes à la mort ?

PRUGNION.

Voilà la question.

MOI.

Et avant qu'elle soit résolue, qui vous garantit que vous n'irez pas vous-même à la guillotine ?

PRUGNION.

Rien ; mais la guillotine, pour un républicain, est un coup de sabre le jour d'une bataille.

Au surplus, voyons, et parlons bref ; il y a déjà trop long-temps que tu es chez moi.

MOI.

Rien de plus facile que de vous débarrasser de ma présence ; je sors.

PRUGNION.

Un moment ; je sais ce qui t'amène.

Il se lève, ouvre une armoire, en tire une petite boîte, l'ouvre, me fait voir qu'elle est remplie de brillants, et me la remet.

PRUGNION.

L'écrin de ta mère était d'une trop grande dimension pour que je pusse le cacher commodément. J'ai fait démonter toutes les pierreries afin de pouvoir les réunir dans ce coffret. Le joaillier a gardé l'or et l'argent des montures pour sa peine, et m'a remis comme appoint vingt-cinq louis en or, qui sont enveloppés au fond du coffret. Parmi nos ennemis, chez lesquels tu vas retourner, l'or te sera plus utile que des assignats.

MOI.

Je ne retourne point à l'étranger.

PRUGNION.

Je ne te demande pas ton secret : adieu !

MOI.

En le voyant pour la dernière fois, n'avez-vous que cette parole à dire au fils de votre ancien maître, qui vous sauva la vie à Menden ?

PRUGNION.

Je la sauve aujourd'hui à son fils, que mon devoir était de faire arrêter : nous voilà quittes.

MOI.

Je l'oubliais, monsieur ; je vous remercie.

BELBEUF.

Avec de tels principes, la probité de cet homme te confond ?

CHÉVÉRU.

Je l'avoue.

BELBEUF.

Mon ami, il faut en convenir, dans sa caste il en est plus d'un de cette trempe. J'ai vu, aux journées de septembre, des exterminateurs, les mains encore fumantes du sang qu'ils venaient de verser, accourir avec empressement à la section de l'Observatoire, pour y déposer sur le bureau des bourses pleines d'or, trouvées sur leurs victimes, et, de là, se rendre tranquillement à la Commune, afin d'y recevoir dix francs, prix de leur *travail* dans les prisons.

CHÉVÉRU.

Je veux bien que Prugnion ait eu de la probité avec moi, mais je ne l'en crois pas moins digne de figurer à la société de ces Jacobins où, pour être admis aujourd'hui, il suffit de répondre pertinemment à cette question : *Qu'as-tu fait pour être pendu ?*

BELBEUF.

Je ne puis me dispenser de retourner un moment à mon bureau ; je te retrouverai ici, sans doute. Tu partages mon lit ?

CHÉVÉRU.

Non. Notre parc est dans la plaine des Sablons, où nous couchons sous la tente. Il se pourrait qu'on partît demain à la pointe du jour ; je n'ose prendre sur moi de m'absenter.

BELBEUF.

En ce cas, je ne te quitte pas.

Maintenant que tu es en fonds, ou du moins que tu peux t'en procurer avec tes diamants, et que tu cours des dangers à rester en France, quoique déguisé par ta cicatrice, que vas-tu devenir ? Ton dessein est-il de retourner à l'armée de Condé, ou de passer en Angleterre, dès que tu pourras en saisir l'occasion ?

CHÉVÉRU.

Ni l'un ni l'autre. Nos princes sont le jouet des puissances étrangères ; et quant à l'Angleterre, je l'exècre. En haine de ce que la France a contribué à l'indépendance de l'Amérique, elle a fomenté, payé nos troubles pour s'emparer de nos colonies, et ajouter à sa puissance maritime. Insensible aux liens du sang, l'Autriche, n'aspire qu'à se ressaisir de la Franche-Comté, de l'Alsace et de la Lorraine. Catherine berce le Prétendant du vain espoir de joindre ses troupes à la coalition, tandis que, l'œil toujours fixé sur l'Asie, elle voit avec plaisir l'affaiblissement et la lutte sanglante de l'Europe. Que veut la Prusse ? ajouter quelques fertiles provinces à son maigre territoire.

Faire respecter la majesté du trône, venger les attentats commis sur la personne de Louis, voilà l'éternel refrain de leurs manifestes. Eux, faire respecter les rois ! mais ne viennent-ils pas, à la face du monde, à leur honte éternelle, d'arracher le diadème du front de Poniatowski, de se partager entre eux, de dépecer la Pologne comme un vautour fait sa proie ?

Parmi tous les rois ligués contre nous, en apparence pour rétablir les Bourbons sur leur trône, il n'en est qu'un seul qui agisse de bonne foi, le roi d'Espagne. Et parmi tous les ministres des rois, il n'en est qu'un qui mérite le nom de grand : c'est le ministre qui gouverne le Danemarck, le comte de Bernstorf. Échouant contre son inébranlable fermeté, les autres ministres n'ont pu l'entraîner dans la ligue commune contre la France, et le Danemarck jouit d'un calme parfait.

Aussi entre-t-il dans mes projets de m'y retirer, afin de pouvoir me livrer à quelques spéculations commerciales, si je suis assez heureux pour pouvoir repasser la frontière.

BELBEUF.

Je voudrais déjà te savoir en sûreté.

CHÉVÉRU.

En sûreté ?... Croirais-tu qu'il y a eu un moment où je m'y suis cru dans ta république ?

BELBEUF.

Et lequel, bon Dieu ?

CHÉVÉRU.

Celui où Barbaroux l'emporta sur Robespierre et la Montagne, où il fit rentrer l'audacieuse Commune dans la fange, où l'antre des Jacobins fut stupéfié.

BELBEUF,

Ta sécurité ne fut pas de longue durée : car, deux jours après, ces beaux décrets enlevés de vive force par la Gironde furent rapportés, anéantis, et la France vouée plus que jamais au meurtre, à la dévastation.

CHÉVÉRU.

Je le sais.

BELBEUF.

Les efforts généreux des Girondins pour s'opposer aux forfaits dont la Montagne, la Commune, les Jacobins allaient nous inonder, leur éloquence à la tribune et leur fin héroïque, semblent avoir jeté un voile sur les erreurs, je pourrais dire les crimes dont se rendirent coupables ces hommes vraiment extraordinaires ; et cependant, de toutes les factions qui jusqu'ici ont déchiré la France, il n'en est point qui lui ait porté un coup plus funeste que la Gironde.

Sous l'empire de la constitution monarchique décrétée par la Constituante, les Girondins machinèrent le renversement du trône. Presque tous, pendant les massacres de septembre, froids comme le marbre aux cris de la douleur et du désespoir, laissèrent impitoyablement vider les prisons ; et c'est alors que Roland, un de leurs arcs-boutants, Roland, ministre et sujet factieux sous la monarchie, mais sous la République citoyen fidèle et magistrat irréprochable, aperçut l'abyme qu'il avait contribué à creuser, et fit divorce avec les siens.

C'est un des leurs, c'est Barbaroux qui, du salon de madame Roland, son admiratrice passionnée, s'élança dans le midi pour y organiser ces bandits connus sous le nom de *Marseillais,* et qui, marchant à leur tête, le premier sonna le tocsin à la caserne des Cordeliers, le premier tira sur l'asyle de son roi.

Qu'il eût tourné ses canons contre cette Commune, ces Jacobins furibonds, la monarchie était sauvée peut-être ; du moins, et on peut l'affirmer, parmi les règnes désastreux qui ont pesé sur la France, on n'eût pas compté celui de la terreur.

Le coup n'était pas porté, que les Girondins en prévirent les suites. Ils voulurent faire rendre gorge à cette Commune usurpatrice, qui s'était enrichie par suite des massacres qu'elle avait organisés ; ils attaquèrent avec courage, avec fureur, et Robespierre, et sa Montagne, et ses Jacobins. Impuissants athlètes qui n'avaient que de belles paroles à opposer à des poignards, ils avaient commis le crime, ils en subirent les conséquences.

CHÉVÉRU.

Mais tous ne sont pas exterminés ; plusieurs siégent encore à la Convention.

BELBEUF.

Ils y occupent ce qu'on appelle *le Marais* ; aussi les appelle-t-on *les crapauds*. Silencieux comme la mort qui plane autour d'eux, ils n'excitent plus que la pitié de leurs ennemis qui s'entre-déchirent ; ils attendent.

CHÉVÉRU.

Ainsi plus de salut à espérer ?

BELBEUF.

Pour le moment du moins ; mais l'arc est trop tendu, il faut qu'il se brise.

CHÉVÉRU.

Espérons.

BELBEUF.

A propos, qu'as-tu fait, dis-moi, de notre ancien camarade de classe, de ce pauvre Palierne, petit-maître suranné, dont les ridicules nous ont tant diverti ; lui que nous appelions le petit Mirabeau, à cause de l'exagération de son patriotisme ? Non, je n'ai jamais été plus surpris que lorsqu'on m'apprit son émigration.

CHÉVÉRU.

Tu ne sais pas son histoire à ce sujet ?

BELBEUF.

Je l'ignore entièrement.

CHÉVÉRU.

Il était amoureux fou de mademoiselle Desroziers, jeune personne aussi aimable que jolie, dont les propos un peu lestes contrastaient singulièrement avec une conduite irréprochable, à laquelle tout le monde rendait justice. Le fort de leur liaison était en 1790 et 1791, époque à laquelle le boulevard Italien prit le nom de *boulevard de Coblentz*, parce que c'était de la que partaient tous nos élégants pour aller rejoindre les princes en Allemagne ; et que, revenant d'Allemagne, pour rapporter des nouvelles de l'armée des princes, c'était encore là qu'était le rendez-vous général de nos preux et des dames de leurs pensées.

Un jour que Palierne, plus élégant, plus sémillant que jamais, mais toujours aussi bête que de coutume, priait mademoiselle Desroziers de vouloir bien lui dire enfin quand elle consentirait à l'accepter pour époux ; jamais pour époux, lui dit-elle, mais bien pour mon chevalier ; et si vous passez de *l'autre côté,* il se pourrait que, victorieux à votre retour, vos prérogatives comme mon tenant allassent beaucoup plus loin que vous ne pensez. — En même temps, pour le décider à partir, elle détacha une cocarde blanche qui lui servait de nœud, et la lui présenta.

Palierne ivre de joie, n'est pas plus tôt rentré chez lui qu'il adresse à mademoiselle Desroziers le quatrain suivant :

C'est une faveur d'une belle
Qu'elle me permet d'afficher ;
Que ne puis-je en obtenir d'elle
Qu'elle m'ordonne de cacher !

Le porteur du poulet revint avec cette réponse : « Est-ce que décidément je ne pourrai rien tirer de votre crû ? Les vers que vous m'adressez couraient les rues avant que vous fussiez au monde..... Mais partez donc ! »

Palierne ne part point encore, et, quelques jours après, s'offre de nouveau sur le boulevard aux yeux de sa maîtresse. Celle-ci ne fait pas semblant de l'apercevoir, ne lui répond point, et, pendant tout le temps qu'il lui parle, ne cesse de jouer de *l'émigrette,* petit rond de buis, suspendu à un cordon, et qu'une légère secousse faisait remonter et descendre, joujou alors à la mode parmi nos élégantes recrutant pour l'armée royale, et qui voulait dire : *allez et revenez.*

La journée du 10 août balaya le boulevard de Coblentz, les nœuds de rubans blanc et les émigrettes. Palierne, toujours à Paris, alla voir chez elle mademoiselle Desroziers, qui, cette fois, consentit à lui parler, mais avec un ton d'ironie qui n'eût pas été perdu pour tout autre qu'un sot. Ce qu'il ne put s'empêcher de comprendre à la fin, et d'apprécier à sa juste valeur, ce fut le cadeau qu'elle lui adressa le lendemain. Il était composé, ainsi que tous ceux que ces belles dames envoyaient à leurs amants retardataires, d'une quenouille chargée de filasse ; mais à la quenouille était attaché ce billet :

C'est une faveur d'une belle
Qu'elle te permet d'afficher :
Tu n'en n'obtiendras jamais d'elle
Qu'elle t'ordonne de cacher.

Je ne sais si cet ultimatum eut la vertu de guérir Palierne de sa fièvre d'amour ; mais, le dépit l'ayant chassé aussitôt de Paris, sur lequel nous marchions sous les ordres du roi de Prusse, il nous rejoignit dans les plaines de Champagne.

On a dit ici que Dumouriez nous en avait chassés ; sans doute, il a contribué à nous faire reprendre la route d'Allemagne ; mais ce qu'il y a de vrai c'est que l'altitude menaçante des populations que les rois alliés attaquaient, a d'autant plus influé sur le retour du roi de Prusse dans ses Etats, qu'il s'attendait au contraire, d'après tout ce que les émigrés lui avaient dit, à être accueilli par les Français comme un libérateur, et qu'il trouva diablement à déchanter. Ce qu'il y a de vrai encore, c'est que les soldats prussiens qu'on lâcha dans les vignes y gagnèrent une telle dyssenterie en se gorgeant de raisins verts, qu'en moins de huit jours plus d'un tiers de l'armée fut sur la paille ou dans la terre : et l'ami Palierne, qui s'en était donné autant et plus qu'un autre, laissa, dans le mouvement rétrograde, ses dépouilles mortelles entre Longwy et Verdun.

BELBEUF.

Tu regardes à ta montre ?

CHÉVÉRU.

Le moment de nous séparer est venu.

BELBEUF.

Non, je t'accompagne, et ne te quitte qu'à la barrière.

CHAPITRE XIV

CATÉCHISME RÉPUBLICAIN A L'USAGE DES JEUNES PATRIOTES

Catéchisme d'Anacharsis - Clootz. — La loi qui ordonnait aux soldats français de ne point faire de prisonniers anglais sur le champ de bataille a-t-elle été exécutée ? — Anecdote à ce sujet.

DEMANDE. Y a-t-il un Dieu ?

RÉPONSE. Oui.

DEM. Quel est-il ?

RÉP. Le Peuple.

DEM. Quel emblème le Peuple a-t-il choisi pour être adoré ?

RÉP. Celui de la Raison.

DEM. Pourquoi ?

RÉP Parce que le Peuple est la Raison elle-même.

DEM. Quel est le culte agréable à la Raison ?

RÉP. Celui de la Nature.

DEM. En quoi consiste-t-il ?

RÉP. Dans le plaisir des sens, quand on peut le goûter sans se nuire à soi-même, et sans nuire à autrui.

DEM. Quels sont les devoirs du citoyen ?

RÉP. Planter un arbre, bâtir une maison, faire un enfant.

DEM. Ceux du soldat ?

RÉP. Vaincre ou mourir.

DEM. Qui nomme les magistrats de la République ?

RÉP. Le Peuple souverain.

DEM. Que doivent-ils à leurs mandataires ?

RÉP. Maintenir dans toute leur étendue la Liberté, l'Égalité, la Fraternité.

DEM. Quels sont les signes caractéristiques de ces trois divinités ?

RÉP. Une pique surmontée d'un bonnet ; un niveau, deux mains entrelacées.

DEM. C'est ce qu'on appelle ?....

RÉP. Le blason national.

DEM. Connais-tu les premières autorités de l'empire ?

RÉP. Oui, elles sont au nombre de trois.

DEM. Nomme-les.

RÉP. Premièrement, le Sénat ou l'assemblée nommée par la Nation, et qui ne fait avec elle qu'une seule et même chose.

Secondement, la Loi rendue, promulguée par le Sénat qui la modifie ensuite ou la change à volonté.

Troisièmement, ce qu'à Rome, à la naissance de la République, on appelait *prima legum securis,* autrement dit *la guillotine.*

DEM. Pour être membre du Sénat, et prononcer sur la propriété du riche, faut-il être soi-même propriétaire ?

RÉP. Non, parce que l'intégrité réside essentiellement dans le cœur du pauvre.

DEM. Quel fut autrefois le cri poussé par la France entière ?

RÉP. *A furore Normanorum libera nos, Domine !* Délivrez-nous, mon Dieu, de la fureur des Normands !

DEM. Quelle est aujourd'hui sa clameur ?

RÉP. Extermination des Anglais !

DEM. Si tu dois la mort aux tyrans et à leurs satellites, que dois-tu à la société ?

RÉP. Réciprocité de services.

DEM. A ton pays ?

RÉP. Tout.

DEM. S'il est injuste envers toi ?

RÉP. Je le plains et bois la ciguë.

DEM. A quel âge es-tu obligé de le défendre ?

RÉP. Dès que je puis manier une arme.

DEM. Mais si, quand les hostilités de l'ennemi t'appellent, les infirmités d'un père réclamaient ta présence ?

RÉP. La patrie avant tout !

DEM. Et si ce père regrettait les rois ?

RÉP. Je courrais le dénoncer.

DEM. Tu le jures ?

RÉP. Je le jure !

DEM. Que faut-il au partisan du despotisme ?

RÉP. Servage, richesse et longue vie.

DEM. Au républicain ?

RÉP. Indépendance et pauvreté ; peu de jours, mais glorieux.

DEM. Le but de tes actions ?

RÉP. Le Panthéon.

DEM. Le but de la Révolution ?

RÉP. L'affranchissement du monde.

DEM, Ton cri de mort ?

RÉP. Vive la République !

Par ces mots : *Extermination des Anglais,* qu'on trouve dans cet écrit, il est présumable qu'il fut composé à l'époque où la Convention mit Pitt hors la loi du genre humain, et lança le décret par lequel elle ordonnait de ne plus faire de prisonniers anglais sur les champs de bataille, et de les égorger.

A ce sujet, il est inexact de dire, comme l'ont fait presque tous les écrivains du temps, par un sentiment fort louable sans doute, que jamais cette loi honteuse ne reçut son exécution. Il n'est que trop vrai qu'elle fut exécutée dans quelques circonstances ; mais aussi il est vrai de dire que ces circonstances furent rares ; et l'on sait les paroles d'un soldat au sanguinaire Saint-Just, qui, proconsul à l'armée du Nord, venait de promulguer cette loi à la tête d'une compagnie de grenadiers prêts à marcher à l'ennemi. « Représentant, lui dit un de ces braves, nous nous battons, nous n'assassinons pas. »

Après le combat Deynse, qui précéda la prise de Charleroi, des volontaires, rentrant au quartier, firent douze prisonniers anglais qu'ils ramenèrent avec eux. Le capitaine de service aux avant-postes s'écrie en les voyant :

- — Que diable voulez-vous faire de ces gens-là ?
- — Mon officier, répondit le sergent qui commandait le détachement, ce sont des prisonniers que nous amenons, et par conséquent autant de coups de fusil de moins qu'on tirera sur nous,
- — Sans doute, mais ce sont des Anglais, et la loi ordonne qu'ils soient mis à mort.
- — C'est vrai, capitaine.
- — Eh bien ! les voilà désarmés ; quel est celui de vous qui veut les égorger ?
- — Personne, s'écrièrent-ils.
- — Encore une fois, que voulez-vous donc en faire ?
- — Ma foi ! répliqua le sergent, les conduire au représentant qui est au quartier-général ; il les mangera s'il veut.
- — Comme vous dites, mes braves, allez. !

Il est dans les probabilités que le représentant montagnard ne les eût pas mangés ; mais il est hors de doute qu'il eût fait, fusiller à l'instant les douze Hanovriens. Les volontaires, en les conduisant au quartier-général, firent un long circuit ; à une certaine distance, ils dénouèrent les liens des prisonniers, attachés deux à deux, et, ne pouvant se faire entendre des captifs, furent obligés de leur faire signe de s'enfuir au plus vite ; signe qu'on ne fut pas obligé de leur répéter.

CHAPITRE XV

INTÉRIEUR D'UN DISTRICT

Administrations départementales créées par l'Assemblée Constituante. — Si bien composées qu'elles étaient dans leur origine, elles deviennent des cloaques sous le règne de la terreur, et ensuite des instruments de dommage entre les mains des divers gouvernements qui se succèdent avec rapidité. — La nation française subit dix constitutions dans l'espace de vingt-quatre ans. — Anecdotes. — Composition d'un district. — La culotte de peau ; le cheval rouge et la cocarde blanche. — Un fils dénonce son père à une société populaire pour avoir enfoui des canons ; on s'arme ; on court pour aller les déterrer, on les trouve. — Variantes populaires ajoutées à l'hymne des Marseillais. — Dispute entre les membres du district au sujet du signalement des suspects, donné par Chaumette. — Tout s'arrange à l'amiable ; les loups ne se mangent pas.

Sous le régime de la terreur, on avait laissé subsister les autorités locales créées par la constitution de 1791 : je veux parler des administrations départementales, remplacées aujourd'hui par un préfet, et des administrations de *districts*, remplacées par un sous-préfet. Chaque administration de département et de district était composée de cinq administrateurs, d'un procureur-syndic et d'un secrétaire-greffier.

Ces autorités, dans le principe, furent en général organisées avec ce qu'il y avait sur les lieux de personnes probes et éclairées ; mais il n'en fut pas ainsi sous le régime de la terreur, pendant lequel on confia ces fonctions à l'ignorance, à la rapine, à la férocité.

Ces autorités, qui d'abord brillèrent d'un si vif éclat et donnèrent de si douces espérances, furent bientôt, entre les mains des gouvernements divers qui se succédèrent, un instrument de dommage, dont ils se servirent pour fausser la loi et opprimer les citoyens que ces mêmes institutions avaient eu pour but de garantir des entreprises du pouvoir toujours envahissant ; et, en moins de vingt-quatre ans, que de gouvernements divers ! Dans ce laps de temps, nous avons changé de constitutions comme nous changeons de modes : la nomenclature en est assez curieuse.

Constitution monarchique de 1791, qui, d'un roi de France, fait un *roi des Français*.

Constitution républicaine de 1793 ou de l'an Ier, véritable code anarchique qui fait un souverain de la plus vile canaille. Elle ne reçoit point son exécution ; on la montre au peuple comme un leurre, et, au moment de son acceptation, elle est remplacée par une constitution provisoire appelée gouvernement révolutionnaire ; celui de la terreur.

Interrègne d'une constitution à l'autre après la chute de Robespierre. C'est la concentration du pouvoir législatif et du pouvoir exécutif entre les mains de ce qui restait de conventionnels non égorgés.

Constitution républicaine de l'an III (1795). Elle place au sommet des autorités une *pentarchie,* le *Directoire de France,* composé de cinq membres amovibles.

Constitution républicaine de l'an VIII (1799). Un *Consulat* composé de trois membres, Bonaparte en tête. Ce gouvernement propose les lois ; un *Tribunat* les discute ; un *Corps législatif* les admet ou les rejette ; quand elles sont admises, un *sénat* est là pour veiller à leur *conservation.*

Mais voilà que la constitution de l'an VIII devient boiteuse. Elu consul pour dix ans seulement, Bonaparte se nomme *consul à vie.* Le sénat conservateur ne dit mot.

Nouvelle entorse. Le Tribunat veut gourmander Cromwel second sur ses empiétements, et Cromwel second, qui n'aime ni les réprimandes, ni *les idéologues,* chasse du Palais-Royal, où ils étaient installés et disaient de belles choses, le Tribunat, les tribuns, la tribune, et met les clefs dans sa poche. Le *sénat conservateur* ne dit mot.

Voici bien une constitution autrement tournée, ma foi ! le consul à vie, *le petit caporal* se fait *empereur,* s'intitule *Napoléon Ier,* et appelle tous ces tours de passe-passe *les constitutions de l'Empire.*

Pour le coup le *sénat conservateur* ouvre la bouche ; mais c'est pour saluer l'empereur Napoléon Ier, et appeler comme lui tous les actes d'envahissement progressifs, les constitutions de l'Empire : tant aimaient l'argent et l'inamovibilité de leurs *sénatoreries,* ces Romains de nouvelle fabrique ! comme ils avaient fait mettre sur la porte du Luxembourg de la rue d'Enfer : JARDIN DU SÉNAT CONSERVATEUR, un citoyen honnête remplaça cette inscription par la suivante : SÉNAT, CONSERVATEUR DU JARDIN.

Tant était procédé à des constitutions nouvelles, qu'un quidam s'étant présenté chez le libraire Varin, pour acheter la dernière des constitutions de l'Empire, celui-ci lui répondit : — « Monsieur, je ne tiens pas d'ouvrages périodiques. »

Enfin, de culbute en culbute, nous arrivâmes à la Charte octroyée par Louis XVIII. Dieu veuille que ce soit la dernière de nos constitutions ! Sur ce, je rebrousse chemin et reviens à mon district.

Or, celui dont est question, établi dans la petite ville de Saint-D*****, était composé des individus que nous allons nommer :

GIGANDET, *garçon tanneur.*

MARIOTTE, *marinier.*

BICHOT, *déchireur de bachots.*

HUSUNIER, *maître de latin dans un village.*

FRIONNET, *perruquier.*

Secrétaire du district, GAUCHAT, *ancien clerc de procureur ;*

Lequel citoyen Gauchat n'avait été choisi par les cinq administrateurs dans un rang si élevé que parce qu'il savait écrire et comprenait les décrets.

Il n'y a dans la salle où s'assemble l'administration que GIGANDET et LE SECRÉTAIRE ; les autres administrateurs arrivent successivement.

GIGANDET.

Allons, voilà que tu ricanes encore en lisant ce papier que tu tiens ; qu'est-ce qu'il y a de nouveau, docteur ?

LE SECRÉTAIRE.

Il y a de nouveau, que dans cet inventaire que tu es allé faire hier chez Thomassin, dont le *Moniteur* venait de nous apprendre la condamnation et l'exécution, tu as porté en ligne de compte une culotte de....

GIGANDET.

Est-ce qu'une culotte, *monsieur* l'habile homme, ne fait pas, comme le reste de la garde-robe d'un condamné, partie du mobilier appartenant à la nation ?

LE SECRÉTAIRE.

Ce n'est pas là-dessus que frappe mon observation.

GIGANDET.

Et sur quoi donc, s'il vous plaît ?

LE SECRÉTAIRE.

Sur ce que, cette culotte étant de peau, tu l'as qualifiée de peau de reine, écrivant *reine,* comme si elle était faite de la peau tannée de la femme d'un roi, tandis que la renne est un animal du Nord.

GIGANDET.

Et toi un animal du Midi, qui ferais beaucoup mieux de te taire.

LE SECRÉTAIRE.

L'animal du Midi, puisque Midi il y a, aurait pourtant beaucoup de choses à dire, citoyen Gigandet.

GIGANDET.

D'ailleurs, que n'étais-tu là pour rédiger toi-même l'inventaire ? c'était ton devoir.

LE SECRÉTAIRE.

Citoyen administrateur, si je n'étais pas là, c'est que j'ai cru m'apercevoir que quand vous leviez des scellés, ma présence ne vous était pas agréable ; *(bas)* attrape.

HUSUNIER arrive avec BICHOT.

BICHOT, à Husunier.

Y a gros qui faut le dénoncer, et pu vite que ça.

HUSUNIER.

Que le diable m'emporte si je ne le fais pas !

GIGANDET.

Qui donc dénoncer ?

HUSUNIER.

Le club de C******.

GIGANDET.

Le club ?

HUSUNIER.

Tout entier. Ce sont des chiens, des Vendéens que ces Jacobins. Il faut que la société mère, que le comité de sûreté générale leur envoie un représentant accompagné du *rasoir national*.

BICHOT.

Mais dis lizi tout d'suite ce quoi qu'il retourne.

HUSUNIER.

Bon, voilà les autres qui arrivent ; nous pouvons ouvrir la séance. Qui est président aujourd'hui ?

BICHOT.

C'est moi.

HUSUNIER.

Président, je demande la parole.

BICHOT.

Tu laza.

HUSUNIER.

Citoyens, conformément aux instructions que vous m'avez, données, je me suis rendu tridi à C******, près de nos collègues du district de cette ville, auxquels j'ai demandé que, de la prison où ils le détenaient, ils eussent à envoyer à Paris, au citoyen Fouquier-Tinville, le ci-devant marquis Décot, le plus impitoyable despote à l'encontre de ceux qui chassaient dans ses bois. Le district m'a dit : c'est fait. J'ai répondu : c'est bien.

LES QUATRE AUTRES ADMINISTRATEURS.

Bravo !

HUSUNIER.

Comme je sortais, Chevillot, le procureur-syndic, m'a dit : « Est-ce qu'un collègue s'en retournerait sans trinquer à la République ? — Non, ai-je dit. — Alors il est sorti, et m'a conduit à l'enseigne du Cheval-Rouge, auquel on a attaché une cocarde blanche au derrière. »

LES QUATRE AUTRES ADMINISTRATEURS.

Bravo !

HUSUNIER.

Après boire, il a ajouté : « Est-ce qu'un frère de la société de Saint-D***** s'en irait sans avoir assisté à une séance des frères de C******* ? — Non, lui dis-je. » Alors nous sortîmes du Cheval-Rouge et allâmes à deux pas de là, au ci-devant collége des Jésuites, où les frères commençaient à se rassembler.

Présenté par Chevillot, je fus *invité aux honneurs de la séance*. Elle commença par des *offrandes patriotiques* de chemises neuves, de charpie, de vieux linge et de souliers pour nos frères des armées, et puis aussi par des rapports de visites domiciliaires, constatant qu'on n'avait rien trouvé de suspect chez des ci-devant. Le croiriez-vous, citoyens ! pas un seul n'avait mérité d'être mis en cage ; tous étaient blancs comme neige. Il y avait de quoi périr d'ennui, se manger les foies, quand tout à coup la monotonie de cette séance a été interrompue par un jeune homme qui, arrivant tout essoufflé, s'avance près du bureau, en essuyant l'eau qui lui tombe du front, et s'écrie : « Citoyens, je dénonce mon père ! »

LES QUATRE AUTRES ADMINISTRATEURS

Bravo !

HUSUNIER.

Tout le monde ouvre les oreilles, regarde et reste muet ; mais le silence est interrompu par un frère : « Voilà qui est parlé ; dites encore que Cadet Mollot est un aristocrate. — Citoyen Mollot, lui dit le président, ta dénonciation est-elle de nature à être faite en public ? — Je n'ai rien de caché pour mes concitoyens, dit Cadet ; toutefois, dans la crainte que quelque *agent de Pitt et Cobourg* ne sorte d'ici pour aller prévenir le coupable, je demande que les portes soient fermées jusqu'à ce que la société ait envoyé sur les lieux une force suffisante pour constater le délit et arrêter le délinquant. »

LES QUATRE AUTRES ADMINISTRATEURS.

Bravo !

HUSUNIER.

Les portes sont fermées. Mollot, invité à monter à la tribune, s'exprime en ces termes :

« Citoyens et compatriotes, vous savez que mon père, ancien pharmacien, après avoir vendu son officine, s'est retiré à une demi-lieue d'ici, dans sa propriété du Val-Barogien. Lié avec le commandeur de Lamireau, qui habitait, à une portée de fusil du Val, le château du Corgebin : mon père, sur la prière du commandeur, lorsqu'il émigra, consentit à cacher, à enfouir dans les rochers du Val-Barogien les deux. pièces de canon qui étaient au Corgebin, et que Lamireau ne pouvait emporter avec lui en passant à l'ennemi. Or, ce matin, par un hasard étrange, j'ai su où étaient cachés ces deux canons qui »

On ne laisse pas achever notre homme ; cent voix s'écrient à la fois : « Le traître ! — Au Val Barogien ! — Que Cadet nous guide ! — Marchons et amenons les canons ! »

A côté de la salle des séances, dans l'église du collége. est un dépôt de piques ; cinquante frères sont désignés pour se mettre en marche ; ils s'arment, ils partent pour le Val, guidés par des torches. Pour que personne ne puisse les devancer, on attend qu'ils soient à moitié chemin ; et, comme il était tard, on lève la séance, remettant à celle du lendemain de rendre compte de l'expédition de la nuit.

Vous pensez bien que, curieux d'en connaître les résultats, je suis resté le *qu'artidi* à C******* ; quand je dis à C*******, je me trompe, mais au bas de la ville, dans le village de Chonique, situé sur la Marne, où je suis allé demander l'hospitalité à un de mes anciens écoliers, qui m'a reçu à bras ouverts. L'heure du rassemblement de la société étant venue, nous nous y rendîmes le lendemain, mon hôte et moi.

La salle, quand nous y entrâmes, était déjà pleine comme un œuf. Les uns juraient, les autres criaient, ceux-ci riaient à gorge déployée, chacun se démenait ; c'était un charivari à briser le tympan. Arrive le président, la sonnette est agitée, tout rentre dans l'ordre, et, comme de raison, la séance est ouverte par la Marseillaise, chantée en chœur.

A propos de chansons, citoyens collègues, je serais d'avis que notre société adoptât la manière dont la Marseillaise est chantée à C*******. Vous savez que chaque couplet se termine par ces deux vers

GIGANDET, s'empressant de les chanter.

Aux armes ! citoyens ! formez vos bataillons
Marchez, qu'un sang impur abreuve nos sillons !

HUSUNIER.

Eh bien ! voici comment on les entrelarde de prose patriotique chez nos voisins.

Aux armes citoyens	Républicains.
Formez vos bataillons !	C'est pour tout de bon.
Marchez !	Ça ira.
Qu'un sang impur abreuve nos sillons !	Vive la nation !

LES QUATRE AUTRES ADMINISTRATEURS.

Appuyé ! appuyé !

BICHOT.

Et la chanson finite ?

HUSUNIER.

La chanson finie, chacun de crier au président. « L'expédition du Val ! — Le rapport de l'expédition ! »

Ce rapport, renfermé dans une seule page d'écriture, fut si souvent interrompu par les explosions d'un rire fou, par des huées, par des gourmades échangées dans les tribunes, que sa lecture dura plus d'une grande demi-heure. En voici la substance.

Cadet Mollot, qui marchait à la tête des *piquiers,* étant arrivé dans une des gorges du Val, arrêta la bande et dit : « A cent pas d'ici, vous allez trouver un monceau de quartiers de roche et de pierres. Écartez-les, fouillez la terre ; c'est là que vous trouverez les deux canons. Comme ils sont démontés, sans roues et sans affûts, pendant que vous les déterrerez, je cours là-bas chez mon père, dont vous voyez la maison, afin d'y prendre des cordes dont nous aurons besoin pour traîner les deux pièces jusqu'à la ville. »

On avance, on voit le tas de pierres ; il était si gros, que le diable lui seul avait eu, dit-on, la patience de les amonceler. Enfin tout le monde met la main à l'œuvre, et, au bout de trois quarts d'heure, la place est déblayée. La terre était fraîche remuée ; au lieu de pioches, les piques vont leur train. En enfonçant la sienne, un frère dit : « Je les sens. — Un autre : Je les tiens. »

Ce qu'ils sentaient, ce qu'ils tenaient, citoyen collègues, c'était une boîte longue d'un pied et demi, large de huit pouces ; on l'ouvre, on trouve la lettre suivante écrite de la main de Cadet.

« Frères et amis,

Descendant d'apothicaires, apothicaire lui-même, mon père, pendant soixante-cinq ans de sa vie, a fait une guerre intestine à tous les *postérieurs* de ses concitoyens. Il est plus que temps de mettre un terme à des machinations occultes qu'il pourrait avoir envie de renouer et je vous livre en conséquence les deux instruments de sa longue tyrannie. »

Ces deux instruments renfermés dans la même boîte, étaient deux canons de seringue.

BICHOT.

De seringue ?

HUSUNIER.

De seringue.

TOUS LES ADMINISTRATEURS.

C'est un Anglais ! — C'est un Girondin ! — Un Fédéraliste ! — Un Bourbonien !

HUSUNIER.

Ce que vous croirez sans peine, c'est que Cadet Mollot, au lieu d'aller chercher des cordes chez son père, avait pris ses jambes à son cou ; mais ce que vous ne croirez pas facilement, c'est que, en dépit des tribunes, la société, passant à l'ordre du jour, n'a point envoyé à la poursuite du chouan, n'a point fait passer son signalement dans les départements limitrophes, ne l'a pas même dénoncé aux autorités constituées, et cela sous le prétexte que Cadet est connu depuis plus de vingt ans par ses folies, et qu'ébruiter cette espièglerie, cette mystification déjà trop publique, lui donner de l'importance, ce serait attirer sur la ville de C****** les goguenarderies des villes voisines, qui déjà lui décochent assez de brocards. Brocards ou non, je demande, moi, que, séance tenante, le club de C***** soit dénoncé, tant à la société mère de Paris pour qu'elle le raye de son *affiliation,* qu'aux comités de gouvernement, pour qu'ils avisent ce que de raison.

LES QUATRE AUTRES ADMINISTRATEURS.

Appuyé !

BICHOT.

Citoyens, vous avez entendu la proposition : dénoncerons-nous y, ne dénoncerons-nous y t-y-pas ? Que ceux qui sont pour la dénonce lèvent la main.

(A l'exception du secrétaire, qui n'a pas voix délibérative, tous les administrateurs lèvent la main.)

BICHOT, comptant les voix.

Une main, deux mains, trois mains, quatre mains, et la mienne qui fait cinq mains. A présent, que ceux qui sont d'avis

HUSUNIER, l'interrompant.

Mais, président, puisque nous ne sommes que cinq votants, et que nous avons tous voté pour l'affirmative, la contre-épreuve n'est pas nécessaire.

BICHOT.

Tiens, c'est vrai. Gauchat, à ce soir la lecture du procès-verbal de dénonce.

LE SECRÉTAIRE.

Oui, président.

GIGANDET.

A présent, parlons peu et parlons bien. Il nous est tombé ce matin, par la poste, une instruction du fameux Chaumette sur la loi des suspects.

BICHOT.

Ce petit Chaumette, fils d'un niaf, et qu'avait des yeux comme un loriot ; dans mes voyages sur la Nièvre, je l'ai vu enfant de chœur à Nevers, où qu'y chantait au lutrin ; qu'est-ce qu'y chante aujourd'hui ?

GIGANDET.

Cette instruction, après avoir donné la liste de tous les signes auxquels on doit flairer, reconnaître, dépister un suspect, est terminée par ces mots : « Toutes ces figures-là, tous ces gens-là sont des *pierres d'achopement* qu'il faut faire arrêter sur-le-champ, et adresser à Paris dans le plus bref délai. » — Cela est-il assez clair ?

PLUSIEURS VOIX.

Très clair.

GIGANDET.

Assez positif ?

PLUSIEURS VOIX.

Très positif.

GIGANDET.

Eh bien ! vous savez tous comme moi qu'il y a ici un marchand gantier qui s'appelle Chopement.

PLUSIEURS VOIX.

C'est vrai.

GIGANDET.

Que non-seulement il s'appelle *Chopement,* mais *Pierre ;* voyez son nom sur sa porte.

MARIOTTE.

C'est, ma foi, vrai.

GIGANDET.

Donc c'est lui qui est désigné ; donc il faut arrêter à l'instant Pierre Chopement, le charger à la diligence de ce soir, et l'envoyer au tribunal révolutionnaire.

PLUSIEURS VOIX.

C'est juste.

LE SECRÉTAIRE

C'est atroce !

GIGANDET.

Je savais bien que je te trouverais encore sur mon chemin, chien d'aristocrate !

LE SECRÉTAIRE.

Aristocrate, moi ?

HUSUNIER.

Silence ! Gauchat a raison. Le commentaire de Chaumette, en désignant une chose, une pierre d'achopement, n'a pas entendu indiquer une personne, désigner nominativement Pierre Chopement. Il y a ici méprise de la part du collègue Gigandet.

LE SECRÉTAIRE.

Mais, citoyen Husunier, Gigandet sait cela comme vous et moi. C'est partie arrangée entre lui et la gantière ; il veut faire défriser le mari pour retaper la femme.

GIGANDET.

Tu en as menti, comme un coquin que tu es ; car c'est toi au contraire qui as dénoncé et fait passer le goût du pain à ce pauvre Graillet, parce qu'il t'avait menacé de t'alonger sa botte dans le derrière, s'il te prenait encore à chatouiller les genoux de sa femme, que rien ne t'empêche plus aujourd'hui de consoler de son veuvage, comme chacun sait.

LE SECRÉTAIRE.

C'est faux ! ce n'est pas moi qui ai dénoncé Graillet.

GIGANDET.

Laisse-donc, c'est ton ami Frionnet ; c'est tout comme.

LE SECRÉTAIRE.

Imposteur !

GIGANDET.

Encore un mot, et je t'envoie la sonnette du président sur la face.

LE SECRÉTAIRE.

Je t'en défie.

(Gigandet empoigne la sonnette.)

BICHOT, mettant son bonnet.

Attention, camarades, v'là que je me couvre.

PLUSIEURS VOIX.

Silence !

BICHOT.

Vous savez le mot d'ordre : la paix ! la paix ! suivie du calme et de la concorde. C'est vrai qu'avec ces débats entre nous autres et vous autres, ça n'arrange pas les autres ; mais, comme dit le proverbe, *soi d'abord.* Or, il y a moyen d'appaiser ce grabuge.

GIGANDET.

Je serais curieux de voir comment.

BICHOT.

Tu vas voir : que les ceux qui sont d'avis que Pierre Chopement aille à Paris lèvent la main.

HUSUNIER.

Président, je demande que cette fois on puisse voter secrètement, et qu'on aille aux boules.

BICHOT.

Fiat voluntas tua : le scrutin. Blanche sera pour dire : Il n'ira pas ; rouge : Il ira.

MARIOTTE.

C'est entendu.

(Le scrutin dépouillé donne quatre boules rouges contre une blanche.)

LE PRÉSIDENT.

Chopement la gobe : il y ira. Maintenant que chacun a sa chacune, qu'on fraternise.

(Gigandet et le secrétaire Gauchat se donnent une poignée de mains.)

BICHOT.

Et allons donc ; que diable ! les loups ne se mangent pas. Enfants, je lève la séance.

CHAPITRE XVI

DE QUELQUES SAVANTS ET HOMMES DE LETTRES TUÉS PA Il LA HACHE RÉVOLUTIONNAIRE

Invitation faite par la Convention à tous les savants et philosophes de l'Europe de lui apporter le tribut de leurs lumières. — Lavoisier, anecdote. — Bailly ; il se couvre de gloire au tribunal révolutionnaire, lors du procès de la reine. Il y comparaît pour lui-même ; horreurs de son supplice ; sublimité de sa mort. — André Chénier, anecdote. — Girey du Pré ; comment il paraît devant le tribunal ; son courage. — Un autre Bailly condamné à mort pour avoir fait le testament de la République. — Le testament. — Linguet. Charade. — Lamourette et son baiser.

ON eût dit que les représentants de la nation, en faisant un appel à tous les savants, à tous les philosophes de l'Europe, pour venir dans la capitale de la France leur apporter le tribut de leurs lumières, afin de concourir au grand œuvre qui devait régénérer les peuples, avaient tendu un piège aux doctes et aux sages. Quelques intrigants, Prussiens, Suisses, Brabançons, Autrichiens, y furent pris. Mieux avisés, et voyant la manière un peu trop leste avec laquelle on procédait chez nous à cette régénération, les publicistes éclairés, les vrais philosophes, nés à l'étranger, se tinrent coi et firent bien.

En effet, toutes les lampes, tous les flambeaux qui jetaient peu ou point de clarté, furent bientôt éteints par la rafale. Gens fermant les écoles, demandant la brûlure des bibliothèques, brisant les instruments de l'Observatoire, n'étaient pas gens à pensionner les hommes de lettres, les astronomes, les mathématiciens. Sous la Constituante, on avait crié : *Guerre aux châteaux !* sous la Convention, ce fut *Mort aux savants !* aux gens de lettres ! aux artistes ! Si la faulx révolutionnaire ne moissonna point les Fourcroy, les Monge, les Guyton-Morvau, les Berthollet, c'est que les comités de gouvernement, qui avaient l'Europe sur les bras, employaient le génie de ces hommes illustres à *révolutionner la terre*, c'est-à-dire à perfectionner les arts mécaniques et l'industrie pour foudroyer l'ennemi, et pourvoir avec une extrême promptitude à l'habillement et aux fourniments de nos armées. Mais hormis ces savants, et quelques autres, le reste fut impitoyablement mis à mort. Nous ne parlerons que des plus illustres d'entre eux, ne voulant point épuiser une pareille matière.

Le 8 mai 1794, envoyé à la mort, par le tribunal assassin, un homme vertueux et bienfaisant, LAVOISIER,, le premier chimiste de l'Europe, dont les précieuses découvertes firent tant d'honneur à la France. Les motifs de sa condamnation furent que, ancien fermier-général, il avait mis de l'eau dans le tabac vendu par la ferme, et des ingrédients nuisibles à la santé des citoyens ! ! ! Après avoir entendu son arrêt avec la résignation d'un sage, il demanda à ses juges un sursis de quinze jours, pour terminer le travail d'une expérience importante, dont il s'occupait depuis plusieurs années. Il lui fut répondu : « *La république n'a pas besoin de savants.* »

ROUCHER, auteur du *poème des Mois,* après avoir été arrêté comme suspect, fut incarcéré à Saint-Lazare, et compris dans une des prétendues conspirations des prisons. Le matin du jour où il fut condamné, il envoya son portrait à sa femme et à sa fille, avec les quatre vers suivants :

Ne vous étonnez pas, objets charmants et doux,
Si quelque air de tristesse obscurcit mon visage ;
Lorsqu'un savant crayon dessinait cette image,
On dressait l'échafaud, et je pensais à vous.

Savant distingué, écrivain aussi solide que brillant, homme supérieur, BAILLY, que sa présidence à la séance du Jeu de Paume suffirait pour recommander aux siècles à venir, crut devoir, étant maire de Paris, obéir à ses supérieurs et à la loi, en marchant, le 17 juillet 1791, à la tête de la force armée, et en déployant *le drapeau rouge* contre les factieux qui s'étaient rassemblés au Champ-de-Mars, pour signer, sur l'autel de la patrie, une pétition par laquelle ils demandaient la déchéance du roi, lors de son retour de Varennes. Sur trois décharges de mousqueterie, ordonnées par le commandant de la garde nationale, et faites après trois sommations de se retirer, les deux premières n'étaient que menaçantes, la troisième seule fut meurtrière. Deux ans après, cette *affaire du Champ-de-Mars* fut le prétexte de sa mort.

Bailly, qui avait fui Paris, où chaque jour les journaux anarchistes demandaient sa tête, fut reconnu à Melun par un soldat de l'armée révolutionnaire. Son nom devint aussitôt dans cette ville le signal d'une émeute populaire. En vain le maire eut le courage de chercher à le faire évader et à protéger sa fuite, la multitude s'opposa avec fureur à ses intentions généreuses ; tout ce qu'on put obtenir d'elle fut que Bailly serait gardé à vue jusqu'au retour de la réponse du comité général, auquel on allait écrire à l'instant.

La réponse, si impatiemment attendue de Paris, arriva. Le comité ordonnait l'envoi immédiat de Bailly à la prison de la Force ; il y demeura peu de jours, et fut transféré à la Conciergerie. Dès ce moment, il ne se fit aucune illusion sur le sort qui lui était réservé, et toutefois il lui était impossible d'en prévoir toute l'horreur. Appelé comme témoin dans le procès de l'infortunée Marie-Antoinette, il déploya dans cette circonstance une fermeté admirable, et témoigna à cette princesse, dont la dernière heure allait sonner, un respect qui imposa à leurs communs ennemis. Tous deux, sur le seuil de l'éternité, semblaient, même, en répondant aux questions de leurs assassins, se considérer déjà comme étrangers aux intérêts de la vie. Ce ne fut point en témoin que Bailly fut interrogé, ce fut en criminel : chaque demande qui lui était adressée n'était qu'une accusation nouvelle, non moins dirigée contre lui que contre la reine, dont on prétendait prouver la complicité avec lui.

Appelé lui-même en jugement, le 10 novembre 1793, on lui répéta les questions qui lui a vaient été faites lors du procès de la reine ; on lui en adressa, pour la forme, quelques autres relatives aux événements du Champ-de-Mars, et son arrêt de mort fut prononcé. Il l'entendit sans en être ébranlé ; mais, comme si les monstres qui l'assassinaient eussent voulu lasser son courage, ils environnèrent ses derniers moments de tout ce qui pouvait les rendre plus horribles.

Le drapeau rouge fut attaché derrière la charrette qui le conduisait au supplice ; une troupe de scélérats, rugissant autour d'elle, formait l'effroyable cortége. L'échafaud, au lieu d'être dressé sur la place de la Révolution, l'avait été, par une barbarie recherchée, au milieu du Champ-de-Mars. Le temps était froid, une pluie glacée tombait dès le matin. Le long trajet de la Conciergerie au lieu de l'exécution avait affaibli les forces du noble vieillard, dont l'ame conservait toute son énergie. Il arrivait au pied de l'échafaud, lorsque les voix de quelques cannibales se font entendre ; elles demandent que l'échafaud soit changé de place : « Le sang d'un si grand criminel, disent-elles, souillerait *le Champ de la Fédération.* » Les exécuteurs obéissent ; l'échafaud, démonté pièce à pièce, est reconstruit à quelque distance, hors du Champ-de-Mars, et sur le rivage de la Seine. Pendant ces affreux apprêts, Bailly demeure exposé à tous les outrages de la horde sanguinaire qui l'entoure ; on lui crache au visage, on le frappe avec des bâtons, on lance des pierres sur lui ; il est presque nu, un tremblement convulsif agite ses membres, engourdis par la pluie glacée qui vient de redoubler ; ce nouveau tourment de leur victime est aperçu des assassins : « Tu as peur, Bailly ! lui dit l'un d'entre eux. — Non, mon ami, répond l'homme juste, j'ai froid. »

Et ces paroles sont les dernières qui sortent de sa bouche. Il s'évanouit quelques moments après, et n'est rappelé au sentiment que lorsque, conduit au pied de l'échafaud qui vient d'être relevé, le vêtement jeté sur ses épaules est brûlé par le drapeau rouge enflammé, qu'on promène autour de lui, et qu'une cruauté nouvelle fixe long-temps sous son visage. Un seul cri lui échappe alors, il demande que la mort mette fin à son supplice. Rassasiés de tant d'horreurs, les monstres exaucent enfin sa prière ; on le fait descendre de la charrette : arrivé au pied de l'échafaud, il rassemble ses forces, en monte les degrés d'une pas ferme, et semble défier dans les bras de la mort, la haine désormais impuissante de ses féroces ennemis. Il meurt enfin ! ! !

ANDRÉ CHÉNIER. Dans les premiers essais d'un talent moissonné presque à son aurore, on reconnaît l'étude et le cachet de l'antiquité. Il avait commencé en 1791 à quitter la poésie fugitive pour s'occuper de travaux plus sérieux, lorsque les excès révolutionnaires vinrent le distraire d'une manière cruelle de ses occupations chéries. Si son ame simple et franche était faite pour aimer la liberté, les crimes qui commençaient à en déshonorer le culte venaient révolter ses mœurs douces et paisibles, auxquelles il devait le principal charme de son talent.

Quelques lettres, qu'il fit insérer à ce sujet dans le *Journal de Paris,* le signalèrent comme atteint de *modération,* crime constamment odieux aux forcenés de tous les partis, en même temps qu'elles décelaient en lui, comme écrivain, une supériorité qui ne pouvait manquer de lui être fatale à une époque où l'aristocratie du talent était proscrite avec la même rage que celle du rang et des richesses.

On a prétendu que la publication d'une élégie intitulée la *Jeune Captive,* dans laquelle il dépeignait, avec la plus attendrissante vérité, les angoisses d'une femme qui languit dans les fers en attendant son arrêt, avait encore enflammé contre lui la fureur des tyrans, qui avaient cru, non sans quelque fondement, y voir une allusion à leurs cruautés journalières. Quoi qu'il en soit, André Chénier, traduit au tribunal révolutionnaire, y fut condamné le 25 juillet 1794. Il venait d'entendre son jugement, et redescendait à la Conciergerie, lorsqu'on l'entendit s'écrier en se frappant le front : *Mourir !... J'avais là quelque chose !* Ainsi, à l'heure fatale, ce jeune infortuné voyait apparaître dans tout son éclat ce génie qui devait l'illustrer.

Depuis long-temps Roucher, dont nous venons de parler, et André Chénier s'étaient perdus de vue : ces deux littérateurs se trouvant au pied de l'échafaud, André adressa à Roucher ces vers d'Andromaque :

Oui, puisque je retrouve un ami si fidèle,
Ma fortune reprend une face nouvelle ;
Et déjà son courroux semble s'être adouci,
Depuis qu'elle a pris soin de nous rejoindre ici.

Quittant les bancs de l'école au moment de la convocation des États-Généraux, GIREY DU PRÉ porta l'amour de la liberté jusqu'au fanatisme, et ses premiers écrits, alors criminels, provoquaient avec acharnement la ruine de la royauté. Bientôt son exaltation le lia avec les députés les plus marquants de la Gironde, et il s'attacha particulièrement à Brissot, dont il se regardait comme le disciple, et pour lequel il professait une sorte de culte. Partageant la haine de son maître et de ses amis pour les anarchistes, il déploya contre eux tout ce que l'éloquence et le courage ont de plus énergique, afin de leur arracher la puissance, et de faire entendre la voix de l'humanité. Abandonné de ses collaborateurs effrayés de tant d'audace, tous les jours, au péril de sa tête, il demandait, dans le *Patriote français,* vengeance des massacres de septembre, et livrait leurs auteurs au glaive de l'opinion, jusqu'à ce que celui de la loi pût les atteindre. Une telle force de caractère excita toutes les fureurs des nombreux complices de ces forfaits, et la perte de Girey du Pré fut jurée.

Enveloppé dans les proscriptions qui suivirent la journée du 31 mai, dans laquelle ses amis succombèrent, il se réfugia à Bordeaux, où il espérait trouver un asyle dans les familles des députés de ce département proscrits comme lui ; il n'y trouva qu'un proconsul impitoyable et des lois révolutionnaires. Caché quelque temps, il fut bientôt découvert, ramené à Paris, et jeté à la Conciergerie.

Traduit au tribunal sinistre, certain de son sort, il avait évité au bourreau le soin de faire les apprêts de son supplice, en déchirant lui-même les collets de sa chemise et de son habit, et en faisant couper ses cheveux par un guichetier. Ce fut en cet état qu'il se présenta devant ses juges ; et, lorsque ceux-ci lui en demandèrent la raison : — *Je ne suis point monté ici pour me défendre*, dit-il, *je sais que l'échafaud est prêt, et qu'il ne me reste plus qu'à entendre ma sentence de mort ; prononcez-la !*

Interrogé sur ses relations avec Brissot, et sur l'opinion qu'il avait de ce député : — « J'ai connu Brissot, répondit Girey du Pré, d'une voix haute et ferme : j'atteste qu'il a vécu comme Aristide, et qu'il est mort comme Sidney, martyr de la liberté. »

Long-temps avant le 10 août, il avait composé ces couplets alors si fameux :

Veillons au salut de l'empire,
Veillons au maintien de nos droits ;
Si le despotisme conspire,
Conspirons la perte des rois.

Il les chanta, depuis l'instant où il monta sur la charrette, jusqu'au lieu du supplice ; là, prenant une nouvelle énergie, il s'écria par trois fois : *Vive la République !* Il mourut âgé de vingt-trois ans.

Sur le réquisitoire du sieur B***, accusateur public, le tribunal criminel de R**** condamna à mort un jeune royaliste nommé Bailli, qui, prévoyant que les excès du gouvernement révolutionnaire entraîneraient bientôt sa chute, avait fait les vers suivants :

TESTAMENT DE LA RÉPUBLIQUE.

Je lègue à Fouquier mon génie ;

La planche aux assignats à tous mes créanciers ;

Au bourreau ma philanthropie ;
Mes exploits aux aventuriers ;
Aux Français l'horreur de mes crimes ;
Mon régime à tous les brigands ;
La France à ses rois légitimes,
Et le remords à mes enfants.

Instruit, éloquent, caustique, insociable, sans probité, détesté de tout le monde, rayé du tableau des avocats de Paris, LINGUET, novateur dans ses opinions, variable dans ses principes, après avoir été mis à la Bastille, en sortit pour subir un exil à Rethel ; là, continuant ses *Annales*, où il parle de la religion avec enthousiasme, il séduit la femme d'un négociant, une mère de famille, et s'enfuit en Angleterre avec elle. Il y écrit en faveur du roi, le dénigre ensuite, et se sauve en Autriche, où Joseph II l'accueille avec bonté, et lui fait une pension. Linguet prodigue d'abord des louanges à ce souverain, et bientôt, vendant sa plume aux insurgés du Brabant, il le traite de monstre, de Néron. Les patriotes brabançons, apprenant qu'il a été couvert des bienfaits de l'empereur, s'imaginent qu'il n'écrit en leur faveur que pour les trahir plus sûrement, et veulent s'en saisir pour se venger de sa perfidie. Il échappe avec peine à leurs recherches ; il ne lui reste pour refuge que la France en révolution, où il n'a plus à redouter l'autorité du roi et de ses ministres ; mais il y trouve le tribunal révolutionnaire, qui l'envoie à la mort, pour avoir fait l'éloge du roi d'Angleterre et de l'empereur d'Autriche.

Avant qu'il sortît de France, on avait fait cette charade sanglante et trop méritée sur Linguet

Mon premier sert à pendre ;
Mon second mène pendre ;
Et mon tout est à pendre.

Il y avait à l'Assemblée législative un prêtre digne de prêcher l'Evangile, et dont les écrits, entre autres *Les délices de la Religion,* ne sont pas moins recommandables par la grâce et la clarté du style, que par la pureté des sentiments. Cet homme s'appelait *Antoine-Adrien* LAMOURETTE, évêque constitutionnel de Lyon. On l'entendit, dans la séance du 7 juillet 1792, lorsque les passions étaient dans leur plus grande effervescence, et qu'une conspiration nouvelle était journellement ourdie contre le trône, conjurer ses collègues d'abjurer toute haine, et de dévouer tous leurs efforts au maintien de la constitution qu'ils avaient unanimement juré de défendre. Son discours, plein de chaleur ; de sensibilité, et prononcé avec l'accent d'une conviction profonde, émut à tel point l'assemblée, que tous les membres se levèrent à la fois, sans acception de partis, se précipitèrent dans les bras les uns des autres, et prêtèrent un nouveau serment d'attachement à la constitution et de fidélité au roi, qui saisit cet instant pour se rendre au milieu de l'assemblée, et la féliciter de cette heureuse réunion, qui toutefois ne fut d'aucune durée, parce qu'elle n'avait pour bases ni la confiance, ni la franchise. A peine le roi était-il sorti, que les serments étaient déjà oubliés, et que les haines avaient repris leur empire. D'impitoyables frondeurs, les aristocrates, appelèrent ce baiser de paix *le baiser d'amourette*.

Arrêté à Lyon, après le siège de cette ville, Lamourette fut conduit à Paris, et mis en prison. Il était à table quand il reçut son acte d'accusation ; il continua à converser avec les convives sur l'immortalité de l'ame et le bonheur que la religion procure aux hommes. Après avoir entendu sa condamnation, il fit le signe de la croix, et alla à la mort avec la plus douce résignation.

CHAPITRE XVII

TOUCHANT QUELQUES SUICIDÉS

Un mot sur Camille-Desmoulins, la Dubarry et une jeune villageoise allant à la mort. — Suicide d'un inconnu. — Mathilde, ou les trois sœurs (filles publiques[1]) : causes de leur empoisonnement ; leur courage. — Héroïsme de la tendresse paternelle : le président Sallier et Loiserolles. — Cri de : *vive le roi !* — Chamfort ou le républicain désabusé anecdote. — Le pauvre Cuni. — Le porte-balle. — Regrets. — Ayez la bonté de me délivrer de la vie. — L'archevêque de Brienne et la ferme isolée. — La correspondance : votre sénat envoie à la mort avant qu'on la lui demande, et vous, vous n'êtes pas le grand Pompée. — Fanatisme révolutionnaire porté au comble : Bourbote, Romme, Soubrani, Goujon, Duroi et Duquesnoi. — Roland : que l'univers brisé s'écroule, les ruines le frapperont sans l'étonner.

QUICONQUE est déterminé à mourir est maître de la vie d'autrui : si tous les individus qui ont mis fin à leurs jours ou qui sont allés au supplice avec tant de stoïcisme avaient, imitant Charlotte Corday ou le garde Pâris, commencé par frapper un conventionnel, la France eût été bientôt purgée de ses tyrans, car il est à croire que leurs *suppléants* n'eussent pas été jaloux de venir occuper les siéges de leurs prédécesseurs.

Peut-être bien encore que si, au lieu d'aller à l'échafaud soit avec résignation, soit en bravant les fureurs de la populace, et même en les excitant par des sarcasmes, toutes les victimes eussent suivi l'exemple de Camille-Desmoulins, de la Dubarry, et d'une pauvre femme de campagne, peut-être bien, disons-nous, que l'effusion du sang eût cessé beaucoup plus tôt dans Paris.

C'est en vain que Hérault-de-Séchelles, son compagnon d'infortune, disait à Camille : « Mon ami, montrons du moins que nous savons mourir. » Camille, furieux, et qu'on avait été obligé de placer de force sur la charrette, ne cessa de crier depuis la Conciergerie jusqu'à la place de l'exécution, jusqu'au moment où sa tête tomba, qu'on égorgeait en lui le premier républicain, le patriote qui, le premier, avait arboré la cocarde contre la tyrannie ; que ses juges étaient des scélérats ; ce n'est qu'avec sa vie que s'exhala sa dernière imprécation contre ses assassins.

La Dubarry, inconsolable de mourir, pleurait à chaudes larmes, intercédant la multitude ; dans son désordre, dans son délire, elle lui demandait pardon de ses fautes passées ; et, au moment d'être attachée à la planche fatale, se jetant à genoux — *Monsieur le bourreau, disait-elle, encore une minute !*

Toute à l'amour maternel, une pauvre villageoise, envoyée à la boucherie par le tribunal, et à qui, pour lui couper les cheveux et lui lier les mains, on venait d'arracher de force son nourrisson, adressait sur la route aux furies de la guillotine ces paroles, qui firent cesser leurs cris meurtriers : — *Mes bonnes dames, je vous assure que je n'ai rien fait : mon pauvre petit n'a encore que six mois ; pourquoi séparer la mère et l'enfant ?*

Oui, l'image de sa douleur, ses larmes, ses prières, eussent fini par désarmer, par attendrir beaucoup plus tôt une populace qui, fatiguée enfin du carnage malgré les bravades des condamnés, commença à murmurer contre les deux dernières exécutions en masse qui eurent lieu la veille et la surveille du 9 thermidor. Mais non, jusque-là, à l'exception des trois condamnés dont il vient d'être parlé, tous allèrent au supplice, les uns avec calme, les autres le sourire de la pitié sur les lèvres, beaucoup répondant aux invectives de la tourbe sanguinaire par des plaisanteries, par des mots piquants. Il ne restait aux gens de bien, trop dispersés pour faire tête à l'orage, que le courage stérile de recevoir ou de se donner la mort. Et combien adoptèrent ce dernier parti !

A peine eut-on commencé à peupler les maisons de détention, que de nombreux suicides y eurent lieu ; et bientôt ils y augmentèrent en proportion des progrès du régime de la terreur. S'empoisonner, se frapper d'un couteau, se laisser mourir de faim, étaient les moyens employés pour se soustraire à la rage des bourreaux. Au Luxembourg, où l'on avait la permission de monter sur les terrasses qui dominaient les combles, trois prisonniers, en moins de quinze jours, se précipitèrent du haut de ces terrasses dans la cour.

UN INCONNU,

Trahi sans doute par des ennemis secrets, un homme de quarante à quarante-cinq ans, qui cachait son véritable nom, et portait celui de Ducerf, fut, en entrant dans Paris, arrêté à la barrière, où l'on avait son signalement, et conduit sur-le-champ à la maison d'arrêt de Saint-Lazare. La visite de ses vêtements fut faite avec une attention si scrupuleuse, que l'on trouva dans un bouton creux de son pantalon deux lignes d'écriture d'où dépendait sa vie. Il fut mis au secret.

Le lendemain, un commis attaché au Comité de sûreté générale vint l'interroger. Il paraît qu'il fit, ou, ce qui est plus probable, qu'il feignit de faire des révélations ; car, aussitôt après, sa mise au secret ayant cessé, on lui donna une chambre comme aux autres détenus, et il lui fut loisible de descendre dans la cour pour y prendre l'air. En s'y promenant, il rencontra un suspect de sa connaissance, avec lequel il se lia intimement. Huit jours cependant s'étaient à peine écoulés, qu'il reçut, comme beaucoup d'autres, son acte d'accusation, à l'effet de comparaître le lendemain au tribunal. Il y a cela de remarquable, qu'en marge de cet acte d'accusation, le misérable qui l'avait copié avait écrit ce refrain d'une chanson populaire alors en vogue :

Changez-moi cette tête,

Tête de Cobourg.

Quand ce papier lui fut remis, il se promenait dans un corridor avec son inséparable : — *Je m'y attendais,* lui dit-il, et il regagna sa chambre, suivi de son ami.

Il s'était procuré un stylet, qu'il avait secrètement et soigneusement affilé sur un grès. En entrant dans sa chambre, après avoir prononcé ces mots : *Ma femme ! mon enfant !* il adressa ceux-ci à son ami : — « La nature, en nous accablant de tant de misères, et en nous donnant un attachement invincible pour la vie, semble en avoir agi avec l'homme comme un incendiaire qui mettrait le feu à notre maison après avoir posé des sentinelles à la porte. Il faut que le danger soit bien grand pour nous obliger à sauter par la fenêtre. »

Ayant embrassé son compagnon, qui, sur ces dernières paroles, devina son dessein et ne chercha point à l'en détourner, M. Ducerf écarta ses vêtements, chercha soigneusement, pendant quelques secondes la place de son cœur, et, croyant l'avoir trouvée, y eufonca le stylet d'une main si vigoureuse qu'il tomba mort.

MATHILDE, OU LES TROIS SOEURS.

Trois filles publiques, logées rue Chabannais, y étaient connues, quoiqu'elles ne fussent point parentes, sous le nom des *trois sœurs,* parce que toutes trois elles étaient jolies, de petite taille, et que leur costume, celui de paysanne, était parfaitement semblable. Jamais elles n'avaient été jouir du spectacle quotidien que l'on donnait au peuple sur la place de la Révolution. Elles y furent entraînées par la curiosité de voir périr toutes celles des jeunes filles de Verdun qui avaient été choisies pour offrir des dragées au roi de Prusse, lorsqu'il s'était emparé de cette ville.

A la vue du supplice des *vierges de Verdun,* Mathilde, l'une des trois femmes galantes, fut saisie d'un tel sentiment d'horreur et de pitié, que la fièvre la prit subitement, et que ses compagnes se virent forcées de la soutenir pour la ramener avec elles.

Ce soir-là, un nommé Payan, juré du tribunal révolutionnaire, monta chez ces femmes, et, ne voyant point Mathilde, qu'il affectionnait particulièrement, demanda où elle était.

- — Tiens, regarde ; la voilà sur son lit, encore malade d'avoir vu mourir ces jeunesses.
- — Diable ! dit le juré, en se retournant vers Mathilde, tu es donc bien délicate ?
- — Je ne sais pas si je suis délicate, mais je sais que toi, qui as été un des juges de ces pauvres innocentes, tu est un fier scélérat.
- — Tu veux rire, Mathilde ; allons, embrasse-moi.
- — Plutôt t'étrangler de mes deux mains, misérable !

Et Mathilde, se levant en fureur, allait joindre l'effet aux paroles, quand Payan crut prudent de s'éloigner. A peine un quart d'heure était passé depuis qu'il était sorti, que les trois sœurs furent arrêtées et conduites à la maison des Oiseaux. Les recluses logées dans le corridor assigné aux trois nouvelles venues accoururent à leur rencontre pour les voir et leur offrir des consolations ; mais, sentant la distance qui les séparait de ces femmes honnêtes, elles refusèrent leurs soins avec modestie, et se tinrent toujours à l'écart.

Elles savaient trop le sort qui était réservé aux détenus pour conserver aucun espoir de salut. Elles étaient livrées aux plus noires réflexions, quand, le lendemain, elles reçurent dans leur chambre la visite d'un des commissaires préposés à l'inspection des maisons d'arrêt. Malthilde, en reconnaissant cet homme, avec lequel elle avait eu des liaisons, fut saisie d'un transport de joie, et l'entretint en particulier. — Pas plus tard que demain, lui dit-elle, quand il la quitta, pas plus tard ; tu me l'as promis. — Sois tranquille ; je te le promets encore.

Le commissaire revint le lendemain, et quand il fut parti, Malthilde dit à ses compagnes : — Voulez-vous faire comme moi ?

- — Qu'est-ce que tu veux faire ?
- — C'est épouvantable de mourir comme celles que nous avons vues hier : voilà de l'arsenic ; j'en ai pour nous trois, en voulez-vous ?

Sans hésiter un moment, les deux autres acceptèrent la proposition ; et, se partageant le poison en bonnes camarades, elles le burent en même temps, et chacune vida sa coupe d'un trait. L'excès des douleurs leur arracha des cris ; on courut, on apprit ce qui s'était passé ; mais, outre que les gardiens ne s'empressaient guère à leur porter des secours, elles refusèrent avec obstination ceux qu'on leur offrit, et moururent avec courage.

HÉROÏSME DE LA TENDRESSE PATERNELLE.

Loiserolles venait de donner l'exemple de cet héroïsme ; il est suivi de tout point par M. *Sallier,* président à la cour des aides de Paris. Arrêté au lieu de son fils, conseiller au parlement, traduit pour lui au tribunal révolutionnaire, il ne détrompe point ses juges, et, acceptant la mort, il donne une seconde fois la vie à son enfant.

Une loi révolutionnaire confisque au profit de la nation les biens de tous les condamnés à mort : aussi pas un riche qui ne soit déclaré suspect ; une seconde loi confisque également les biens de tout individu qui, déclaré suspect, se sera donné la mort avant sa comparution au tribunal. Pourquoi cette seconde loi rendue par des démons ? Parce que des pères, atteints de suspicion, voulant conserver du pain à leurs enfants, ont prévenu la condamnation en se donnant la mort. Le tombeau n'est pas un asyle contre la persécution.

VIVE LE ROI !

Des épouses, des mères, des amantes, assistent avec calme aux procès de ceux qu'elles chérissent. Elles n'ont pas entendu prononcer l'arrêt fatal, qu'elles poussent devant le peuple et les juges ce cri de proscription : *Vive le roi !* prises en flagrant délit, le juge, sans désemparer, les fait monter sur le siége des criminels, les condamne, et elles accompagnent au ciel ce qu'elles avaient de plus cher sur la terre,

LE RÉPUBLICAIN DÉSABUSÉ.

Les préjugés du temps refusaient à Chamfort une place dans le monde, et le seul nom qu'il porta d'abord fut celui de Nicolas. Né d'un amour illégitime, il ne connut point son père, et sa jeunesse fut malheureuse ; mais, le succès de *la Jeune Indienne* l'ayant fait connaître, il se vit recherché de la grande société. — Vous ne voyez en lui, disait une femme de condition, en le montrant à une amie, qu'un Adonis et un garçon d'esprit ? c'est mieux que ça, c'est un Hercule.

Quand nos troubles politiques survinrent, Chamfort était comblé des faveurs de la cour ; la tragédie de *Mustapha et Zéangir* lui avait valu les bienfaits de la reine, une place à l'académie, celle de lecteur de madame Elisabeth, sœur du roi ; et le prince de Condé l'avait nommé son secrétaire des commandements.

Comment Chamfort, dont les princes avaient oublié la naissance pour l'approcher d'eux, reconnut-il tant de bontés ? la lettre non moins piquante que curieuse, que nous allons rapporter, le dira mieux que nous ne pourrions le faire. Elle est écrite quarante-huit heures après la catastrophe du 10 août, après le sac du château des Tuileries.

Paris, 12 août 1792.

« Je continue, mon ami, à me bien porter, mais je ne néglige point mon régime. J'ai fait ce matin le tour des statues *renversées* de Louis XV, de Louis XIV à la place Vendôme, à la place des Victoires. C'était mon jour de visite aux rois détrônés, et les médecins philosophes disent que c'est un exercice très salutaire. Vous serez sûrement de cet avis ; en tous cas, j'ai pris cela sur moi.

De la place Louis XV, j'ai poussé jusqu'au château des Tuileries. C'est un spectacle dont on ne se fait pas l'idée. Le peuple remplissait le jardin, comme il eût fait celui du Prato à Vienne, ou ceux de Potzdam. La foule inondait les appartements, teints du sang de ses frères et de ses amis, et percés de coups de canon, renvoyés en réponse à ceux qui les avaient massacrés la surveille[1].

Les conversations étaient analogues à ces tristes objets. A la vérité, je n'ai pas entendu prononcer le nom du roi ni celui de la reine ; mais, en revanche, on y parlait beaucoup de Charles IX et de Catherine de Médicis. Une vieille femme y racontait plusieurs traits de l'histoire de France. Un homme en haillons citait l'anecdote de la jatte et des gants de la duchesse de Marlboroug, comme ayant été la cause d'une guerre. Il se trompait, elle fit faire une campagne de moins ; mais je me suis bien gardé de rétablir le texte, j'aurais été pris pour un aristocrate : d'ailleurs, la méprise était si légère, et l'intention du conteur était si bonne !

Voulez-vous savoir de combien de siècles l'opinion a cheminé depuis deux mois ? Rappelez-vous le symptôme que je vous citais de la passion française pour la royauté, ce que je vous prouvais par la facilité avec laquelle les danseurs jacobins, sous mes fenêtres, passaient de l'air *Ça ira* à l'air *Vive Henri Quatre* ! Eh bien ! cet air est proscrit ; et, au moment où je vous parle, la statue de ce roi est par terre : rien ne m'a plus étonné dans ma vie.

Je ne vous dirai plus que ceux qui voudraient la république trouveraient sur leur chemin la *Henriade* et le *Lodoïx* de l'Université. Non, cela n'est plus à craindre, et je suis sûr même que le *versalicas arces* de nos poèmes latins modernes ne protégera pas

Versailles. Il ne fallait rien moins que la cour actuelle pour opérer ce miracle ; mais enfin elle l'a fait : gloire lui soit rendue ! Je n'ai plus le moindre doute à cet égard depuis que j'ai entendu les discours très peu badauds des Parisiens autour des statues royales qui ont eu ce matin ma visite. Pour moi, le peu de badauderie qui me reste m'a engagé à lire quelques mots écrits sous un pied du cheval de Louis XIV. Que croiriez-vous que j'y ai trouvé ? le nom de Girardon, qui avait caché là son immortalité. Cela ne vous paraît-il pas l'emblême de la protection intéressée accordée aux beaux-arts par un despote orgueilleux, et en même temps de la modeste bêtise d'un artiste, homme de génie, qui se croit honoré de travailler à la gloire d'un tyran ? Plus j'étudie l'homme, plus je vois que je n'y vois rien. Au reste, il serait plaisant que Girardon se fût dit à lui-même : la gloire de ce roi ne durera pas, sa statue sera renversée par la postérité, indignée de son despotisme, et son cheval, en levant le pied, parlera de ma gloire aux regardants. Cet artiste-là aurait eu une philosophie qu'on pourrait souhaiter aux Racine et aux Boileau.

A propos de roi, on m'a dit qu'on parlait de vous pour l'éducation du prince royal ; j'y trouve une difficulté. Comment saurez-vous quel métier il faut faire apprendre à votre élève, en cas que les Français ressemblent aux Parisiens ? Prenez-y garde : cette difficulté vaut bien qu'on la propose.

Vous êtes sûrement bien aise que Grouvelle soit secrétaire du conseil, et par conséquent qu'un mauvais génie ne l'ait pas placé, il y a sept à huit jours, comme le bruit en avait couru ; il trouvera le métier bien doux, auprès de celui de président de section qu'il a fait pendant la terrible nuit d'avant-hier. Un président de section était, en ce moment, un composé de commissaire de quartier, arbitre, juge-de-paix, lieutenant-criminel, et un peu fossoyeur, vu que les cadavres étaient là qui attendaient ses ordres, comme il arrive quand le pouvoir exécutif force la souveraineté à recourir au pouvoir révolutionnaire.

Adieu, mon cher ami, je vous aime et vous embrasse tendrement ; vous voyez que, sans être gai, je ne suis pas précisément triste. Ce n'est pas que le calme soit rétabli, et que le peuple n'ait, encore cette nuit, pourchassé les aristocrates, entre autres les journalistes de leur bord. Mais il faut savoir prendre son parti sur des contre-temps de cette espèce. C'est ce qui doit arriver chez un peuple neuf, qui, pendant trois années, a parlé sans cesse de la sublime Constitution, mais qui va la détruire, et, dans le vrai, n'a su organiser encore que l'insurrection. C'est peu de chose, il est vrai, mais cela vaut toujours mieux que rien.

Adieu, encore une fois ! »

Les excès toujours croissants des républicains eurent bientôt refroidi le républicanisme anticipé de Chamfort ; et, depuis qu'il avait écrit cette lettre, huit mois ne s'étaient pas écoulés que, caustique de son naturel, il écrasait publiquement les nouveaux Spartiates des sarcasmes les plus terribles. Son intempérance de langue lui valut une détention aux Madelonnettes, où, grâce aux efforts de ses amis, il ne resta que quelques jours ; mais, rendu à la liberté, il jura de ne jamais retomber vivant au pouvoir de ses ennemis. L'occasion de tenir son serment s'offrit bientôt.

Comme on venait pour l'arrêter une seconde fois, il passe dans son cabinet, s'y enferme, charge un pistolet, veut se le tirer sur le front, se fracasse le haut du nez, et s'enfonce l'œil droit. Étonné de vivre, et résolu de mourir, il saisit un rasoir, essaie de se couper la gorge, y revient à plusieurs reprises, et se met toutes les chairs en lambeaux. L'impuissance de sa main ne change rien aux résolutions de son ame ; il se porte plusieurs coups vers le cœur, et, commençant à défaillir, il tâche, par un dernier effort, de se couper les deux jarrets et de s'ouvrir les veines. Enfin, vaincu par la douleur, il pousse un cri et se jette sur un siége, où il reste presque sans vie. Le sang coulait à flots sous la porte : sa gouvernante entend ce cri, voit ce sang ; elle appelle, on vient, on enfonce la porte. Le spectacle qui s'offre aux yeux interdit toute question ; chacun s'empresse à étancher le sang, et on transporte le mourant sur son lit. Des gens de l'art et des officiers civils sont appelés. Tandis que les uns préparent l'appareil nécessaire à tant de blessures Chamfort dicte aux autres une déclaration ainsi conçue : « Moi, Nicolas Chamfort, déclare avoir voulu mourir en homme libre, plutôt que d'être reconduit en esclave dans une maison d'arrêt ; déclare que, si par violence on s'obstinait à m'y traîner dans l'état où je suis, il me reste assez de force pour achever ce que j'ai commencé. Je suis un homme libre ; jamais on ne me fera rentrer vivant dans une prison. »

Chamfort, après avoir souffert pendant long-temps les douleurs les plus cruelles, expira le 13 avril 1794.

LE PAUVRE CUNI ET LE PORTE-BALLE.

Un nommé Cuni, mis depuis deux jours à Port-Libre, s'y coupa la gorge avec un rasoir, après avoir écrit ce testament : — « C'est le commissaire de ma section qui veut que j'aille à la guillotine. Il dit que je suis un coquin, que j'ai volé à mon maître tout ce que j'ai : ça n'est pas vrai ; mais il me ferme la bouche quand je veux répondre. J'ai économisé pour mes nièces et pour un pauvre orphelin que j'ai toujours assisté. Je les recommande à la Convention nationale, et je prie le concierge de porter ce testament au Comité de salut public.

Signé CUNI, *valet de chambre du ci-devant marquis de* COIGNY ».

Un marchand mercier porte-balle, arrêté on ne sait pourquoi, se tua aux Madelonnettes, après avoir fait aussi un testament, dans lequel il disait : « Vertueux

Robespierre, prenez soin de ma femme qui ne va plus avoir de quoi vivre. »

LES REGRETS.

La princesse de Monaco, parée de tous les charmes de la jeunesse, éprouve un frissonnement involontaire au moment où elle entend prononcer son arrêt. Pour reculer le fatal moment, elle se dit enceinte ; un chirurgien indulgent confirme sa déclaration, et l'on ramène madame de Monaco dans sa prison, jusqu'à ce qu'elle ait donné le jour au fruit qu'elle déclare porter dans son sein. Mais, fatiguée de l'existence, cette femme écrit dès le lendemain à Fouquier que, pour reculer sa mort, elle a fait un mensonge ; qu'elle s'en repent, qu'elle n'est pas grosse, et qu'elle désire subir son jugement. Le lendemain, Fouquier fait exécuter le jugement

SOIT FAIT AINSI QU'IL EST REQUIS.

Fouquier n'était pas homme à refuser de pareils services. Un jeune négociant lui écrit : « Vous avez fait périr mon ami ; c'était le seul bien qui me restait au monde. Je ne me sens pas le courage de me donner la mort ; je vous envoie mon adresse, ayez la bonté de me délivrer de la vie. » Se servant d'une formule de palais, *soit fait ainsi qu'il est requis,* écrivit le monstre au bas de la lettre ; et le jeune homme fut exécuté.

LA FERME ISOLÉE.

Tandis que l'archevêque Loménie de Brienne qui, en qualité de principal ministre de Louis XVI, avait joué un si grand et si pitoyable rôle dans les commencements de nos troubles politiques, s'affranchissait, par le poison, de ses nombreuses infirmités, et se dérobait, en même temps, à la saisie que venaient faire de sa personne des émissaires envoyés de Paris à Sens par le Comité de sûreté générale, un suicide d'une nature bien différente s'accomplissait à deux lieues du palais archiépiscopal.

Déclarés suspects, deux frères bien connus, mais dont le nom ne m'est pas présent, retirés dans une ferme appelée *les Loges*, avec une sœur, un domestique et une servante, au lieu de se laisser prendre, soutinrent un siége. Ils avaient de la poudre et des armes : contre la porte et les murs de la ferme, ils rangèrent, à hauteur d'appui, du bois et des fagots. Ils étaient chasseurs ; dès qu'un gendarme ou un garde national s'avançait à leur portée, du haut de ce rempart ils le jetaient par terre ; et, posant alors leurs fusils pour prendre un livre de prières, on les entendait chanter des psaumes. Cette résistance eut un terme. Quand ils se virent au moment d'être forcés, ils mirent eux-mêmes le feu aux fascines, et se laissèrent consumer. Leur fidèle domestique avait partagé leur sort ; mais la sœur et la servante, qu'on trouva encore en vie, furent conduites à Sens, où le représentant Maure, alors en mission, leur fit donner la mort.

LA CORRESPONDANCE.

Lorsque le proconsul Léquinio écrivait de Rochefort à la Convention : « J'ai eu l'avantage de trouver ici plus de *guillotineurs* que je n'en voulais ; après en avoir choisi un, je l'ai fait manger avec moi et mes collègues Guezno et Topzent. Ce matin, j'ai brûlé moi-même la cervelle à deux Vendéens dans leur prison, et je viens de donner l'ordre d'en fusiller ce soir cinq cents » ; quand Léquinio adressait cette lettre à ses collègues, une femme de qualité, retirée à la campagne aux environs de Rochefort, lui faisait remettre celle-ci :

« Monsieur,

Lorsque Marseille était en république, les lois prononçaient la confiscation d'une portion des biens du citoyen qui se donnait la mort sans en avoir obtenu la permission du sénat. Le sénat ne la refusait point, lorsque le pétitionnaire avait de graves motifs de chagrin, ou de douloureuses infirmités ; et l'on cite une dame considérable qui, après avoir obtenu l'autorisation dont je vous parle, invita le grand Pompée, qui se trouvait alors à Marseille, de vouloir bien lui faire l'honneur d'assister à son empoisonnement. Pompée ne crut pas devoir se refuser à cette invitation, et il présenta lui-même à la dame le vase qui contenait la liqueur mortelle. Mais votre sénat envoie la mort avant qu'on la lui demande ; et vous, monsieur, vous n'êtes pas le grand Pompée. J'ai donc cru pouvoir, en recevant votre mandat d'arrêt comme suspecte, avaler la ciguë sans vous en demander la permission, et sans vous convier à mon repas de mort. J'ai l'honneur de vous prévenir que je ne laisse après moi, pour toute fortune, que l'exemple d'une vie sans reproches qui ne peut vous être d'aucune utilité. »

FANATISME RÉVOLUTIONNAIRE PORTÉ AU COMBLE.

Déjà, le Ier avril 1795, les anarchistes, marchant contre la Convention, avaient cherché à ressusciter le règne de Robespierre. Une seconde tentative du même genre eut lien cinq semaines après, le Ier prairial an III (20 mai 1795) ; et les débris de la Montagne, espérant écraser *thermidoriens*, y prirent une part très active ; mais cette fois encore ils furent vaincus. Les députés Maure et Ruhll, étant parvenus à se sauver de la salle, se hâtèrent de se tuer : Ruhll se poigarda, Maure se brûla la cervelle.

Mais leurs collègues Baurbotte, Romme, Soubrani, Goujon, Duroi et Duquesnoi, ayant été arrêtés dans la salle même de la Convention, furent transférés sur-le-champ au château du Taureau, dans le département du Finistère. Ramenés quelques jours après à Paris, on les livra immédiatement à une commission militaire. Un jugement à mort intervint contre eux le 26 prairial an III (i3 juin 1795), après une défense dans laquelle ils déployèrent autant de présence d'esprit que de courage. A peine venaient-ils d'être reconduits dans une chambre, où ils étaient déposés en attendant leur supplice, que Romme se frappe d'un couteau qu'il avait soustrait aux regards de ses surveillants, et tombe mort. Duquesnoi arrache le couteau du cadavre de Romme, s'en frappe et tombe à côté de lui. Goujon imite leur exemple, et se tue également : tous trois expirent.

Bourbotte, Soubrani et Duroi veulent mourir aussi ; mais le couteau n'a plus assez de force ; n'importe ; ils se poignardent successivement, ils s'entraident à se déchirer ; ils se mutilent tous les trois avec un courage, une persévérance au-dessus de l'humanité. On accourt enfin, et on s'empresse de les traîner à l'échafaud. Spectacle horrible ! ils étaient inondés de sang ; les ligaments de Soubrani se détachèrent, et l'on vit ses entrailles s'échapper de son corps. Il semblait satisfait, et quelque chose de semblable au sourire était sur ses lèvres ; ses regards disaient au peuple : « C'est pour toi que je souffre. » Ses deux collègues, non moins fiers, avaient leurs membres en lambeaux. Bourbotte monta le dernier sur l'échafaud. Une circonstance prolongea l'horreur de son supplice : l'exécuteur, au moment où la tête de Duroi venait de tomber, avait oublié de relever la hache ; il ne s'en aperçut que lorsque Bourbotte, étendu sur la planche, fut poussé contre le fer. Il fallut le relever, jusqu'à ce que l'instrument de mort fût suspendu de nouveau. Jamais, dans une situation plus terrible, on n'a montré un plus sublime courage que ces victimes du fanatisme révolutionnaire.

ROLAND.

Si fractus illabatur orbis,
Impavidum ferient ruinæ.

Que l'univers brisé s'écroule, ses ruines le frapperont sans l'étonner.

Après le renversement du trône, nommé ministre de l'intérieur par le *pouvoir exécutif provisoire,* Roland, sans cesse entouré de périls et bravant le danger, se consacra tout entier, avec un admirable dévoûment, à la défense des droits de la justice et de l'humanité. Menacé lui-même du poignard des assassins, il s'efforça, mais trop vainement, d'arrêter les massacres des premiers jours de septembre ; il en dénonça, il en poursuivit les auteurs tout-puissants ; il réclama avec une infatigable énergie la destitution de l'infame Commune qui les avait dirigés, et dont les membres s'étaient partagé les dépouilles des victimes. Entre sa propre ruine et la complicité qui lui fut souvent proposée, sa conscience n'hésita jamais un moment. Inébranlable dans son devoir, il semblait se complaire à en dépasser les bornes, et à multiplier par son indomptable fermeté les dangers qui s'accumulaient autour de lui.

Cependant son crédit s'affaiblissait en proportion de la force que prenaient ses ennemis. Plus ceux-ci redoublaient d'audace, plus les députés faibles ou ambitieux s'éloignaient de lui ; bientôt il ne trouva plus de défenseurs que dans ces hommes illustres et courageux dont il allait tout à l'heure partager la proscription. Quoiqu'il n'aimât pas Louis XVI, il se prononça hautement contre sa mort comme injuste et impolitique. Les dénonciations, les pamphlets, les accusations se multiplièrent contre lui à un tel point, il se trouva dans une telle impuissance d'opérer le bien, le sacrifice de ses jours était devenu d'une telle inutilité à la patrie, qu'il se résigna enfin à donner une démission que toutes les fureurs et les menaces de l'anarchie n'avaient pu lui arracher.

Néanmoins, n'ayant pu obtenir d'apurer ses comptes, ni par conséquent de quitter Paris, dont ses ennemis, qui déjà conspiraient sa ruine, ne voulaient pas le laisser sortir, Roland se vit enveloppé dans la proscription du 31 mai. Il réussit alors à s'échapper de la capitale et se retira à Rouen, chez des amis qui se dévouèrent pour le sauver. Mais aussitôt qu'il eut appris le supplice de son héroïque épouse, il résolut de ne pas lui survivre.

Son premier projet fut de se rendre à l'improviste dans la salle de la Convention, de l'étonner assez pour la forcer à entendre les terribles vérités qu'il avait à lui révéler pour la dernière fois, et de demander ensuite à être conduit à l'échafaud. Mais réfléchissant que cette mort juridique entraînerait la confiscation des biens qu'il pouvait laisser à sa fille, il préféra se donner lui-même la mort.

Étant sorti de son asyle, à six heures du soir, à la fin de novembre, il suivit la route de Paris jusqu'à Bourg-Baudouin, entra dans une avenue qui conduisait à une maison appartenant à M Le Normand, s'assit contre un arbre, et se perça avec une canne à épée, qu'il avait apportée avec lui. Il expira si paisiblement qu'il ne changea pas même d'attitude, et que le lendemain les passants crurent qu'il était endormi. On trouva sur lui un billet ainsi conçu : « Qui que tu sois, qui me trouves gisant, respecte mes restes ; ce sont ceux d'un homme qui consacra toute sa vie à être utile, et qui est mort comme il a vécu, vertueux et honnête. »

1 Cette mauvaise foi est insigne de la part d'un homme si bien au fait des événements du 10 août, et qui ne leur était pas entièrement. étranger.

CHAPITRE XVIII

DIX MINUTES AU TRIBUNAL RÉVOLUTIONNAIRE

Le président. — Le greffier. — L'accusateur public. — Les prévenus. — La duchesse de Maillé et la femme Maillet. — Le bègue. — La femme sourde. — Le balayeur des rues et la graine d'aristocrates. — A un autre. — Tu n'as pas la parole. — Les débats sont clos. — Le maître d'escrime et l'écritoire de plomb. — Le chef du jury. — Pare celle-là. — Coquine, j'irai te voir passer. — Sur Fouquier-Tinville. — Ses forfaits. — Ses invectives, sa rage en allant au supplice. — Particularités. — Un nommé Saint-Prix et son chien condamnés à mort et exécutés.

(On est arrivé aux premiers jours de thermidor (juillet 1794). Comme de coutume, un monde de prévenus est amené en présence des juges et des jurés du tribunal révolutionnaire ; et, comme de coutume aussi, leur crime est une soi-disant conspiration contre l'unité, l'indivisibilité de la République, ourdie par les suspects renfermés dans les maisons d'arrêt de Paris. On se rappellera qu'il n'est plus accordé de défenseurs aux prévenus.)

DUMAS, président.

(Au peuple.)

Si le tumulte continue, je fais évacuer la salle.

(Aux gendarmes.)

Imposez silence.

(Au greffier.)

Lisez la liste.

(Aux prévenus.)

Répondez à l'appel.

(Quoique tous aient répondu, le greffier, après la lecture de la liste, fait lui-même le tour des banquettes, pour s'assurer qu'il ne lui manque personne.)

FOUQUIER.

Combien sont-ils ?

LE GREFFIER.

Quatre-vingt-onze.

FOUQUIER.

C'est juste.

(Fouquier se lève ; il prend sur le pupître placé devant lui l'acte banal d'accusation qui ne contient que trois lignes d'écriture, qu'il sait par cœur, qui déjà lui a servi cent fois, mais qu'il feint de lire, et replace sur son pupitre en disant :)

- — Accusés3 faites valoir vos moyens de défense.

LA FEMME MAILLET.

Citoyens juges, on s'est trompé à mon égard ; j'ai été arrêtée pour une autre.

FOUQUIER.

Impossible.

LA FEMME MAILLET.

C'est si possible, que je ne suis point la ci-devant duchesse de Maillé, comme le porte l'acte d'accusation que j'ai reçu, mais la femme Maillet, marchande quincaillère rue Honoré.

FOUQUIER.

Ici, le nom ne fait rien à la chose ; femme Maillet ou Maillé, tu n'en es pas moins suspecte, et autant vaut y passer aujourd'hui que demain.

LA FEMME MAILLET.

Mais songez donc que je suis veuve ; que j'ai des enfants qui n'ont que moi pour....

FOUQUIER.

Tu n'as pas la parole. A un autre !

UNE FEMME DÉCRÉPITE.

(Ses voisins sont venus à bout de lui faire entendre qu'elle est accusée de conspiration.)

Moi, conspirer ! mon Dieu ! mais je suis sourde.

FOUQUIER.

Eh bien ! tu as conspiré *sourdement*. A un autre.

(On entend les éclats de rire du peuple qui est dans la salle.)

FOUQUIER.

Toi, vieux, qui es sur *le pot*....¹

Toi, vieux, qui es chargé de répondre pour tes complices, qu'as-tu à dire pour leur justification et la tienne ?

LE VIEILLARD.

Que.... que.... que....

UN JUGE à Fouquer.

Tu vois bien que cet homme a une paralysie sur la langue.

FOUQUIER.

Qu'il garde sa langue ; c'est sa tête qu'il me faut. A un autre.

UN ENFANT.

C'est bien vrai qu'à un balayeur des rues qui m'avait éclaboussé, en m'appelant graine d'aristocrate, j'ai répondu, en faisant un geste malhonnête : « J'emberne ta

République. » Mais la loi défend de faire mourir avant l'âge de seize ans ; et je n'en ai que quinze et deux mois ; tenez, voilà mon extrait de baptême.

FOUQUIER.

Les louveteaux sont pires que les loups. A un autre.

LE CHEVALIER DE SEGRAIS.

Amené de Dôle à Paris, et mis hier en arrivant à la Conciergerie, je n'ai pu participer à la conspiration organisée au Luxembourg, par tous *ces messieurs,* que je ne connais point et qui ne m'ont jamais vu. Par conséquent

FOUQUIER,

Tu n'as pas la parole. A les entendre, tous *ces messieurs* sont blancs comme neige. Les débats sont clos.

UN MAÎTRE D'ESCRIME.

Les débats sont clos, scélérat !.... Tiens, voilà ton salaire !

(Saisissant l'écritoire de plomb du greffier, il la lance à la tête de l'accusateur public.)

UNE FEMME DU PEUPLE.

Il l'a manqué, tout de même ; mais le Fouquier a le fricot sus la face : le v'là pu noir que le cul du diable.

FOUQUIER.

Que la force armée s'empare de ce furieux et n'e le lâche pas.

(S'adressant aux jurés.)

C'est entendu ; les débats sont fermés ; feu de file !

(Entré dans la salle des délibérations, le chef des jurés ne prend pas la peine d'entamer une discussion avec ses collègues, ni de recueillir leurs voix ; de sa main ouverte, qu'il approche de son cou, il fait un geste comme s'il se coupait la gorge ; les autres jurés inclinent la tête en signe d'approbation.

Le chef du jury revient annoncer que la déclaration des jurés est unanime sur la culpabilité de tous les prévenus.)

Le président prononce l'arrêt de mort.

(Pour étouffer les clameurs de quelques victimes, les gendarmes se hâtent de les pousser hors de la salle et de les reconduire à la Conciergerie.)

Fouquier, s'essuyant encore la figure, et s'approchant du maître d'escrime, tenu au collet par deux gendarmes, l'apostrophe en ces termes : « Coquin, j'ai paré ta botte, pare celle-là[2]. »

C'est le même homme qui disait à la jeune épouse de Sartine, belle comme le jour, et qui s'était défendue avec autant de présence d'esprit que d'intrépidité : « Dussé-je me passer de dîner, coquine, j'irai te voir guillotiner. »

Cette bête féroce, dont la figure était aussi hideuse que son ame était perverse, fut, enfin, pour l'accumulation de tant de forfaits, condamnée elle-même après la révolution de thermidor. Fouquier entendit sa sentence en ricanant, et son impudence ne l'abandonna qu'avec la vie. Rouge de vin et de colère, sur la charrette qui le conduisait à l'échafaud, il répondit par d'ignobles grimaces aux imprécations de la multitude, qui cette fois n'était pas toute populace.

La charrette s'arrêta deux fois depuis la Conciergerie jusqu'à la Grève : pendant ce temps, quelques personnes s'approchèrent de lui, et, par allusion à la barbarie avec laquelle il refusait naguère d'entendre la justification des infortunés traduits devant lui, elles lui crièrent : — Eh bien ! monstre, à ton tour, tu n'as pas la parole. — A ces mots, la fureur de Fouquier redoubla ; il cracha sur ces personnes, et répliqua avec d'horribles jurements : « Va, canaille, chercher tes trois onces de pain à ta section ; moi je m'en vais le ventre plein. »

Soit que le trajet eût dissipé les fumées du vin que lui et ses complices avaient bu en abondance avant de sortir de la Conciergerie ; soit qu'en voyant ceux-ci successivement expirer sous ses yeux, un remords eût pénétré dans son ame au moment de quitter la vie, on crut le voir pâlir et frissonner lorsque son tour fut arrivé de monter à l'échafaud, sur lequel il parut le dernier.

A l'instant il mit le pied sur la première marche, un concert d'instruments à vent se fit entendre d'une croisée donnant sur la Grève, car, depuis le 9 thermidor, les exécutions n'avaient plus lieu ni sur la place de la Révolution, ni à la barrière du Trône. Si quelque chose peut faire excuser la barbarie de ce concert, c'est la férocité inouie du personnage sur lequel il nous reste encore à dire un mot, moins pour achever de le faire connaître, que pour mettre dans tout son jour l'incompréhensible scélératesse des comités de gouvernement dont ce misérable n'était que l'aveugle instrument.

On ne peut nombrer les victimes envoyées au supplice, sur ses actes d'accusation, depuis le mois de juillet 1793 jusqu'au 27 juillet 1794 inclusivement ; et ce n'est pas sans dessein que nous rapportons soigneusement cette date, parce qu'à l'instant même où Robespierre était décrété d'accusation dans la Convention, Fouquier, consulté par le commandant du poste de la gendarmerie du Palais, qui était d'avis de surseoir à l'exécution des condamnés jusqu'à l'issue des événements qui se passaient alors dans l'Assemblée, répondit : — « Nul changement pour nous, il faut que justice ait son cours. » — Il donna en même temps l'ordre exprès de ne pas perdre un moment pour traîner à l'échafaud les quarante-deux infortunés qui venaient d'être condamnés quelques minutes auparavant, et qu'un délai d'une heure arrachait à la mort.

Tous les partis sont tombés sous la hache de Fouquier ; émigrés, royalistes absolus, partisans des deux Chambres, Constitutionnels de 1791, Girondins, Dantonistes, Hébertistes, Robespiéristes, tous ont été successivement représentés sur l'échafaud, comme ils l'avaient été dans les assemblées délibérantes de la France ; et c'est une circonstance qui ne doit pas être omise, que c'est Fouquier qui, en personne, a constaté l'identité et requis le supplice de tous les membres du tribunal révolutionnaire, ses complices et ses amis, que la Convention venait de mettre hors la loi par son décret du 9 thermidor. C'est ce monstre, que, deux jours après cette grande journée, Collot, Billaud, et Barrère, ex-membres du Comité de salut public, eurent l'impudente atrocité de proposer pour accusateur public du même tribunal qui venait d'être réorganisé : par eux, jugez des autres membres des comités de gouvernement.

Le nommé Saint-Prix vivait rue Saint-Nicaise avec la femme Groscol. Tous deux avaient des correspondances avec des émigrés. Pour être avertis des visites qu'ils pouvaient avoir à craindre, Saint-Prix, avait dressé un gros chien à aboyer toutes les fois qu'il voyait des habits bleus. Le*chien mordit, à plusieurs reprises, un porteur de billets de garde nommé Jardi, qui s'en plaignit. Une visite fut ordonnée chez Saint-Prix et la femme Groscol. La correspondance fut trouvée ; le tribunal révolutionnaire condamna l'un et l'autre à perdre la vie ; mais le chien fut aussi condamné à mort par le même jugement ; et c'est un inspecteur de police, nommé Francœur, qui le conduisit dans l'enceinte du combat du taureau, où il le fusilla. Ne haussez point les épaules ; c'est la vérité.

1 Siége plus élevé que les banquettes, et sur lequel on place en évidence le chef des *conspirateurs*.

2 Le tribunal de cassation, seule des institutions de l'assemblée Constituante qui ait traversé la révolution et soit parvenue jusqu'à nous, siégeait dans la grand'-chambre du Palais. Le régime décemviral ayant été institué, la révision des jugements rendus par les tribunaux révolutionnaires, commissions militaires, populaires, temporaires, fut ôtée aux juges de cassation, et on relégua ces magistrats dans l'emplacement des écoles de droit, place du Panthéon, pour donner au tribunal de Fouquier le local qu'ils occupaient au Palais-de-Justice. Après le régime de la terreur, la justice ayant repris son cours, le tribunal de cassation vint reprendre sa place au Palais, et la section civile continua à tenir ses séances dans la grand'-chambre, où l'on voyait sur la tenture une large tache noire faite par l'encrier jeté à la tête de Fouquier. Cette tache subsista jusqu'au moment où, cette tenture en papier velouté, ornée de bonnets de liberté pour dessins, fut remplacée, sous l'Empire, par un autre papier couvert d'abeilles.

CHAPITRE XIX

SUBLIMITÉ. — FOLIE

L'abbé de Fénélon, — Isabeau de Monval. — La jolie comtesse de Noisy. — Le vénérable Angran d'Alleray. — Où me mènes-tu donc mon fils ? — La partie d'échecs. — La rose et la cuve de sang. — Le passe-port. — Voyez donc, ma mère, qu'il est drôle. — M. de Nicolaï. — Celui qui a la plus belle garde-robe de France. — Le marquis de Champcenetz : le remplaçant. — Le pour-boire. — Monjourdain, ou ne regrette plus la vie.

L'ABBÉ de FÉNÉLON, dont la vie n'avait été que charité, qu'une suite de bonnes œuvres, prêt à monter sur le char mortuaire, disait à son vieux domestique, qui le baignait de ses larmes : — *Console-toi, mon ami, il n'est pas si difficile de mourir que je le pensais.*

Greffier en chef du parlement de Paris, ISABEAU DE MONVAL, qui avait siégé longuement dans cette *grand'salle* où il comparaissait devant le tribunal révolutionnaire, répond à l'anthropophage Fouquier, qui lui demande s'il reconnaît ces lieux : — *Oui, je les reconnais ; c'est ici où naguère l'innocence jugeait le crime, et où le crime aujourd'hui égorge l'innocence.*

La vive et jolie comtesse DE NOISY, prisonnière aux Madelonnettes, disait à son père, vieillard à cheveux blancs, ayant toujours la sérénité sur le front : — *Mon bon père, nous mourrons ensemble : j'ai fait bien des folies ; mais vous êtes si vertueux, et je vous tiendrai si fort, que Dieu me laissera passer avec vous.*

Aimé, chéri, vénéré de toute la capitale, le respectable ANGRAN-D'ALLERAY, ancien lieutenant civil de Paris, inspira, par un prodige inouï, une lueur de pitié à Fouquier, long-temps son subordonné. Le crime du vieillard était d'avoir fait passer de l'argent à ses fils émigrés ; le crime était irrémissible ; mais Tinville, qui voulait le sauver, lui fait dire par un huissier, que les preuves de sa culpabilité sont anéanties, et qu'il lui suffit, pour être acquitté, de nier le fait sur lequel il va l'interroger. — Angran répond : *Ce qu'il me reste de temps à vivre ne vaut pas la peine d'être racheté par un mensonge.*

M. DE LATOUR-VIDAUT, conseiller-d'État, connu par ses talents et son intégrité, fut arrêté avec sa mère, âgée de quatre-vingt quinze ans, infirme, sourde et aveugle. Après leur commune condamnation, il avait obtenu des exécuteurs qu'il serait placé à côté d'elle sur la même charrette, et qu'elle n'aurait point les mains liées. — Où me mènes-tu donc, mon ami ? lui demanda cette respectable femme, haussant la voix : — *En paradis, ma mère,* répondit l'infortuné.

M. RICHARD DE RUFEC, ancien avocat-général au parlement de Bourgogne, faisait une partie d'échecs, quand l'exécuteur vint le chercher pour le conduire à la mort : — *Un moment,* lui dit-il, *la partie touche à sa fin.* — Il l'acheva et gagna.

Un jeune homme, qui s'appelait VRILLOTTE, né *à* Langres, tenait une rose à la main quand on se présenta pour lui faire *la toilette* et le garotter. Il mit la fleur à sa bouche, la conserva ainsi pendant tout le trajet ; et la tête et la rose tombèrent ensemble dans la cuve de sang.

Monté sur l'échafaud, comme on va le lier à la planche, un condamné se retourne avec précipitation et s'écrie : — *Étourdi que je suis ! j'ai oublié quelque chose.* — Quoi donc ? lui dit un des valets du bourreau. — Mon passeport, mon ami ; passerai-je bien sans cela ?

De pauvres religieuses, qui ne se croyaient pas dégagées des serments qu'elles avaient faits à Dieu, parce qu'il avait plu aux hommes de les abolir, s'étaient retirées au fond d'une province, où elles vivaient dans l'observance de leurs vœux, gagnant du pain par un travail prolongé dans la nuit. Ayant refusé d'assister à une procession de la déesse Raison, elles furent dénoncées comme fanatiques par le club de la petite ville qu'elles habitaient, et, bientôt après, transférées à Paris, où le tribunal les envoya en masse à l'échafaud, comme il avait fait des *vierges de Verdun.* Apparemment que *Jacot,* ce valet du bourreau, qui faisait, en avant des charrettes, des singeries, des culbutes afin d'égayer le trajet, de divertir la populace, était bien plaisant ce jour-là ; car la plus jeune des religieuses, poussant la supérieure, à côté de laquelle elle se trouvait placée, lui disait, pour qu'elle fît attention à Jacot : — *Oh ! qu'il est drôle ! mais voyez donc qu'il est drôle !*

L'ancien président du grand conseil, M. de Nicolaï, renfermé à Port-Libre, avait une douleur excessive à l'épaule ; on lui conseilla de faire appeler le médecin de la maison. — *Cela n'est pas nécessaire,* répondit-il, *le mal est si près de la tête, que l'une emportera l'autre.* — Comme il était à table, un guichetier vient l'avertir qu'un gendarme *l'attend* pour le conduire au tribunal. — *Oh ! bien, qu'il attende.* Et il acheva tranquillement son dîner. — Le gendarme, ne lui voyant point de paquet sous le bras, lui demande s'il n'emporte rien avec lui ? — *C'est bien la peine !*

Après avoir coupé les cheveux, la veste, la chemise et attaché les mains des condamnés, on leur jetait sur les épaules leur habit, dont on ne les dépouillait qu'au moment de les frapper ; beaucoup avaient passé avant lui, lorsque, son tour étant venu, et apercevant des vêtements entassés sur l'échafaud, un jeune Lyonnais demanda au valet qui le saisissait, quel était l'exécuteur en chef. — Le voici. — S'adressant à lui : — *Citoyen, recevez mon compliment ; vous êtes, sans contredit, l'homme de France qui doit avoir la plus belle garde-robe.*

S'il eût vécu sous la minorité de Louis XV, Champcenetz eût été un des *roués* du Régent. Son insouciance était extrême, sa gaîté intarissable. Les épigrammes qui lui échappèrent à l'instant de la mort ont cela d'étrange qu'on ne saurait dire si elles ne sont pas plutôt d'un fou que d'un homme d'esprit.

Son père, gouverneur du château des Tuileries, le fit mettre à la Bastille pour ses dissipations. Voulant le remercier de tant de bienveillance, le prisonnier lui adressa une chanson qui finissait par ce couplet si connu :

Vieux parents, en vain vous prêchez,
Vous êtes d'ennuyeux apôtres ;
Vous nous fîtes pour vos péchés,
Mais vous vivez trop pour les nôtres.

Le marquis, furieux, courut montrer ces couplets au ministre, dans l'espoir de faire prolonger la détention de son fils ; mais ils produisirent sur l'homme en place, qui ne put s'empêcher d'en rire, un effet contraire à celui qu'en attendait le dénonciateur. Peu de temps après, Champcenetz fut mis en liberté.

Comme toutes les personnes instruites et voulant le bien, il vit naître la révolution avec plaisir ; mais, quand il s'aperçut que chaque jour les choses allaient en *envilainissant*, il se tint renfermé chez lui avec les *seuls amis* sur lesquels il pouvait compter, disait-il, avec ses livres.

L'obscurité profonde à laquelle il se voua ne put, sous le règne des décemvirs, le garantir du sort réservé à ses pareils ; comme on venait de lui prononcer sa condamnation : — *Monsieur le président*, dit-il à Dumas, *je suis dans l'habitude de me faire remplacer pour ma garde ; ne puis-je en faire autant pour la guillotine ?* — Soixante-huit victimes, parmi lesquelles on comptait cette belle Amélie Sainte-Amarante, à peine âgée de dix-huit ans, et son frère moins âgé qu'elle de deux ans, accompagnèrent Champcenetz à la mort. Exécuté le dernier, il attendit long-temps son supplice ; jusque sur l'échafaud, le sarcasme le plus acéré sortit encore de sa bouche. Faisant allusion à son sang qui allait être versé : — *Dépêche-toi*, dit-il au bourreau, *tu auras pour boire*.

De tous les sentiments, l'amour est le plus exclusif, il n'admet point de partage ; et tel est son empire, que souvent, prêt à quitter la vie, l'homme le plus généreux verrait avec plaisir l'objet de sa tendresse l'accompagner dans la tombe : l'idée de cesser d'être aimé de ce qu'il adore, quand il cessera d'exister, est de tous ses maux le plus insupportable. Aussi, quelle abnégation de soi-même, quel sacrifice plus complet en faveur de l'objet chéri, que celui de Monjourdain, consigné dans une romance qu'il fit à la Conciergerie la veille de sa mort ! Ces vers lui ont valu l'immortalité : citons la dernière strophe.

Après avoir dit à sa maîtresse combien, en la quittant, *il regrette la vie*, il ajoute :

Si dix ans j'ai fait ton bonheur,
Garde de briser mon ouvrage ;
Donne un moment à la douleur,
Consacre au plaisir ton bel âge.
Qu'un heureux époux, à son tour,
Vienne rendre à ma douce amie
Des jours de paix, des nuits d'amour,
Je ne regrette plus la vie.

CHAPITRE XX

LA VEILLE D'UNE GRANDE RÉVOLUTION

Courte récapitulation des victimes dans l'espace de quatorze mois. — Les prêtres du département de l'Allier et la. procession de Limoges. — Le cauchemar. — On ose enfin élever la voix. — Malheur à qui se nomme lui-même ! — Frappe, ou tu es perdu.

AINSI donc, dans l'espace d'une année, et pour la graver dans la mémoire, à partir du 31 mai 1793, époque où la Gironde succomba sous les efforts des anarchistes, des septembriseurs, jusqu'à la chute de Robespierre, arrivée le 27 juillet 1794 ; Robespierre, sans parler des riches, des nobles, des prêtres[1], des savants, des généraux républicains dont les victoires lui portaient ombrage ; sans parler des Vendéens, des insurgés des villes, des populations qui essayaient de secouer le joug de la Convention, ni de cette multitude de citoyens tirés de toutes les classes de la société, Robespierre, disons-nous, immola successivement et le parti de la Gironde, et la faction des Cordeliers, plus féroce que les Jacobins, et celle de la Commune de Paris, rivale audacieuse des comités de gouvernement tant qu'elle fut dirigée par Hébert et par Chaumette.

L'épouvante et le fanatisme qu'inspirait tout à la fois ce sycophante, surnommé l'*Incorruptible*, étaient portés au point que, lors de son prétendu assassinat par Cécile Renaud, plus de cent communes de la République écrivirent à la Convention : *Que si, dans la personne de Robespierre, la vertu était tombée sous le couteau d'un assassin, c'en eût été fait du bonheur du inonde ; que le soleil se fût éclipsé.*

Cet horrible cauchemar qui pesait sur la France, était partagé alors par cette hideuse Montagne, qui, muette désormais, n'osait se permettre une réflexion, depuis que l'infâme Barrère, rapporteur banal des sinistres projets du Comité de salut public, avait osé lui dire du haut de la tribune : *On murmure, je crois ?* Et toutes les lois, si atroces qu'elles fussent, au lieu d'être discutées, étaient votées par acclamation.

Mais, quelques Montagnards, voyant que la faulx de la mort se promenait indistinctement sur toutes les têtes, et qu'il ne leur restait plus qu'à périr, se décidèrent enfin à rompre le silence ; et ce fut au sujet de la loi monstrueuse portant que ce ne sera plus sur un corps de délit, mais sur la figure d'un suspect, que les tribunaux révolutionnaires prononceraient leurs jugements.

- — Mes collègues, s'écrie tout-à-coup Ruamps, si cette loi passe, il ne nous reste plus qu'à nous brûler la cervelle !
- — Oui, dit à son tour Lecointre de Versailles, il faut ajourner ce projet de décret pour en peser les funestes conséquences.

Étouffant de rage de ce qu'on ose se permettre de parler, et frémissant des suites que peut avoir cette licence inouïe, Robespierre, fait entendre ces paroles :

- — « Quoiqu'il soit incontestable qu'on ait la liberté de demander un ajournement, cette demande compromet ici le salut de la patrie. Montagnards, on veut vous épouvanter, vous diviser ; en dépit de ces trames criminelles, vous resterez le boulevard inexpugnable de la République. Hommes de la Plaine, je vous ai garantis, moi seul, des poignards qu'un faux zèle aiguisait contre vous. Guerre aux perturbateurs, aux factieux, guerre à mort : c'est une intrigue liberticide qu'il faut étouffer dès sa naissance. »

BOURDON de l'Oise.

Une intrigue, dis-tu ? prouve ce que tu avances.

ROBESPIERRE.

Je n'ai pas nommé Bourdon ; malheur à qui se nomme lui-même ! Mais j'accuse Tallien qui a traité d'espions les messagers du Comité de salut public.

TALLIEN.

J'en fais l'aveu.

BILLAUD-VARENNES, membre du comité de salut public.

L'aveu ! La Convention ne peut rester dans la position où l'impudeur atroce de quelques-uns de ses membres vient de la jeter.

FRÉRON.

C'est toi qui es atroce. Le moment de recouvrer la parole et de ressusciter la liberté est arrivé. Je demande qu'on retire à l'instant aux comités de gouvernement le droit de faire arrêter les membres de la Convention.

(Cette courageuse proposition n'est point appuyée.)

Robespierre saisit ce moment de silence pour lire un discours, où il parle longuement de ses vertus, de la noirceur de ceux qui l'accusent d'aspirer à la dictature ; voulant ramener à lui la Montagne et le Marais, il traite la majorité des membres des comités de salut public, de sûreté générale et des finances, de conspirateurs, et promet que, sous quarante-huit heures, il proposera les seules mesures propres à sauver la patrie.

Jamais on ne refusait l'impression et l'envoi à toutes les Communes de la République, des discours emphatiques de Maximilien. Couthon, son ame damnée, réclame les mêmes honneurs pour cette nouvelle homélie.

- — Non, crie avec fureur la Montagne ! non, point d'impression ! point d'envoi aux Communes ! ce n'est qu'hypocrisie et déception !

(Le Marais s'enveloppe de son silence.)

(La salle est évacuée en tumulte.)

SAINT-JUST.

(Sortant avec Robespierre.)

La force armée est dans ta main, frappe à l'instant.

ROBESPIERRE.

Un moment....

SAINT-JUST.

Tu es perdu !

ROBESPIERRE.

Suis-moi aux Jacobins ; tu verras !

<u>1</u> Les ecclésiastiques du département de l'Allier, en se rendant au port de mer destiné pour leur embarcation, étaient au nombre de quatre-vingts, ayant à leur tête M. Imbert, vicaire apostolique du diocèse de Moulins. Ils trouvèrent aux portes de la ville de Limoges, avant de la traverser, une multitude immense que la curiosité avait rassemblée pour jouir d'un spectacle d'un genre nouveau. C'était une grande quantité d'ânes et de boucs couverts d'habits sacerdotaux, qui s'avançaient en formant une longue file, et un énorme cochon revêtu d'ornements pontificaux qui fermait la marche.

Une mitre, fixée sur la tête du cochon, portait cette inscription : *Le pape*. Celui qui présidait à cette saturnale fit arrêter les charrettes qui voituraient les ecclésiastiques, leur ordonna de descendre, et les mit deux à deux en rang avec les animaux. La procession entra ainsi dans la ville. Quand elle fut parvenue à la place principale, on la rangea eu cercle autour de l'échafaud sur lequel était établi l'instrument de mort ; alors le cercle s'ouvrit pour donner passage à la gendarmerie, qui amenait un prêtre non assermenté que le tribunal populaire de la ville venait de condamner à périr par la guillotine. L'exécution se fit aussitôt. Le bourreau montra ensuite au peuple la tête qu'il venait d'abattre, et dit : — Les scélérats que vous voyez ici méritent d'être traités comme celui que je viens d'exécuter ; par lequel voulez-vous que je commence ? — Par celui que tu voudras, lui crient plusieurs voix.

Cependant, après que la multitude eut savouré le plaisir de les effrayer par les apparences d'une mort prochaine, on les conduisit en prison pour y passer la nuit.

Ainsi se termina cette journée, qui leur semblait devoir être la dernière de leur voyage et de leur vie. Le jeu cruel qu'on se permit à leur égard se borna, cette fois, à la dérision et à la terreur.

CHAPITRE XXI

FIN DE LA TERREUR

Imprévoyance du tyran. — Deux crapauds du Marais. — La rue des Moineaux. — Soixante nouvelles maisons d'arrêt. — Fosses creusées sous les yeux des détenus. — Projets du dictateur. — Demain nous en saurons davantage.

JOURNÉE DU 9 THERMIDOR.

Le déjeuner chez Barras. — Les douze conjurés. — Fausse alarme. — Thuriot nous attend. — Nos armes, et partons. — Retourne, et tu vas voir ! — A bas ! Il s'agit bien aujourd'hui de discours ! — S'il n'est décrété, je le tue. — Président de brigands, je veux la parole ! — Les tribunes. — Le Marais. — Robespierre écume de rage. — On s'en empare. — Le président de l'assemblée accourt, il se couvre en signe de détresse. — *Tout est perdu, mourons.* — L'assemblée entière : *Mourons. Vive la République !* — Incroyable activité de la Commune en faveur du tyran. — Triomphe de Robespierre. — Sa chute. — Sa mort.

AINSI, après avoir provoqué le combat, avoir déclaré que ses collègues des comités, Vadier, Collot-d'Herbois, Amar et autres étaient ses ennemis personnels ; que les hommes les plus influents de la Montagne étaient les ennemis de la pairie, ce conspirateur, qui n'avait rien préparé pour une pareille attaque, par un esprit de vertige inexplicable, qui prouve à quel point il était dépourvu des qualités nécessaires à un chef de parti, laisse encore à ses ennemis le temps de respirer. Hors son énergie qu'elle peut ressaisir, la Convention n'a rien pour elle, aucuns moyens d'exécution ; il a, lui, le tribunal et les quarante-huit comités révolutionnaires de Paris, la multitude armée aux ordres d'Henriot, les tyrannicides, les élèves de l'école de Mars, la populace entière, et la Commune aux ordres de Fleuriot, de Payan et de Coffinhal ; et, au lieu de frapper ses adversaires, de les placer sous la hache, il se rend aux Jacobins pour s'y montrer, pour y faire des phrases.

Il en est l'idole sans doute, il y est accueilli avec transport, avec fureur ; le discours qui n'a pas reçu l'approbation de ses collègues y est entendu avec des trépignements de satisfaction, d'admiration. Les Jacobins et le peuple des tribunes jurent de mourir pour lui, chassent aussitôt de leur sein Collot-d'Herbois et tous ceux qu'il lui plaît de désigner. — Nomme-les, nomme-les, tes ennemis, et ils auront vécu ! — Et le stupide Robespierre, au lieu de dresser à l'instant ses listes de proscription, de fermer la Convention jusqu'à ce que les proscrits soient tombés sous le fer, ajourne son triomphe au lendemain, et cela dans cette même salle de la Convention, où il vient de recevoir un premier échec, dans cette salle, le seul champ de bataille où il pouvait encore être vaincu.

(Ce même jour, 8 thermidor an II (26 juillet 1794), débris de la Gironde, deux députés du Marais, sortant à onze heures du soir des tribunes de la société des Jacobins, descendent, à la lueur des reverbères, la rue silencieuse des Moineaux. On entend dans le lointain, et par intervalles, résonner les fers d'un cheval lancé à toute bride : ce sont des ordonnances brûlantes du général Henriot, allant de la Commune dans divers quartiers de la ville. Quelques lampions, mais rares, brûlent sur des fenêtres. A. d'autres croisées, on remarque des citoyens. demi-nus écoutant si le tocsin ne se fait point entendre.)

PREMIER DÉPUTÉ.

Quel coupe-gorge ! quelle séance !

DEUXIÈME DÉPUTÉ.

Terrible !

PREMIER DÉPUTÉ.

Ce qui ne me semble pas moins étrange, c'est que, depuis quelques minutes, j'ai aperçu plus de dix individus ayant tous la même tournure, Je chapeau rabattu, le regard furtif, un bâton noueux dans la main gauche, et la droite enfoncée dans leur redingote.

DEUXIÈME DÉPUTÉ.

Ils tiennent des poignards.

PREMIER DÉPUTÉ.

Des poignards ?

DEUXIÈME DÉPUTÉ.

Long-temps abreuvés de sang, mais tremblant enfin pour eux-mêmes, les Montagnards cherchent. à prévenir le tyran.

PREMIER DÉPUTÉ.

D'après ce qui vient de se passer, ils n'ont pas de temps à perdre.

DEUXIÈME DÉPUTÉ.

Nous voilà devant ma porte. Je sais tout ; entre, nous passerons la nuit ensemble : ce n'est pas l'instant de dormir.

PREMIER DÉPUTÉ.

Je le conçois ; mais comment se fait-il que tu sois au fait de ce qui se trame ? Nous sommes, avec ces misérables, comme des pestiférés dont ils évitent le contact ?

DEUXIÈME DÉPUTÉ.

Parce que les conspirateurs montagnards voudraient aujourd'hui mettre de leur bord le Marais, que Robespierre, comme tu sais, flatte aussi depuis quelque temps, c'est à qui nous aura.

PREMIER DÉPUTÉ.

Qui donc s'est ouvert à toi ?

DEUXIÈME DÉPUTÉ.

Rovère, patriote renforcé, mais ennemi juré de Robespierre, et qui, oubliant mes opinions, m'a plus d'une fois rendu service en obligeant mes amis et les tiens.

PREMIER DÉPUTÉ.

Ainsi nous touchons au moment d'une crise nouvelle ?

DEUXIÈME DÉPUTÉ.

Demain, les deux partis seront en présence.

PREMIER DÉPUTÉ.

Et, quelle qu'en soit l'issue, nous serons, après le combat, les grenouilles foulées par le vainqueur.

DEUXIÈME DÉPUTÉ.

Il se peut.

PREMIER DÉPUTÉ.

Les conjurés montagnards se réunissent donc ici près, qu'en si peu de temps nous en avons rencontré plusieurs ?

DEUXIÈME DÉPUTÉ.

A deux pas d'ici, chez Barras ; mais dans ce moment ils ne se rendent pas chez lui : craignant d'être trahis, ils se cherchent depuis plusieurs nuits un asyle à côté de leur chef, afin d'y être plus tôt rendus en cas d'alarme.

PREMIER DÉPUTÉ.

Poursuis.

DEUXIÈME DÉPUTÉ.

Tu sais que, par ordre des comités, soixante nouvelles maisons de détention sont préparées dans Paris, pour y recevoir les suspects incarcérés dans tous les départements, afin d'être, dans la capitale, où ils arrivent en foule, jugés, non par le tribunal révolutionnaire, mais par des commissions créées *ad hoc,* et déjà en exercice.

Ces commissions ont reçu l'ordre d'user d'indulgence plutôt que de sévérité : ceux qu'elles absolvent sont renvoyés chez eux ; ceux qu'elles déclarent coupables doivent être, suivant toute apparence, égorgés dans les maisons d'arrêt ; car déjà, soit dans ces maisons, soit à proximité, on creuse des fosses profondes qui ne peuvent être destinées qu'à leur sépulture.

PREMIER DÉPUTÉ.

J'avais bien ouï parler de ces fosses creusées sous les yeux mêmes des détenus ; mais, quoique ces monstrueux comités soient capables de tout, je ne pouvais ajouter foi à un fait de cette nature.

DEUXIÈME DÉPUTÉ.

Il est certain. Un fait qui ne l'est pas autant, même de l'aveu de Rovère, c'est l'assassinat projeté par Robespierre, le jour indiqué pour la fête de Vialat, de cinquante députés Montagnards fidèles à la mémoire de Danton, et qui ont juré haine à mort au. tyran qui l'immola à son ambition. Si les conjurés sont bien informés, voici comment les choses devraient se passer.

Le cortège étant arrivé dans le Panthéon, au moment où l'on déposera la couronne civique sur la tête de Vialat, vingt bouches à feu, placées dans le jardin du Luxembourg, donneront le signal de mettre à mort, dans les maisons de réclusion, les suspects non innocentés, et de frapper, dans le Temple, les cinquante conventionnels désignés aux poignards des jeunes *tyrannicides*.

Robespierre, entouré des membres de la nouvelle Commune nommés par lui depuis le supplice de Chaumette et d'Hébert, entouré de ceux des décemvirs qui lui sont dévoués, de la colonne infernale aux ordres d'Henriot, son esclave prosterné, et de la compagnie des tyrannicides, annoncera à la multitude, que justice vient d'être faite des septembriseurs ; que justice se fait dans les maisons d'arrêt des contre-révolutionnaires, et que, la République étant purgée de ses ennemis et de ses bourreaux, désormais la clémence est à l'ordre du jour. Ces paroles prononcées, sa bande et ses satellites doivent crier : *Vive Robespierre ! vive notre protecteur.* Et le protectorat doit surgir du sein de ces nouvelles boucheries.

Je te répète que Rovère est convaincu de l'existence de ce plan sans en avoir la preuve écrite ; mais, ce qui est positif, c'est que, encore que Robespierre, depuis plus de cinq semaines, ne mette pas le pied au comité de salut public, afin de ne pas avoir l'air de prendre part à des mesures de cruauté, n'en dirige pas moins toutes les opérations de ce comité par Couthon et Saint-Just ; qu'il ne continue pas moins, pendant que son perruquier le coiffe, à lire, à approuver en tout ou partie la liste des victimes qui doivent comparaître dans le jour devant le tribunal révolutionnaire, liste qui lui est soumise par Dumas et Fouquier, et que lui apportent, tous les matins, deux jurés du tribunal, Villatte et Renaudin. Ce qui est positif encore, et que tu ignores sans doute, c'est que, ce matin, Collot a rompu la glace au comité de salut public, et qu'il a eu la plus vive altercation avec Saint-Just, qui n'a pas craint de le menacer, ainsi que plusieurs autres membres du comité, d'une dénonciation formelle qu'il doit faire demain à l'ouverture de l'assemblée. De là, sans doute, l'expulsion de Collot-d'Herbois du club des Jacobins, expulsion dont nous venons d'être témoins.

PREMIER DÉPUTÉ.

Qu'as-tu promis à Rovère ?

DEUXIÈME DÉPUTÉ.

Rien.

PREMIER DÉPUTÉ.

Que ferons-nous, cependant, dans cette extrémité ?

DEUXIÈME DÉPUTÉ.

Ce que nous avons fait depuis treize mois : attendre et voir.

PREMIER DÉPUTÉ.

Ce rôle doit avoir un terme.

DEUXIÈME DÉPUTÉ.

L'occasion décidera.

Le jour commence à paraître ; jette-toi tout habillé sur ce lit, je vais m'étendre un moment sur cette chaise longue. Demain, à pareille heure, si nous sommes encore de ce monde, nous en saurons davantage.

La nuit perdue par Robespierre l'avait été aussi par les comités. Les amis de Danton, seuls hommes en qui l'audace suppléait au nombre, surent l'employer. Unissant leurs haines et leurs souvenirs à ceux des restes du côté droit, aujourd'hui les crapauds du Marais, ils les appellent à une vengeance commune contre Robespierre et les membres des comités. Rencontrent-ils ces derniers, ils dissimulent leurs ressentiments, s'identifient d'intérêts avec eux, s'offrent comme auxiliaires, leur montrant l'échafaud qui sera dressé demain pour tous. C'est sous ces auspices également sinistres qu'allait s'ouvrir la séance du 9 thermidor.

Neuf thermidor.

(Il est neuf heures et demie du matin.)

Chez BARRAS, autour d'une table frugalement servie, sont encore assis TALLIEN, FRÉRON, RUAMPS, BOURDON *de l'Oise,* GARNIER, LECOINTRE *de Versailles,* ROVÈRE, LOUCHET et THURIOT, tous conventionnels.

Sur le marbre d'une commode, on voit des baïonnettes, des poignards, des pistolets, de longs couteaux à gaine.

Les convives ont interrompu leur repas ; un profond silence règne dans la chambre, tandis que l'un d'eux, leur collègue GUFFROI, regarde attentivement par une croisée qui donne sur la cour.

GUFFROI, se retournant avec précipitation.

Voici Ricord !

RICORD, de la cour à Guffroi.

Bonne nouvelle !

(Il entre.)

Rassurez-vous, mes amis, la salle n'est pas fermée.

TOUS.

Bravo ! — L'imbécile ! — Il est à nous !

RICORD.

Nulle apparence de force armée. La foule des curieux est immense. Je suis entré. Collot-d'Herbois est occupé dans les comités ; c'est Thuriot qui le remplace au fauteuil. Robespierre est à sa place : il a dit à Thuriot : « Président, ouvre la séance. » Thuriot, qui nous attend, a répondu : « Il n'est pas l'heure. »

BARRAS.

Nos armes, et partons.

ROVÈRE, se servant du vin.

Aux mânes de Danton !

BOURDON.

A notre triomphe !

LOUCHET.

J'en réponds.

BARRAS.

Qui de nous porte le premier coup au tyran ?

TALLIEN.

Moi ! et si je le manque, ne me manquez pas,

BARRAS.

Marchons.

(Ils se mettent en route, Tallien à leur tête.)

TALLIEN, rencontrant Goupilleau-Montaigu, qui sort de la salle :

Retourne, et viens voir comme on fait triompher la liberté.

(Il entre, suivi des autres conjurés. Thuriot les voit, il ouvre la séance.)

(Saint-Just, comme il eu avait la veille menacé ses collègues, monte à la tribune, muni d'un long rapport écrit contre les comités de gouvernement.)

TALLIEN.

A bas ! il s'agit bien de discours ; c'est le voile qu'il faut déchirer ; c'est le monstre qu'il faut frapper. Il ne m'échappera pas : qu'on le décrète d'accusation, ou je le tue ! — Et, montrant un poignard, il le fait briller aux yeux de Robespierre.

ROBESPIERRE, frémissant.

La parole, président.

THURIOT.

Tu ne l'as pas.

(Les conjurés entourent la tribune, pour que Robespierre ne puisse s'en emparer.)

ROBESPIERRE, s'avançant vers le fauteuil du président.

La parole, te dis-je !

THURIOT.

Tu ne l'as pas.

ROBESPIERRE, écumant de rage et s'avançant encore

Président de brigands, je veux la parole !

THURIOT.

Non ! non !

(Et, agitant avec force la sonnette sous le nez de Robespierre, il le menace de lui briser le crâne.)

ROBESPIERRE, aux tribunes.

Quoi ! vous me laisserez immoler ?

(Les tribunes, saisies d'effroi, restent plongées dans une morne stupeur.)

ROBESPIERRE.

(Pâle, livide, il se retourne vers le Marais :)

Hommes *vertueux*, c'est maintenant à vous que je m'adresse, et non à ces assassins, aux fureurs desquels j'arrachai soixante-treize de vos collègues ; et vous-mêmes, si vous m'abandonnez, si vous me laissez périr victime de mon *humanité*, vous périrez bientôt, victimes de votre ingratitude.

(Le Marais ne lui répond que par une immobilité profonde.)

(Ce silence accablant est troublé par une voix sépulcrale, celle de Durand-Malliane, prononçant ces paroles foudroyantes :)

Scélérat ! la vertu que tu invoques ordonne à l'humanité de te placer sur l'échafaud.

LEBAS.

Mais du moins qu'on l'entende.

BOURDON DE L'OISE.

Non ; à bas le tyran et ses suppôts !

(Le tyran suffoque ; il ne sort de sa bouche que de l'écume et des imprécations.)

LOUCHET.

J'appuie la proposition de Tallien ; Robespierre en accusation !

(A l'instant, et comme par un mouvement électrique, Montagne et Marais se lèvent spontanément et s'écrient :)

Robespierre en accusation !

ROBESPIERRE jeune.

Je demande à partager le sort de mon frère.

(Acclamation générale :)

Robespierre jeune en accusation !

(Couthon et Saint-Just, accolés aux deux Robespierre, sont saisis avec eux et conduits au comité de sûreté générale.)

LEBAS.

Je ne vois de salut pour la chose publique que dans le salut de Robespierre ; je ne participerai point à l'opprobre d'un pareil décret, j'aime mieux en être frappé moi-même.

(Nouvelle acclamation.)

Lebas en accusation !

(Dévouement d'autant plus sublime de la part de Lebas qu'il n'y a ici que du fanatisme pour la personne du tyran, et que de tous les membres des deux comités, Lebas était le moins chargé d'iniquités.)

(Le peintre David, électrisé par l'action de Lebas, veut aussi *boire la ciguë* avec *son ami* Robespierre. — On a pitié de son beau talent ; on ne l'écoute pas.)

Si Robespierre avait perdu la tête, les partisans de la Commune, Fleuriot - Lescot, Coffinhal, Payan, qui dirigeaient le corps municipal, en avaient pour lui. Jamais, dans une circonstance aussi terrible, on ne déploya plus de zèle, d'intelligence, de courage et d'activité. Informé de ce qui se passe à la Convention, Fleuriot-Lescot, maire de Paris, appelle les sections à la maison de ville, nomme un *comité d'exécution*, fait sonner le tocsin, fermer les barrières, ne laisse sortir de la capitale que ses émissaires, qui vont soulever les communes environnantes, pour les appeler au secours de l'homme vertueux que des conspirateurs, des monstres, veulent assassiner. A la voix de Fleuriot, de l'artillerie est traînée à la place de Grève et protège l'Hôtel-de-Ville, et Henriot, commandant de la milice, parcourt les rues pour enflammer et réunir tout ce qu'il y a de sans-culottes armés.

Les maisons d'arrêt étant dans la dépendance, sous l'inspection de la Commune,

Fleuriot pousse la prévoyance jusqu'à faire intimer aux concierges des prisons, la défense de recevoir les députés proscrits qui leur seraient adressés par la Convention. Et non-seulement Robespierre, que le comité de sûreté générale vient de faire conduire au Luxembourg, n'y est pas reçu par le concierge ; mais la populace s'en empare et le porte en triomphe à la Commune, où, placé dans un fauteuil d'honneur, il reçoit les adorations de ses sujets, qui tous jurent de répandre, pour sa défense, jusqu'à la dernière goutte de leur sang. Il y est bientôt entouré de ses premiers ministres, Couthon, Saint-Just, Lebas et Robespierre jeune, repoussés comme lui des prisons où ils avaient été conduits.

Comme Henriot ameutait le peuple dans la rue Saint-Honoré, deux représentants se jettent dans le groupe, se font connaître, et ordonnent à des gendarmes qui les suivent de s'emparer du factieux et de le conduire au comité de sûreté générale : l'ordre est exécuté. Coffinhal n'en est pas plus tôt instruit, qu'il quitte son repaire, se fait suivre de trois cents sicaires armés, qu'il trouve dans la cour de la Commune, marche droit au comité de sûreté générale, et délivre son camarade Henriot.

Devenus plus audacieux, tous deux vont, le sabre à la main, jusqu'aux portes de la Convention, où ils haranguent, pour les entraîner de leur bord, des gardes nationaux armés pour la défense des députés ; ne pouvant les ébranler, ils s'éloignent pour regagner la municipalité, les menaçant de l'artillerie qu'ils vont y chercher, afin de la diriger contre eux et la représentation nationale.

Collot-d'Herbois, qui ne s'est abstenu de présider que pour rester au comité de salut public et y travailler à conjurer l'orage, arrive effrayé au sein de la Convention, se précipite au fauteuil et se *couvre* en signe de détresse. Tous les autres chapeaux sont à bas ; il se fait un silence profond.

COLLOT.

Les comités de gouvernement sont forcés, leurs membres dispersés, les rebelles sont en force, la chose publique est perdue ; il ne nous reste qu'à mourir sur nos chaises curules ; Pères Conscrits, jurons d'y mourir sans lâcheté !

(Il dit : dévouement sublime ! séance à jamais mémorable ! Tous les députés se lèvent à la fois, jettent leurs chapeaux en l'air, et un seul cri se fait entendre : *Mourons ! Vive la République !*)

TALLIEN.

Ce n'est point assez de mourir ; sauvons, s'il en est temps encore, sauvons la chose publique. Henriot conspire, qu'Henriot soit mis hors la loi !

- — Aux voix !

Henriot est mis hors la loi.

TALLIEN.

La Commune est en insurrection ; mettons tous les membres de la Commune hors la loi !

- — Aux voix !

Tous les membres de la Commune sont mis hors la loi.

TALLIEN.

Robespierre et ses complices, réfugiés dans le sein de la Commune, partagent la rébellion : mettons hors la loi Robespierre et ses complices !

- — Aux voix !

Robespierre et ses complices sont mis hors la loi.

LOUCHET.

Ce n'est pas avec des décrets qu'on riposte au canon : nommons un général : je désigne Barras.

(Acclamation.)

Adopté.

BARRAS.

Représentants, je jure non pas de mourir, mais de vaincre pour la patrie !

(Acclamation.)

Vive la Repue !

(Barras se précipite hors de l'assemblée pour aller faire ses dispositions ; et des commissaires sont envoyés dans toutes les sections pour éclairer les citoyens égarés et les ramener à leur devoir.)

LE PRESIDENT, regardant les messagers de la chambre.

Qui de vous, citoyens, se charge d'aller notifier à la Commune le décret qui la met hors la loi !

- — Moi, dit un huissier courageux, et il se rend à l'Hôtel-de-Ville ; c'est à Payan qu'il remet sa dépêche. Payan en prend lecture, et fait jeter le messager dans la prison souterraine de l'Hôtel.

Payan s'empresse alors de donner lecture de ce décret à ses tribunes ; par une fourberie digne de lui, croyant porter au comble la fureur de cette populace contre la Convention, il insère dans le décret un article de sa façon : après avoir dit que tous les membres composant *le conseil général sont mis hors la loi*, il ajoute de son chef : « Sont pareillement mis hors la loi tous les citoyens qui garnissent présentement les tribunes de la Commune. » Au lieu de continuer à vociférer contre la Convention, à demander qu'on marche contre elle, le peuple des tribunes, frappé comme d'un coup de foudre, s'enfuit de la salle, et va porter l'épouvante sur la place.

Pendant que la multitude qui remplit la Grève s'informe des motifs de cette terreur subite, arrive Barras, à la tête de la gendarmerie et de deux colonnes de soldats sectionnaires qui sont accourus pour protéger la représentaion nationale.

Les artilleurs de la Commune sont à leurs pièces, mêche allumée. Un héraut s'avance et lit, à la lueur des flambeaux, la proclamation qui met les rebelles hors la loi. Aussitôt la foule qui remplit la Grève, suivant l'exemple de celle qui a déserté les tribunes, s'éloigne et se disperse. Henriot crie en vain à ses canonniers, à ses soldats, de faire feu sur la troupe de Barras ; ses soldats restent immobiles, ses artilleurs tournent leurs canons contre la Commune.

Les cris mille fois répétés, de *vive la Convention !* se font entendre jusque dans la salle du conseil, où tous les conspirateurs réunis sont saisis d'épouvante ; Henriot vient leur confirmer qu'il n'y a plus d'espoir. « Lâche, lui dit Coffinhal, tu m'avais répondu de ta troupe » : et, d'un bras vigoureux, le traînant vers un balcon, il le jette dans un égout, d'où il fut retiré vivant, mais couvert de sang et d'ordures.

Les portes du conseil sont enfoncées. Un gendarme court à Robespierre, et, d'un coup de pistolet, lui fracasse la mâchoire. Lebas n'attend pas qu'on le saisisse, il se brûle la cervelle. Robespierre jeune, croyant se tuer, se précipite d'une croisée et ne fait que se casser la cuisse. Le cul-de-jatte Couthon est trouvé sous la table, gesticulant, mais en vain, pour s'enfoncer un stylet dans le cœur. Tous sont saisis et conduits en prison.

Le seul Robespierre, couvert de sang, placé dans un fauteuil, ayant les deux mâchoires rapprochées par un mouchoir passé sous le cou et noué sur la tête, est transporté au comité de sûreté générale. Là, on l'étend sur la table verte, une boîte de sapin lui sert d'oreiller. Il respire, il voit, il entend, mais il ne peut parler. Les uns lui crachent à la figure, les autres le chargent d'imprécations ; plus humains, d'autres essuient avec du papier la sanie et la salive sanglante qui coulent de sa bouche. Il est rare qu'il ouvre les yeux, qu'il donne aucun signe, et il tient machinalement à la main un sac de pistolets en toile rouge.

Les conspirateurs ayant été mis hors la loi, il n'y avait pas de jugement à rendre contre eux ; il suffisait, pour les envoyer au supplice, de constater l'identité des personnes. Afin que cette formalité fût remplie à son égard, on transporta le lendemain Robespierre à la Conciergerie, où étaient déjà ses complices.

Pour se faire une idée des transports de joie des habitants de Paris, il faut en avoir été témoin ; cette ivresse allait jusqu'au délire, jusqu'à la fureur. Fuyant, cachés, prévoyant l'heure de la vengeance, terrifiés à leur tour, les terroristes n'osaient montrer leurs figures sinistres dans les rues, dans les places publiques, où tous les citoyens, sans se connaître, s'abordaient, se félicitaient, s'embrassaient avec transport. Les parents, les amis des détenus, se portant en toute hâte autour des maisons d'arrêt, criaient de toutes leurs forces aux prisonniers : « Vous êtes sauvés ! Courage ! Le monstre est à bas ! Son supplice s'apprête ! »

A quatre heures du soir, le cortége funèbre sort de la cour du Palais-de-Justice :

les principaux personnages qui accompagnent Robespierre sont : Couthon, Saint-Just, Fleuriot-Lescot, Payan, Coffinhal, Henriot ; le cordonnier Simon, membre de la Commune, celui auquel Chaumette avait confié, dans la tour du Temple, l'éducation du Dauphin, dont il abrégea les jours par ses infâmes traitements ; Robespierre jeune ; Vivier, président du club des Jacobins, et une foule d'autres brigands moins connus.

Aux fenêtres, sur les toits, dans les rues, jamais si grande affluence n'avait apparu ; jamais cris d'allégresse ne furent poussés avec plus de joie. C'est surtout sur la charrette qui traîne Robespierre, son frère, Henriot et Couthon, que les regards s'attachent avec avidité. Ces quatre misérables, couverts de sang, ressemblaient à des bandits que la gendarmerie a surpris dans un bois, et qu'elle n'a pu saisir qu'en les blessant. Dans les flots de peuple qui suivaient les charrettes, jusque sur la place de la Révolution, on remarqua une femme encore jeune et bien couverte qui, ayant saisi un des barreaux de la charrette de Robespierre, ne cessa de lui crier pendant tout le trajet : « *Monstre, ton supplice m'enivre de joie ! oui, monstre, il y a un Dieu : parais devant lui, couvert de la malédiction de toutes les épouses, de toutes les mères de famille !* »

Lorsque la charrette fut arrivée au pied de l'échafaud, les valets du bourreau descendirent le tyran, et l'étendirent sur le pavé jusqu'au moment où son tour vint de recevoir la mort. Après avoir jeté son habit, qui était croisé sur ses épaules, l'exécuteur lui arracha brusquement l'appareil qu'un chirurgien avait mis sur ses blessures ; la mâchoire inférieure se détacha alors de la supérieure, et l'on vit jaillir du sang en abondance. Lorsqu'ensuite, cette tête effroyable eut été coupée, et que le bourreau l'eut prise par les cheveux pour la montrer au peuple, elle présenta l'image la plus horrible qu'on puisse se peindre.

FIN DE LA TERREUR.

CHAPITRES SUPPLÉMENTAIRES

CHAPITRE SUPPLÉMENTAIRE

Numéro 1

VOCABULAIRE DE LA LANGUE RÉVOLUTIONNAIRE.

Anecdotes diverses. — Club de Clichy. — Club des Cordeliers. — Les Chouans. — Les épauletiers. — Les furies de la guillotine. — Les héros à cinq cents francs. — La jeunesse dorée de Fréron ; son costume, et le réveil du peuple. — Les compagnies de Jésus et du Soleil. — Du député de Reims, le sieur Armonville, cardeur de laine, siégeant au sommet de la Montagne. — Touchant les burettes de l'abbé Maury ; fermeté, présence d'esprit de ce député ; anecdotes. — Régiment de royale pituite. — Les pannekoukues de Hollande.

AGENTS DE PITT ET COBOURG. Les ennemis du régime constitutionnel, et ensuite ceux qui étaient opposés au régime de la terreur.

ALARMISTES. Ceux qui, sous la Convention, répandaient des nouvelles opposées à l'intérêt de la faction régnante. Ils étaient punis de mort.

ANARCHISTES. Qualification donnée par les Girondins au parti démagogique de la Convention, et à ceux qui, depuis l'heureuse journée de thermidor, restés attachés aux principes du gouvernement révolutionnaire et de la constitution de 1793, formèrent plusieurs entreprises contre la majorité de la Convention, et ensuite contre l'autorité constitutionnellement établie.

ARISTOCRATES. Dénomination dans laquelle on comprit, dès le commencement de la révolution, tous ceux qui parurent y être opposés.

BABOUVISTES. Partisans de Babeuf, condamné à mort par la haute Cour nationale convoquée à Vendôme, pour avoir voulu renverser le Directoire, et demandé la mise à exécution de l'anarchique constitution de 1793.

BLEUS (les). Nom donné par les Vendéens aux soldats de la République.

BRIGANDS, BRIGANDES. Noms donnés par les Bleus aux Vendéens.

BRISSOTINS. Partisans de Brissot, regardé comme le chef du parti opposé à la Montagne, et renversé par elle à la funeste journée du 31 mai 1793.

BUVEURS DE SANG. Désignation sous laquelle on comprend les organisateurs des boucheries de septembre, et ceux qui prirent leur parti à la Convention.

CHAUFFEURS. Véritables brigands organisés en compagnies, et qui, sous le régime directorial, disant servir la cause du *Prétendant*, pillaient, sur les grandes routes, les diligences chargées des deniers publics ; allaient dans les fermes isolées, chez les acquéreurs de biens nationaux, et leur mettaient les pieds au feu, jusqu'à ce qu'ils eussent indiqué le lieu où ils cachaient leur argent.

CHEVALIERS DU POIGNARD. Gentilshommes et autres qui, le jour de l'expédition de Vincennes (février 1791), se rendirent dans les appartements du roi pour protéger son évasion, et furent expulsés des Tuileries par le général Lafayette et la garde nationale, après avoir déposé leurs épées et leurs poignards.

CLICHIENS. Le club de Clichy, où des députés seuls étaient admis, conserva assez long-temps, sous le gouvernement directorial, une prépondérance marquée dans les délibérations, tant du *conseil des Anciens* que du *conseil des Cinq-Cents*. Il tenait ses séances dans la rue de Clichy, à l'ancien Tivoli, et il y avait chaque semaine, outre les conciliabules journaliers, deux réunions solennelles précédées de dîners somptueux. Les frais de l'emplacement, les frais de la table, se payèrent d'abord par une souscription mensuelle des *Clichiens* ; mais bientôt on eut lieu de penser qu'une main étrangère subvenait à ces dépenses, attendu qu'il ne se faisait plus d'appel de fonds, et que les frais devenaient cependant beaucoup plus considérables par des invitations aux généraux, tels, entre autres, que Moreau et Pichegru, ainsi qu'à des étrangers de marque. Le but ostensible de cette réunion était primitivement une opposition à tout système de rigueur dans la législation ; mais, insensiblement, elle entreprit de donner une direction aristocratique à la marche du gouvernement ; et, plus tard, on y découvrit le germe de la restauration des Bourbons. Ce fut la conspiration de Pichegru, tramée dans ce club, qui amena la journée du 18 fructidor, par laquelle les Clichiens furent dispersés, et leurs chefs transportés au-delà des mers.

CHOUANS. Vrais flibustiers, bandes armées, composées en partie d'anciens contrebandiers, appelés *Chouans*, parce que leur signe de ralliement était l'imitation du cri du chat-huant. Ces bandes voisines des Vendéens, à qui ils donnèrent quelquefois la main, n'avaient ni l'exaltation ni le courage de ces derniers, d'où sortirent tant de héros, quoique leur but parût être le même. Ils tombaient à l'improviste sur les Républicains, les égorgeaient, les pillaient, et se retiraient ensuite dans des cavernes, dans les bois. Ils eurent quelques chefs intrépides.

COMMUNE AFFRANCHIE. Nom donné à la ville de Lyon, après le massacre d'une partie de ses habitants et la démolition de ses plus beaux édifices, qui furent démolis sur l'indication de Couthon, frappant d'un coup de marteau ceux qu'il vouait à la destruction,

COMPAGNIE DE JÉSUS. Association de jeunes gens qui persécutèrent, assassinèrent, noyèrent les *Terroristes* dans le midi de la France, après la journée de thermidor.

COMPAGNIE DU SOLEIL. Même destination que la compagnie de Jésus.

CORDELIERS. Faction démagogique et furibonde, qui avait formé, dès 1792, dans l'église des Cordeliers, une société rivale des Jacobins. Ses chefs étaient Danton, Marat, Hébert, Chaumette, Camille-Desmoulins. Robespierre les envoya à l'échafaud.

CRAPAUDS DU MARAIS. Députés ennemis du carnage, ou anciens partisans de la Gironde, qui, depuis son anéantissement, siégeaient sur les banquettes les plus basses de la salle, et gardaient un morne silence au sein des agitations les plus tumultueuses.

DANTONISTES. Partisans de Danton. Ils étaient très nombreux, et opposés aux partisans de Robespierre dans le moment de la *grande terreur*. Ils craignaient d'être atteints à leur tour par le glaive révolutionnaire, et voulaient enfin arrêter l'effusion du sang qu'ils avaient si longuement provoquée.

DÉCEMVIRS. Nom donné aux membres du Comité de salut public pendant la terreur, bien que, dès l'origine, ils fussent au nombre de douze, et qu'ils ne fussent plus que onze depuis le supplice de Hérault-de-Séchelles, dont ils ne souffrirent pas le remplacement.

DÉMAGOGUES. Partisans outrés de la révolution.

ÉPAULETIERS. Nom de réprobation donné aux officiers de l'armée par les amis de l'égalité, qui ne voulaient aucune marque distinctive entre le chef et le soldat, et qui jetèrent les hauts cris lorsque, pour récompenser de beaux faits militaires, le Directoire accorda à un adjudant et à un tambour un *sabre d'honneur*, des *baguettes d'honneur*.

ÉTERNUER DANS LE SAC. Action de la tête qui, séparée du corps par la hache, tombait dans un grand sac de cuir que l'on transfusait dans un tombereau dès qu'il était comble.

FAYETTISTES : Ceux qui votèrent, à l'Assemblée législative, contre l'arrestation du général Lafayette. Beaucoup d'entre eux, recherchés pour ce *crime* sous la Convention, l'expièrent sur l'échafaud.

FÉDÉRALISTES, MODÉRÉS, GIRONDINS : Ce nom, qui devint le prétexte d'une longue proscription, fut donné, par les anarchistes, à la Gironde qui voulait secouer leur joug, et à laquelle s'unirent quelques départements, afin de s'arracher à l'oppression.

FURIES DE LA GUILLOTINE, ou LÉCHEUSES DE GUILLOTINE : Femmes payées par la Commune de Paris, pour accompagner les victimes envoyées à la mort par le tribunal révolutionnaire, et les couvrir d'imprécations et de boue, depuis la sortie de la Conciergerie jusqu'au lieu de l'exécution, où elles poussaient des bravos et des hurlements à chaque retentissement de la hache.

FRUCTIDORISÉS : Proscrits par suite de la journée de fructidor, qui renversa les *Clichiens*.

GIRONDINS, MODÉRÉS : Ennemis jurés de la terreur et des terroristes.

HÉBERTISTES : Athées, partisans d'Hébert et de Chaumette, fondateurs du *Culte de la Raison* et de *la Religion naturelle*.

HOMMES D'ÉTAT : GIRONDINS, FÉDÉRALISTES, BRISSOTINS, ROLANDISTES, HOMMES d'ÉTAT, sont une seule et même chose.

HÉROS A CINQ CENTS FRANCS, COLONNE INFERNALE, ARMÉE RÉVOLUTIONNAIRE AMBULANTE. Héros à cinq cents francs, prix que ces monstres avaient mis à leurs exploits, n'étaient non plus qu'un seul et même corps, marchant au premier signal des comités de gouvernement, ou de ses proconsuls en mission, pour dévaster, brûler, noyer, fusiller.

HORS LA LOI : Anathême, prononcé par la Convention contre ceux qui cherchaient à se soustraire à ses tables de proscription. Partout où un individu mis hors la loi était arrêté, il suffisait, pour qu'il fût mis à mort, de le conduire devant le premier tribunal qui se trouvait sur les lieux : ce tribunal, après avoir constaté l'identé de sa personne, le faisait exécuter sans autre forme de procès.

Y a-t-il rien de comparable au stupide délire de cette Convention, qui, le 7 août 1793, met le ministre de Georges III hors la loi, déclarant que Pitt est l'ennemi du genre humain, et qu'il est permis à l'univers de courir sus !

JEUNESSE DORÉE DE FRÉRON, ou MUSCADINS. Le montagnard Fréron, après avoir été à Paris, et plus tard dans le Midi, un monstre de scélératesse, de rapines, de cruauté, particulièrement à Toulon et à Marseille, fut chassé de la société des Jacobins par Robespierre, le jour même où ce dernier venait d'envoyer Danton à la mort : c'était l'intime de Fréron. Convaincu que sa perte suivrait celle de son ami, de son chef, Fréron n'hésita point à se jeter parmi ceux qui projetaient la ruine du tyran, et il fut, à la journée de thermidor, un de ses plus redoutables adversaires. Depuis ce moment, Fréron abjura ses fureurs révolutionnaires, et, dans ses discours à la tribune, par sa conduite dans les départements, il devint le plus implacable ennemi des terroristes, dont il avait été le collaborateur le plus frénétique. C'est surtout dans le journal qu'il rédigeait, qu'il adressait à la jeunesse les provocations les plus terribles contre les Jacobins, l'exhortant à se tenir unie, serrée, afin de faire tête aux anarchistes, et de s'opposer à leur résurrection. De là cette dénomination : *la jeunesse dorée de Fréron*, et appelée *dorée* parce que son costume contrastait avec celui des patriotes renforcés.

En effet, par opposition aux sans-culottes, qui marchaient le col nu, un bonnet gras sur la tête, un gourdin à la main, et vêtus d'une veste, d'un pantalon étriqués, rapiécés, les muscadins, mis avec élégance, avaient un habit extraordinairement large, un vrai sac ; une cravate aussi volumineuse qu'une nappe, un chapeau non moins ample qu'un couvercle de lessive, et, au lieu de massue, une légère badine : ils étaient en outre coiffés *à la victime*, c'est-à-dire que leurs cheveux en désordre étaient coupés ras par derrière, comme il est d'usage aux condamnés que l'exécuteur va placer sous le couteau.

Si les compagnies *de Jésus* et *du Soleil* ensanglantèrent les départements méridionaux, jamais la *Jeunesse dorée de Paris* n'eut un crime à se reprocher ; seulement elle fermait le club des Jacobins, celui des Cordeliers, les sociétés populaires ; elle poussait les cendres des Marat, des Charlier dans les égouts ; elle chantait le *Réveil du Peuple* à la porte des *anarchistes,* particulièrement dans les spectacles, où elle forçait les acteurs connus pour Maratistes à demander pardon. Dès qu'il se manifestait un mouvement anarchique, elle était la première à courir aux armes, et, non moins que la force armée, elle paya de sa personne au siège du faubourg Saint-Antoine, et opéra son désarmement.

LA MONTAGNE ou CRÊTE : Partie élevée du côté gauche de la salle de la Convention, où siégeaient les hommes de sang. Celui qui occupa, sans désemparer, la crête de cette montagne, terminée en pointe, fut un nommé Armonville, dit

Bonnet-Rouge. Il était cardeur de laine à Rheims, lorsque la frénésie révolutionnaire jeta les yeux sur lui pour en faire le représentant du département de la Marne à la Convention. Aussi cruel que stupide, il se livrait encore à tous les goûts du naturel le plus dépravé ; n'habitant que les lieux publics les plus décriés, il y donnait tous les jours le spectacle des querelles les plus scandaleuses, et dont il lui arrivait souvent de rapporter sur le visage les traces les moins équivoques. Rendu au néant, dont la révolution seule avait pu le faire sortir pendant quelques instants, Armonville, misérable, oublié, est mort dans un hôpital, où il devait les restes de son existence à la pitié et à la charité publiques.

LA BOURSE A JUDAS : Canne ou bâton creux, dans lequel les proscrits, ou ceux qui émigraient, cachaient des lingots, de l'or ou des diamants.

LES BURETTES DE L'ABBÉ MAURY. Le trône et le clergé n'eurent pas, à l'Assemblée constituante, de défenseur plus intrépide, plus éloquent que l'abbé Maury : aussi était-il la bête noire du peuple, et continuellement en butte à ses menaces, à ses injures.

Après qu'il eut prononcé un discours véhément contre la réunion du comtat Venaissin à la France, une multitude de furieux, rassemblée sur la terrasse des Feuillants, se précipita sur lui à l'instant où il traversait les Tuileries, et l'insulta, en répétant à plusieurs reprises : « C'est ce chien de calotin qui fait tout le mal ! envoyons-le dire la messe au diable. — Tirant un pistolet de chaque poche : *Voici les burettes,* dit-il, *qui veut la servir ?*

A la suite de la discussion sur le droit de paix ou de guerre. pendant laquelle il avait voté en faveur de la couronne, le peuple, attroupé aux portes, s'écria en le voyant passer : « Accrochons le scélérat à la lanterne. — *Imbéciles, en verrez-vous plus clair ?* »

De Rome, où il s'était réfugié, et avait été fait cardinal par Pie VI, il écrivit à Bonaparte, qui venait de se faire empereur, pour solliciter la permission de rentrer en France. Cette demande fut accueillie avec empressement par Napoléon, jaloux de s'attacher un homme aussi célèbre ; et qu'il lui écrivit à l'instant de venir le trouver à Gênes, où il était alors avec l'impératrice. La première question qu'il adressa au cardinal fut de lui demander son opinion sur les Bourbons. Ne voulant pas dire ce qu'il pensait de ces illustres fugitifs, Maury se contenta de répondre : « J'ai perdu *la foi et l'espérance,* ne m'ôtez pas *la charité.* »

Bientôt après il fut promu à l'archevêché de Paris, puis nommé à l'Institut. Une difficulté s'éleva sur le cérémonial de sa réception. Le cardinal exigeait que le titre de *monseigneur* lui fut donné par le président de l'Institut, et se fondait sur plusieurs exemples plus fameux qu'illustres entre autres sur celui du cardinal Dubois, premier ministre sous la régence. L'Institut résistait avec obstination à cette prétention, au moins ridicule, et qui valut au cardinal académicien une foule de sarcasmes, parmi lesquels il faut distinguer l'épigramme suivante, dont Chénier ne s'est jamais défendu :

On prétend qu'aux enfers Dubois a beaucoup ri,

Quand il a vu l'Académie,

Trouvant dans son registre une loi d'infamie,
Donner du *monseigneur* au cardinal Maury.

Par Dieu ! s'est écrié le cuistre,

J'étais, il le faut bien avouer aujourd'hui,

Vil, insolent, dissolu comme lui,

Mais le faquin n'est pas premier ministre.

Comme il venait de parler chaudement, à l'Asblée constituante y en faveur des immunités et. biens des ecclésiastiques, c'est à lui qu'une femme des tribunes adressa ces paroles : *On vous rase, messieurs du clergé ; si vous remuez tant, on vous coupera.*

LE GÉNÉRAL MOUSSEUX : Sobriquet donné au brasseur Santerre, commandant de la garde nationale parisienne.

LE POT : Siége de forme ronde, plus élevé que les bancs où étaient assis les autres prévenus, et sur lequel on plaçait, au tribunal révolutionnaire, le prétendu chef d'une prétendue conspiration.

LE MARAIS. Voyez CRAPAUDS.

LE RÉGIMENT DE ROYALE PITUITE. Après la prise de la Bastille, l'enthousiasme ayant gagné tous les âges, on vit des armées de bambins manœuvrer dans les promenades publiques, avec un tambour, des casques de papier et des sabres de bois. Il se forma aussi un *bataillon de vétérans*, dans lequel on n'était reçu qu'à soixante ans révolus. Le fusil étant trop lourd pour être porté et manié par des vieillards, ils n'avaient pour armes qu'une épée et une pique. Leur habit était celui de la garde nationale, mais ils portaient un chapeau à la Henri IV, et une ceinture tricolore, dont la frange d'or, d'argent ou de soie, marquait la différence des grades. L'hiver étant venu, les vétérans voulurent faire leur service comme dans la belle saison ; mais les catarrhes, s'étant mis de la partie, éclaircirent les rangs avec tant de promptitude, que les héros sexagénaires n'étaient plus occupés qu'à suivre les convois de leurs camarades. De ce moment, le bataillon des vétérans fut surnommé *le Régiment de royale pituite*.

MARATISTES : Amis du sang, partisans de Marat,

MASSACREURS : Égorgeurs de septembre.

NIVELEURS : Partisans d'une égalité parfaite dans les rangs, les emplois, la fortune et les vêtements.

ORLÉANISTES : Factieux du parti du duc d'Orléans, dit Philippe-Égalité.

PANNEKOUKUES : Terme de mépris d'un soldat à un autre soldat.

Jaloux de ressaisir leur ancienne indépendance, les Hollandais, mécontents de leur stathouder, nous facilitèrent la conquête de leur pays, sous la promesse de leur part qu'ils se constitueraient en République, et de la nôtre que nous les traiterions en amis s'ils nous ouvraient leurs portes ; mais nous ne fûmes pas plus tôt maîtres de leur territoire, que nous devînmes pour eux d'impitoyables tyrans. Entre mille vexations qu'ils eurent à souffrir de notre part, il en est une assez remarquable.

A l'époque de la conquête de la Hollande, nos soldats étaient dans un tel dénuement de toutes choses, que la plupart, non seulement n'avaient pas de linge, mais portaient, dans le cœur de l'hiver, des habits non moins déchirés que leurs drapeaux, des mouchoirs autour de leur tête en guise de schakos ; au lieu de bottes et de souliers, du foin attaché avec des ficelles autour de leurs jambes, de leurs pieds écorchés. Ceux qui conquirent la Batavie furent bientôt un objet d'envie pour leurs camarades qui se battaient ailleurs : du repos, nourris à souhait, vêtus de neuf, ils ne quittèrent ce pays que gras et bien luisants ; et comme, d'après les traités avec la Hollande, nous avions là une armée d'occupation jusqu'à ce que la paix fût signée avec l'Angleterre, dès que nous avions quelques bataillons déguenillés, exténués, on les faisait filer sur la Hollande, et quand ils étaient en bon état, on avait soin de les en retirer pour faire place à d'autres, que nos bons amis remplumaient comme leurs devanciers. Or les *Pannekoukues*, autrement dit les crêpes, étant un mets favori en Hollande, nos soldats ne quittaient pas ce pays pour rentrer dans un autre cadre, que leurs camarades, en les voyant arriver, ne criassent : « Place au foyer, voici les mangeurs de Pannekoukues. » Et de ces quolibets naissaient souvent des rixes sérieuses.

PÉKIN : Autre expression injurieuse d'un militaire à un citoyen qui n'a pas porté les armes.

PENTARQUES : Les cinq membres du Directoire, formant une pentarchie.

PRÊTRE CONSTITUTIONNEL OU ASSERMENTÉ : Celui qui a prêté le serment de soumission à la constitution civile du clergé, décrétée par l'Assemblée constituante en 1791.

PRÊTRE RÉFRACTAIRE OU INSERMENTÉ : Celui qui a refusé le serment ci-dessus ; ou qui l'a rétracté.

PROCONSULS. Conventionnels investis du droit de vie et de mort, envoyés en mission dans les départements par les comités de salut public et de sûreté générale.

QUEUE DE ROBESPIERRE : Elle se composait des jacobins outrés, des septembriseurs, des restes de la Commune usurpatrice de Paris, des membres encore existants des anciens comités de gouvernement, de ceux des tribunaux, des comités révolutionnaires, et des officiers des colonnes infernales qui, après la chute de Robespierre, regrettaient le règne de leur patron, et voulaient faire revivre ses excès.

SANS-CULOTTES : Dénomination que l'on donna par dérision aux meneurs de la populace, qui ensuite la prirent hautement eux-mêmes, ainsi que l'avaient fait *les gueux* des Pays-Bas, lors de leur soulèvement contre la tyrannie de l'Espagne.

THÉOPHILANTROPES : Sectaires d'une sorte de déisme, dont le Directeur La Réveillère-Lépeaux fut chef.

TRICOTEUSES : Femmes de la lie du peuple qui garnissaient les tribunes de la Convention, de la Commune, des Jacobins, des Cordeliers, et auxquelles on donnait quarante sols par jour, pour applaudir aux motions, aux décrets sanguinaires, et qui apportaient leur tricot avec elles.

TRIUMVIRS : Les trois directeurs Barras, Rewbell, La Réveillère, auteurs des proscriptions du 18 fructidor, dans lesquelles ils comprirent leurs deux autres collègues, Carnot et Barthélemy.

*
**

CHAPITRE SUPPLÉMENTAIRE

Numéro 2

TABLEAU APPROXIMATIF DES ÉMIGRATIONS, AVANT ET PENDANT LA TERREUR.

Prêtres	27,000
Militaires nobles	8,400
Nobles non militaires	16,900
Parlementaires	160
Hommes de loi	2,800
Banquiers ou gens de finance	240
Négociants	7,800
Notaires	210
Médecins et chirurgiens	540
Propriétaires	9,900
Cultivateurs	3,400
Marins nobles	2,000
Femmes nobles	8,000
Religieuses	4,400
Artisans	18,000
Femmes d'artisans	3,000
Domestiques	2,800

Enfants des deux sexes	3,100
Soldats et matelots	900
TOTAL	119,550

CHAPITRE SUPPLEMENTAIRE

Numero 3

TABLEAU APPROXIMATIF
DES VICTIMES DE LA REVOLUTION,

A partir du 14 *juillet* 1789, *époque de la prise de la Bastille, jusqu'au 27 octobre 1795, fin de la session de la Convention nationale, c'est-à-dire durant l'espace de six ans, trois mois, treize jours.*

Mis à la lanterne ; — massacrés dans les émeutes populaires ; — tués hors de la guerre faite aux châteaux	400
Par suite des guerres civiles du Comtat Venaisin ; — de Lyon ; — de Bordeaux ; — de Marseille ; — de Toulon ; — de Nancy ; — de Caen ; — de Paris aux journées du 14 juillet *(prise de la Bastille)* ; — du 10 août *(siège du château des Tuileries)* ; — du 13 vendémiaire *(guerre de*	
la Convention contre les sections de Paris :	32,000
Massacres de septembre dans Paris et hors Paris	3,400
Morts sous le fer de la guillotine par jugements des tribunaux révolutionnaires ; — des commissions militaires, — temporaires, — populaires.	13,800
Extermination des habitants de la Vendée — et Chouannerie	180,000
Républicains tués par les Vendéens et les Chouans	87,000
Morts par suite de la famine et de la peur.	7,000
Émigrés morts à l'étranger, ou de mort naturelle, ou dans les combats, ou fusillés, guillotinés en France	14,000
Fusillés, — mitraillés, — noyés, — morts dans des incendies, à Lyon, Toulon, Orange, Nantes, Bédouin, etc	18,500
Massacres des blancs et des hommes de couleur dans les colonies	50,000
Jacobins mis à mort dans le Midi par les réacteurs...	4,600

Ont péri sous la hache révolutionnaire Louis XVI, la Reine, madame Elisabeth, sœur du roi, et le duc d'Orléans, premier prince du sang	4
Mort au Temple par suite de mauvais traitements, le Dauphin (Louis XVII)	1
Morts aux armées	290,000
TOTAL	600,705

CHAPITRE SUPPLEMENTAIRE

Numéro 4

LISTE DES CONVENTIONNELS

Envoyés à l'échafaud par leurs collègues, ou qui ont péri de mort violente.

Particularités concernant les individus compris dans cette liste. — Carrier ; ses premières paroles en arrivant à Paris, ses forfaits, ses guillotinades, ses mitraillades ; ses bateaux à soupape, ses mariages républicains, ses chapelets d'oreilles, ses complices en atrocités. — La Loire encombrée de cadavres : infection de ses eaux ; défense d'en boire. — Carrier devant la justice ; comment il se défend. — Son supplice. — Le monstre meurt avec courage. — Dévouement fanatique du capucin Chabot. — Étrange demande du matérialiste Clootz allant monter sur l'échafaud. — Derniers moments de Condorcet. — Dernières paroles de Danton à Hérault-de-Séchelles. — Belle réponse de Duchâtel à ses assassins. — Détails sur les derniers jours du duc d'Orléans, surnommé Philippe-Égalité, sa fermeté devant ses juges-bourreaux ; son courage en allant au supplice. — Singulier suicide d'Osselin. — Le représentant Tellier promené par le peuple sur un âne. — Fin de Vergniaud.

ANTIBOUL, député du département du *Var*, Girondin ; guillotiné.

AUBRI *(Gard)*, déporté, s'échappe de la Guyanne, et meurt de chagrin à Démérary.

AUDREIN *(Morbihan)*, vicaire épiscopal de L'évêque constitutionnel. Il voyageait par la diligence de Morlaix ; des chouans l'en font descendre, lui reprochent d'avoir voté la mort du Roi, le fusillent sur la route, et ordonnent ensuite à la voiture de continuer son chemin.

BAILLE *(Bouches-du-Rhône)*, Montagnard ; était en mission à Toulon, quand les Anglais s'en emparèrent au nom de Louis XVII. Après la reprise de cette ville, les Républicains le trouvèrent étranglé dans sa prison.

BARBAROUX *(Bouches-du-Rhône)*, Girondin ; proscrit, il se sauve de Paris, est reconnu, saisi, et guillotiné à Bordeaux.

BAUDIN (*Ardennes*), est frappé de mort subite par la joie excessive que lui cause le retour imprévu de Bonaparte arrivant d'Égypte. La France périssait.

BAZIRE *(Côte-d'Or)*, Montagnard ; guillotiné. Il fit rendre le décret qui ordonna que tous les citoyens seraient tenus de se *tutoyer*. C'est à son sujet, et à celui de deux autres conventionnels ses collègues, que d'anciens vers connus furent ainsi parodiés :

Vit-on jamais rien de plus sot
Que Merlin, Bazire et Chabot ?
Connut-on jamais rien de pire
Que Chabot, Merlin et Bazire ?
Trouva-t-on rien de plus coquin
Que Chabot, Bazire et Merlin ?

BEAUVAIS-SAINT-SAUVEUR ou de PRÉAUX *(Paris)*, Montagnard ; mort des suites des mauvais traitements qu'il essuya à Toulon, où il était commissaire lorsque les Anglais s'en emparèrent.

BILLAUD-VARENNES *(Paris)*, Montagnard ; meurt à Saint-Domingue, après avoir été déporté à la Guyanne.

BIROTEAU *(Pyrénées-Orientales)*, Girondin ; se sauve de Paris, est arrêté à Bordeaux, et envoyé à la mort par la commission militaire.

BOILEAU (*Yonne*), Girondin ; guillotiné.

BONNIER (*Hérault*), ministre plénipotentiaire ; assassiné au congrès de Rastadt.

BOURBOTTE (*Yonne*), Montagnard ; en quittant le tribunal qui venait de le condamner, il se frappa d'un couteau, ne se blessa que légèrement, et fut exécuté.

BOYER-FONFRÈDE *(Gironde)*, Girondin ; décrété, jugé, condamné le même jour, il va à l'échafaud en chantant :

Plutôt la mort que l'esclavage,
C'est la devise des Français !

Il était âgé de 27 ans.

BRISSOT DE VARVILLE *(Eure-et-Loir)*, Girondin ; guillotiné.

BRUNEL *(Hérault)*, Modéré ; il se trouvait en mission à Toulon après la révolution de thermidor, lorsque les anarchistes de cette ville résolurent de marcher au secours de leurs complices de Marseille : désespéré de n'avoir pu les empêcher de s'emparer des armes de l'arsenal, et d'avoir été forcé de relâcher les terroristes détenus, Brunel se donna la mort.

BUZOT *(Eure)*, Girondin ; trouvé mort dans un champ à côté de Pétion. L'un et l'autre étaient à demi dévorés par des loups. L'un et l'autre essayaient d'échapper à un décret de mise *hors la loi*.

CARRA *(Saône-et-Loire)*, Montagnard ; écrivain dans le genre de Marat ; il fut l'inventeur du prétendu *comité autrichien*, qui s'assemblait, disait-on, chez la Reine. Il fit hommage à l'Assemblée législative d'une boîte qu'il tenait du roi de Prusse, demandant que cet or servît à faire la guerre au souverain qui lui en avait fait cadeau ; guillotiné.

CARRIER *(Cantal)*. Nous donnerons, quoiqu'en cherchant la brièveté, plus d'étendue à cet article qu'aux autres, parce qu'il est impossible de mieux peindre l'époque dont nous essayons de donner une idée, qu'en citant quelques actions de cet *exterminateur*, qui, ainsi que ses pareils, a fait tant de tort à notre glorieuse révolution.

Né à Yolay, en Auvergne, il exerçait l'état de procureur à AuriHac, quand il fut nommé député à la Convention, où il déploya aussitôt toute la perversité de son ame. Le lendemain de son arrivée à Paris, il annonça ce qu'il serait, en disant hautement dans un café où il déjeunait, que pour rendre la République heureuse et florissante, il fallait *supprimer* (c'est l'expression dont il se servit) les deux tiers de la population.

Fidèle à ce principe, il reçut, en octobre 1793, du comité de salut public l'ordre de se rendre à Nantes, au moment où la guerre civile était dans toute sa force. Il n'est pas inutile de peindre ici, en peu de mots, la situation où se trouvaient alors les provinces insurgées de l'Ouest. L'incendie des villages ; les massacres précédemment exécutés, par les ordres de quelques-uns des généraux de la République, sur les habitants des villes et des campagnes ; les représailles exercées dans les deux partis ; l'opiniâtre résistance des Vendéens, les victoires récentes qu'ils venaient de remporter, tout concourait à porter au plus haut point d'exaltation et de fureur la haine des partis et le besoin de la vengeance, qu'une politique modérée et temporisante, soutenue de forces plus considérables que celles que le comité de salut public pouvait entretenir dans l'Ouest, était seule capable de réprimer.

Loin de recommander à Carrier de suivre un système qui aurait dû être adopté beaucoup plus tôt, le comité de salut public ne lui donna d'autre instruction que celle de tout exterminer ; elle fut accomplie. Il trouva, en arrivant à Nantes, toutes les autorités organisées par ses prédécesseurs de manière à lui répondre qu'il serait fidèlement obéi. Le général Rossignol venait d'écrire à la Commune de Paris : « Apprenez que j'ai brûlé tous les moulins , hormis un seul qui appartenait à un patriote. » Les Vendéens, pressés par quatre armées qui formaient plus du quadruple de leurs forces, même après de nombreuses pertes, se renouvelaient et se grossissaient toujours ; les deux partis étaient livrés à d'égales exaspérations, à la même soif du sang.

Le comité révolutionnaire de Nantes, à la tête duquel figuraient deux scélérats, nommés Goulin et Chaux, était composé de brigands qui, loin de se rendre intermédiaires entre leurs concitoyens et Carrier, ne cessaient d'exciter celui-ci à de nouvelles fureurs. La reprise de Savenay sur les Vendéens, et la défaite de Charette aux Herbiers, vinrent accroître le nombre déjà considérable des prisonniers détenus à Nantes, et rendre plus ardent le délire de Carrier et de ses satellites. Il s'agissait surtout en ce moment de mettre à exécution les effroyables instructions du comité : il fut donc résolu d'exterminer les prisonniers en masse et sans jugement.

En conséquence, on décida qu'un bateau à soupape, propre à contenir cent personnes, serait promptement construit ; on répandit en même temps le bruit qu'un grand nombre de prêtres allaient être transférés, sans dire en quel lieu. Dès que la fatale machine fut prête, quatre-vingt-quatorze prêtres y furent conduits et submergés. L'invention parut si heureuse, que le même crime fut renouvelé fréquemment. Une compagnie d'assassins, à laquelle Carrier avait si convenablement donné le nom de *Compagnie Marat,* était chargée de ces horribles expéditions, que ce monstre, dans les accès de sa féroce joie, appelait des *baignades*, des *déportations verticales*.

A la Convention on applaudissait aux détails de ces barbaries ; on ordonnait l'impression, la publication et l'envoi aux armées des lettres de Carrier, où ces mots se lisaient : *Quel torrent révolutionnaire que cette Loire ?* Dès lors, ce forcené et ses agents, se voyant approuvés, ne mirent plus de frein à leurs fureurs. On entassait dans un vaste édifice, nommé *l'entrepôt*, les victimes destinées à la mort : femmes, enfants, vieillards, hommes faits, y étaient jetés indistinctement. Chaque soir, la compagnie Marat, ayant à sa tête deux obscurs scélérats, nommés Fouquet et Lamberti, revêtus par Carrier d'un grade militaire, se rendait à *l'entrepôt*. On liait les prisonniers deux à deux, et on les conduisait ainsi sur les bateaux, d'où on les précipitait à coups de sabre et de baïonnette dans la Loire ; car on avait déjà renoncé à l'usage des bateaux à soupape, comme moins expéditif. Si quelques infortunés parvenaient à se délier et à se rattacher aux bateaux, on leur coupait les doigts, les mains et les bras. Pinard et Grandmaison, deux monstres qui plus tard ont accompagné Carrier à l'échafaud, mettaient un soin particulier à ne pas frapper ces infortunés sur la tête, afin de prolonger leur supplice, et de jouir plus long-temps de leur agonie. L'un et l'autre ne rentraient dans la ville que portant suspendu à leur col un chapelet composé de mains, d'oreilles de ceux qu'ils s'étaient complu à mutiler avant de leur donner la mort, ou après la leur avoir donnée. Si ces faits n'étaient pas avérés d'après les débats de leur procès, on refuserait d'y croire. Pendant un mois ce massacre se renouvela toutes les nuits.

Les déclarations des complices de Carrier ont appris à quels excès de la plus infâme débauche se livrait journellement ce misérable, qui affectait de donner l'exemple de l'austérité des mœurs républicaines. Un jour, pour mieux établir cette réputation d'austérité, prêchée par les tyrans du comité de salut public, dont Carrier s'efforçait de prévenir jusqu'aux moindres pensées, il donna l'ordre de saisir une centaine de filles publiques, dont quelques-unes avaient servi à ses débauches secrètes, et les fit noyer avec les autres prisonniers.

La corruption des eaux de la Loire était arrivée à un tel point, que l'on fit défense d'en boire ; les rives étaient couvertes de cadavres, qu'on ne prenait pas même la peine d'ensevelir ou de rejeter dans le fleuve. Le crime, si l'on peut parler ainsi, avait perdu jusqu'à sa pudeur ; les exécutions, qu'on avait d'abord couvertes du voile de la nuit, s'étaient effectuées depuis au grand jour, et cependant, quelque nombreuses qu'elles fussent, il était impossible que l'action de la mort égalât la pensée destructive des tyrans. Des milliers d'infortunés, dont se recrutait chaque jour *l'entrepôt*, périssaient de froid, de faim, de misère, de terreur, lorsque l'épidémie produite par la putréfaction des cadavres des prisonniers, auxquels, le plus souvent, on ne donnait point de sépulture, vint se joindre à tous ces fléaux, et ne tarda pas à exercer ses ravages dans la ville, que désolait déjà la famine.

Comme si la destruction eût encore été trop lente, une commission militaire fut nommée ; elle envoyait journellement à la mort, dans des séances qui ne duraient pas une heure, et qui suffisaient à peine pour recueillir les noms de ceux qui paraissaient devant elle, au-delà de cinq cents prisonniers, qu'on fusillait dans les carrières de Gigan, et dont un rand nombre étaient souvent traînés au supplice sans avoir même été portés sur les listes de condamnation. Cessons de nous appesantir sur ces horreurs.

Après la révolution de thermidor, Carrier fut traduit devant le tribunal révolutionnaire, *régénéré* et purgé des jurés assassins dont il avait été composé. Convaincu de tout ce qui lui était reproché, que dit Carrier pour sa défense ? « Si j'ai mérité de comparaître devant la justice, tout ce qui reste de conventionnels doivent, au lieu de m'accuser, y comparaître avec moi, parce qu'ils ont applaudi publiquement à mes actions, et que, à mon retour parmi eux, ils m'ont accueilli fraternellement, félicité, et m'ont serré la main. C'est pendant ma mission qu'ils ont rendu le décret qui ordonnait aux généraux républicains de passer au fil de l'épée tous les Vendéens qui tomberaient entre leurs mains ; aux colonnes infernales d'incendier leurs habitations : si je suis criminel, ce sont mes collègues qui m'ont poussé au crime ; si ma tête tombe, les leurs doivent tomber avec la mienne : car ici, en cas de culpabilité, tout est coupable à la Convention, *jusqu'à la sonnette du président.* »

Cette argumentation était sans réplique, assurément, mais elle n'était pas de mise ; Carrier fut condamné, à la satisfaction universelle. C'est avec une sorte de regret que nous sommes obligés d'avouer qu'il marcha à la mort avec un courage et une sérénité qui devraient n'appartenir qu'à la vertu.

CHABOT *(Loir-et-Cher),* Montagnard ; prêtre, capucin, marié. Avant d'être élu à la Convention, il le fut à l'Assemblée législative, où il commit, contre le Roi, la Reine et la royauté, tous les attentats que pouvaient alors se permettre impunément les fauteurs les plus éhontés de l'anarchie. A cette époque, il poussa le fanatisme révolutionnaire au point qu'on ne sait s'il n'y a pas plus d'héroïsme que de férocité dans l'action dont nous allons parler.

Avant la journée du 10 août, trouvant que les factieux ne marchaient point encore assez vite à la destruction de la monarchie, et qu'ils manquaient de prétexte pour soulever la populace, il dit à six d'entre eux, avec lesquels il était lié : « Ce soir, à neuf heures, en sortant des Jacobins, je me rendrai seul dans la rue de la Sourdière, où je demeure ; plongez-moi un poignard dans le sein, prenez ensuite mes vêtements ensanglantés, et promenez-les dans les faubourgs, en disant que c'est la cour qui m'a fait assassiner. » Ses amis, qu'il eut d'abord de la peine à déterminer, finirent par lui jurer qu'ils se trouveraient au rendez-vous : Chabot y fut exact, mais les assassins ne parurent pas.

Décrété d'accusation et incarcéré, Chabot s'empoisonna ; les douleurs causées par l'arsenic lui arrachèrent des cris si affreux, qu'on vint à son secours. On ne le rappela à la vie que pour quelques instants, car le tribunal l'envoya à l'échafaud, sur lequel on fut obligé de le porter, affaibli et rendu méconnaissable par l'excès des souffrances dont il était encore assailli.

CHAMBON *(Corrèze)*, Girondin ; ayant fui Paris pour échapper à un décret d'accusation, il est mis *hors la loi*, et se fait tuer en se défendant contre ceux qui voulaient l'arrêter.

CLOOTZ (Anacharsis) *(Oise)*, Montagnard ; il écrivit qu'il n'y avait qu'un sot qui pût croire en un Être suprême ; que le seul Dieu existant était le peuple. Il demanda à être exécuté le dernier de ceux avec lesquels il était conduit à l'échafaud, afin, disait-il, de se confirmer dans les principes du matérialisme, en voyant tomber les têtes de ses compagnons. Il reçut la mort avec une rare fermeté.

COLLOT-D'HERBOIS (Paris), Montagnard ; déporté, meurt à Cayenne, sur un brancard, comme on le transportait à l'hôpital.

CONDORCET *(Aisne)*, Girondin ; cet homme, d'une instruction immense, d'un calme imperturbable, que d'Alembert appelait *un volcan couvert de neige,* ayant été *mis hors la loi,* et s'étant sauvé de Paris, pour ne point compromettre la personne qui l'avait recueilli, erra plusieurs jours dans des carrières aux environs de la capitale : pressé par la faim, il entre dans un cabaret de Clamard, y est suspecté à cause de la blancheur et de la finesse de son linge, qui contrastait avec la grossièreté des vêtements qu'il avait pris pour se déguiser, est conduit dans la prison de Bourg-la-Reine où, le lendemain, on le trouve mort des atteintes d'un poison qu'il portait toujours sur lui depuis le commencement de la terreur.

COUSTARD *(Loire-Inférieure)*, Girondin ; mis *hors la loi,* guillotiné.

COUTHON *(Puy-de-Dôme)*, Montagnard, guillotiné. Couthon, cul-de-jatte, était si mal conformé, que les exécuteurs furent obligés de l'attacher de côté sur la planche qui conduit au couteau.

CUSSET *(Rhône-et-Loire)*, Montagnard ; condamné par une commission militaire et fusillé au camp de Grenelle.

CUSSY *(Calvados)*, Girondin ; mis *hors la loi,* arrêté, guillotiné.

DANTON *(Paris),* Montagnard ; comme on frappait un grand nombre de victimes à la fois, le sac de cuir dans lequel tombaient les têtes était ample. Tandis que la hache frappait le uns, les autres, descendus des charrettes, attendaient leur tour au bas de l'échafaud. Hérault-de-Séchelles et Danton causaient, quand l'exécuteur vint s'emparer de ce dernier pour le faire monter. Hérault et Danton se rapprochent et veulent s'embrasser ; le bourreau les en empêche ; *Va,* lui dit Danton, *nos têtes se rechercheront dans le sac.*

DE CHEZEAU *(Charente-Inférieure)*, Girondin ; *mis hors la loi,* il parvint à s'enfuir de Paris ; mais, arrêté dans son pays, il fut conduit devant le tribunal criminel de son département, qui se contenta de constater l'identité de sa personne, et l'envoya à la mort.

DE LAUNAY (Joseph) aîné *(Maine-et-Loire)*, Montagnard ; rapporteur du comité des finances, il fut accusé de s'être laissé corrompre en faveur des intéressés de la Compagnie des Indes, et, sur cette accusation, envoyé au tribunal révolutionnaire : guillotiné.

DUPERRET *(Bouches-du-Rhône)*, Girondin ; guillotiné.

DESMOULINS (Camille) *(Paris),* Montagnard ; mort sur l'échafaud, où l'on fut obligé de le traîner.

DUCHATEL (*Deux-Sèvres*), Girondin ; guillotiné. Interrogé par le président du tribunal révolutionnaire pour savoir si ce n'était point lui qui, malade à l'époque du procès du Roi, s'était fait transporter en bonnet de nuit à la Convention, pour y voter en faveur de Louis, Duchâtel répondit : *Oui, c'est moi, et je m'en fais gloire.* Mort à vingt-sept ans.

Ducos *(Gironde)*, Girondin ; guillotiné à vingt-huit ans. la

DUFRICHE-VALAZÉ (*Orne*), Girondin ; après le prononcé de son jugement au tribunal révolutionnaire, il s'enfonça un couteau dans le cœur, et tomba mort aux pieds de ses juges. Son cadavre fut porté près de l'échafaud, où il resta pendant l'exécution de ses compagnons d'infortune.

DUPRAT (jeune) *(Bouches-du-Rhône)*, d'abord Montagnard, puis Girondin. Il fut l'organisateur des massacres de la *Glacière* d'Avignon. Les Girondins le ramenèrent à des sentiments plus humains. Appelé, dans le procès de Louis XVI, à émettre son vœu sur l'*appel au peuple*, à l'instant où le duc d'Orléans émettait le sien contre cette mesure, il s'écria d'une voix forte, en se retournant vers ce prince : « Puisque Philippe a dit non, moi je dis oui. » Le tribunal l'envoya à la mort avec Brissot, Vergniaud, Gensonné, etc. Il y alla en chantant des couplets républicains.

DUQUESNOY (*Pas-de-Calais*), Montagnard, moins féroce. Son jugement lui ayant été prononcé, il cria : *vive la République !* et se donna la mort d'un coup de poignard.

DUROI *(Eure)*, condamné, se poignarde, se manque, est exécuté.

ÉGALITÉ (Louis-Philippe-Joseph, duc d'Orléans, premier prince du sang, surnommé Philippe Égalité) *(Paris),* Montagnard ; guillotiné.

Il y a des personnes qui regardent comme le dernier degré d'avilissement, de la part du duc d'Orléans, d'avoir pris le nom d'*Égalité* ; elles sont dans l'erreur. Ce nom n'est pas de son choix ; et si le duc d'Orléans n'avait pas commis d'autres fautes, sa mémoire serait exempte de reproches. De monarchie constitutionnelle, la France étant devenue République, et ne pouvant plus porter, d'après les nouvelles lois, ni le nom de prince, ni celui de Bourbon, ni un nom de fief, il s'adressa à la Commune de Paris pour qu'elle lui en assignât un autre, et ce fut celui d'Égalité qu'elle choisit.

En haine de la Montagne, sur laquelle siégeait d'Orléans, en haine des Montagnards, parmi lesquels il avait un parti secret et puissant, la Gironde, encore dans sa force, fit rendre un décret qui bannissait du territoire de la République tous les membres de la maison de Bourbon qui se trouvaient encore en France. Ce décret fut bientôt rapporté ; mais le gouvernement républicain, et surtout le régime révolutionnaire enté sur le républicanisme, ayant pris, dans la populace, une consistance effrayante, les partisans de d'Orléans craignirent d'afficher sa livrée, et n'osèrent pas même dire un mot en sa faveur quand le Comité de sûreté générale le fit arrêter.

Il fut d'abord emprisonné à l'Abbaye, transféré ensuite à Marseille dans un château fort, et bientôt ramené à Paris, et conduit à la Conciergerie. On ne l'y laissa pas languir ; le lendemain il comparut devant le tribunal révolutionnaire. La précipitation de son jugement et l'iniquité de ses juges furent telles, qu'on lui appliqua le même acte d'accusation qui avait servi, huit jours auparavant, à condamner les Girondins, ses mortels ennemis.

Pendant sa translation de Marseille à Paris, et dans la nuit qu'il passa à la Conciergerie, on lui avait dit que ses amis triomphaient depuis la défection de la Gironde ; qu'on ne le faisait venir que pour mettre son innocence au grand jour devant le tribunal, qui n'avait besoin que de lui adresser quelques questions et d'entendre ses réponses, pour écarter de lui toute présomption de culpabilité et le rendre à la liberté.

Il le croyait, et il était assez difficile qu'il ne le crût pas. Aussi, quand il entendit la lecture de son acte d'accusation, il dit froidement : *Mais, en vérité, ceci a l'air d'une plaisanterie.* Interpellé par le tribunal de déclarer ce qu'il avait à répondre aux griefs portés contre lui, il se borna à faire observer « qu'ils se détruisaient d'eux-mêmes, qu'ils ne lui étaient pas applicables, puisqu'il était notoire qu'il avait été constamment opposé au système et aux mesures du parti qu'on l'accusait d'avoir favorisé. » Néanmoins, le tribunal ayant passé outre, et l'ayant condamné à mort sans désemparer, il dit, sans se déconcerter, après avoir entendu son arrêt : « Puisque vous étiez décidés à me faire périr, vous auriez dû au moins chercher des prétextes plus plausibles pour y parvenir ; car vous ne persuaderez jamais à qui que ce soit que vous m'ayez cru coupable de tout ce dont vous venez de me déclarer convaincu. Au reste, continua-t-il, puisque mon sort est décidé, je vous demande de ne pas me faire languir ici jusqu'à demain, et d'ordonner que je sois conduit à la mort sur-le-champ. » On lui accorda cette faveur sans difficulté.

Arrivée sur la place du Palais-Royal, la charrette qui le conduisait au supplice fut arrêtée quelques minutes, et à dessein, devant le palais ; et, pendant ce temps, il promena ses regards avec le plus grand sang-froid sur la façade de cet édifice, son ancienne habitation. Arrivé à la place Louis XV, il monta d'un pas ferme sur l'échafaud, et reçut le coup fatal, le 6 novembre 1793, à quatre heures du soir.

FABRE D'ÉGLANTINE (*Paris*), Montagnard ; guillotiné. Il meurt en lâche. Après leur condamnation commune, Danton, jouant sur les mots, lui dit : « Eh bien ! mon pauvre *Germinal* (Fabre avait travaillé au *Calendrier républicain*), ton esprit a fait bien des vers pendant ta vie ; ton corps va en faire bien davantage tout à l'heure. »

FABRE (*Hérault*), Montagnard ; commissaire à l'armée des Pyrénées-Orientales. Il y fut tué en combattant contre les Espagnols.

FAUCHET (*Calvados*), Girondin, évêque constitutionnel. Guillotiné.

FERRAND (*Hautes-Pyrénées*), Girondin ; envoyé plusieurs fois aux armées, en qualité de commissaire de la Convention, il chargea toujours l'ennemi à la tête des colonnes, et y fut blessé. L'enceinte de la Convention ayant été violée par les terroristes, à la journée de prairial, Ferrand, s'opposant à leurs efforts, fut atteint d'un coup de pistolet. Ces brigands lui coupèrent la tête, qu'ils promenèrent dans Paris au bout d'une pique.

GARDIEN (*Gironde*), Girondin ; guillotiné.

GENSONNÉ *(Gironde)*, Girondin ; guillotiné. Le premier, il proclama cette terrible maxime : *En révolution, la suspicion est un titre suffisant de condamnation.*

GODEFROI-YSARN, marquis de Valady (*Aveyron*), Girondin ; guillotiné. Mis hors la loi, il parvient à s'échapper de Paris, est reconnu et arrêté ; l'identité de sa personne constatée, le tribunal de la Drôme, l'envoya au supplice.

GORSAS (*Seine-et-Oise*), Girondin ; enveloppé dans la proscription de la Gironde, il parvient à se mettre quelque temps en sûreté, rentre dans Paris, est découvert au Palais-Royal chez sa maîtresse, arrêté, conduit au tribunal, envoyé à la mort.

GRANGENEUVE (*Gironde*), Girondin ; proscrit ; arrêté à Bordeaux, exécuté en vertu d'un jugement de la commission militaire de cette ville.

GUADET (*Gironde*), Girondin ; mis *hors la loi*. Après mille périls, il parvint à se réfugier à Libourne chez son père, y fut découvert, conduit à Bordeaux, et envoyé à l'échafaud.

HÉRAULT-DE-SÉCHELLES (*Seine-et-Oise*), Monagnard ; guillotiné. Il dit à Camille-Desmoulins, condamné avec lui, et qui se livrait à des transports de fureur : « Mon ami, montrons du moins que nous savons mourir. »

HUGUET (*Creuse*), Montagnard ; complice de la conspiration de Grenelle ; fusillé.

JAVOQUES (*Bouches-du-Rhône*), Montagnard ; fusillé comme complice de la conspiration de Grenelle. En mission à Lyon, voyant s'évanouir une femme qui sollicitait la grâce de son mari, et à laquelle il apprenait qu'il venait de l'envoyer à l'échafaud, il dit à ceux qui étaient près de lui : « Qu'on m'ôte d'ici cette boug....-là, qui fait la bégueule. »

KERSAINT (*Seine-el-Oise*), Girondin ; guillotiné.

LACASE *(Gironde)*, Girondin ; guillotiné.

LACROIX (*Eure-et-Loir*), Montagnard ; ami de Danton ; guillotiné.

LASOURCE (*Tarn*), Montagnard ; envoyé à l'échafaud.

LE BAS (*Pas-de-Calais*), Montagnard. A la journée de thermidor, comme la Convention décrétait d'accusation Robespierre et Saint-Just, Le Bas demanda à partager leur sort ; ayant été enveloppé sur-le-champ dans le même décret, il se retira à la Commune avec ses amis. Ce poste forcé par les troupes aux ordres de la Convention, Le Bas prévint son supplice en se tuant d'un coup de pistolet.

LEHARDI *(Morbihan)*, Girondin ; homme intègre qui n'est d'aucun parti, si ce n'est de celui de la justice : guillotiné.

LE PELLETIER SAINT-FARGEAU (*Yonne*), Montagnard ; assassiné au Palais-Royal par le garde-du-corps Pâris.

LESTERPT-BEAUVAIS (*Haute-Vienne*), Girondin ; guillotiné.

LIDON (*Corrèze*), mis *hors la loi*. Il se sauve, est poursuivi, et se brûle la cervelle au moment où l'on va s'emparer de lui.

MAINVIELLE (*Bouches-du-Rhône*), Girondin ; l'un des assassins de la glacière d'Avignon ; guillotiné.

MANUEL (*Paris*), l'un des plus ardents machinateurs des massacres de septembre. Manuel, au tribunal révolutionnaire, plaida sa cause avec fermeté, et alla à la mort sans courage : guillotiné.

MARAT *(Paris)*, assassiné par Charlotte Corday.

MAURE *(Yonne)*, Montagnard ; il se faisait gloire de ce que Marat l'appelait son fils. Dénoncé à plusieurs reprises, après la révolution de thermidor, pour les crimes qu'il avait commis dans ses missions dans les départements, et craignant un décret d'accusation, il se fit sauter la cervelle d'un coup de pistolet, après avoir écrit sur la glace de sa cheminée : « Je ne suis pas un méchant homme, je n'ai » été qu'égaré, n

MASUYER *(Saône-et-Loire)*, Girondin ; guillotiné.

NOEL, *(Vosges)*, Girondin ; guillotiné.

OSSELIN *(Paris)*, Montagnard ; il fut d'abord condamné à la déportation pour avoir soustrait à la mort une femme émigrée et rentrée, et déposé à Bicêtre en attendant son départ. On l'impliqua ensuite dans une prétendue conspiration de prison. Pour échapper au supplice, en recevant son acte d'accusation, il s'enfonça entre les côtes un clou arraché au mur de son cachot. Comme il souffrait cruellement, et qu'il allait expirer de sa blessure, on le porta, sur un brancard, au tribunal révolutionnaire qui se hâta de l'envoyer à l'échafaud, où il fut conduit sans avoir pu ouvrir la bouche pour répondre à ses juges.

PERRIN *(Aube)* ; impliqué dans des affaires de fournitures, il fut injustement condamné à l'exposition et aux galères, où il mourut de chagrin. Après la chute de Robespierre, la mémoire de Perrin fut réhabilitée.

PÉTION *(Eure-et-Loir)*, Montagnard, ensuite Girondin ; proscrit, mis *hors la loi*, il fut trouvé dans un champ, près de Saint-Émilion, mort à côté de Buzot, son ami, et l'un et l'autre, comme il a déjà été dit, à moitié dévorés par les loups.

PHILIPPEAUX (*Sarthe*), Montagnard ; envoyé, comme tant d'autres habitués de la Montagne, à la mort par Robespierre ; guillotiné.

RABAUT-SAINT-ÉTIENNE (*Aube*), Girondin ; ministre de la religion réformée. Mis *hors la loi*, il est trahi par un ami auquel il avait demandé un asyle, et livré au tribunal qui l'envoie au supplice.

ROBERJOT (*Saône-et-Loire*), curé de Mâcon, plénipotentiaire de la République, assassiné au congrès de Rastadt.

ROBESPIERRE (Maximilien) (*Paris*) ; guillotiné.

ROBESPIERRE *jeune* (*Paris*) ; guillotiné.

RÉBECQUI (*Bouches-du-Rhône*), Girondin ; proscrit, il s'évade et va se noyer à Marseille.

ROMME (*Puy-de-Dôme*), Montagnard ; l'un des chefs de l'insurrection de prairial, dirigée par les anarchistes contre la Convention après la mort de Robespierre ; se donne la mort après avoir entendu la lecture de son jugement de condamnation.

SAINT-JUST (*Ain*) a répandu dans ses missions, et fait répandre par ses rapports à la tribune, plus de sang que Néron et Caligula réunis.

SALLES (*Meurthe*), Girondin ; mis *hors la loi,* exécuté à Bordeaux.

SILLERY (le marquis de)(*Somme*), Girondin ; guillotiné.

SIMOND (*Bas-Rhin*), Montagnard ; prêtre. Envoyé à l'échafaud avec Gobel, évêque de Paris, pour crime d'athéisme.

SOUBRANY (*Puy-de-Dôme*), Montagnard, envoyé au supplice après avoir tenté de se donner la mort avec un couteau.

TELLIER (*Seine-et-Marne*) ; envoyé en mission à Chartres, il s'y fit sauter la cervelle d'un coup de pistolet, désespéré qu'il était de n'avoir pu calmer une émeute occasionée par la cherté du pain, et de s'être vu forcé de crier *vive le roi*, après avoir été promené sur un âne par la populace.

VERGNIAUD (*Gironde*), Girondin ; homme supérieur, dont l'éloquence faisait trembler les anarchistes, les assassins et voleurs de septembre, qui ne se crurent en sûreté que quand ils l'eurent envoyé au supplice, et qu'ils furent bien assurés qu'il n'était plus. On prévoyait son sort, on le conjurait de fuir. — *Et quand je fuirais,* disait-il, *emporterais-je ma patrie sous la semelle de mes souliers ?* Depuis trois mois, il portait constamment un poison subtil dont il s'était muni pour échapper aux fureurs populaires ; mais, après sa condamnation, et celle de ses amis, au nombre de vingt, il résolut de leur être fidèle jusqu'à l'échafaud, renonça au dessein de faire usage de la ressource qu'il s'était préparée, et dit à ses compagnons de supplice et de gloire que : *puis qu'il n'avait point assez de poison pour le partager avec eux, il ne voulait point les abandonner.* Il parla long-temps ensuite sur les révolutions et les gouvernements avec un sang-froid admirable et du ton d'une conversation paisible. Il porta le même calme jusqu'au pied de l'échafaud, où il monta le 31 octobre 1793.

FIN.

Table des matières

5. CHAPITRE PREMIER
6. CHAPITRE II - CORRESPONDANCE DE FAMILLE
7. CHAPITRE III - APPARITION ET PREMIER USAGE DE LA GUILLOTINE
8. CHAPITRE IV - VISITE DE SAINT-ANDRE A SON PÈRE LEUR ENTRETIEN
9. CHAPITRE V - DE LA RELIGION ET DES CULTES DIVERS PENSANT LA TERREUR
10. CHAPITRE VI - PARIS, LE JOUR ET LA NUIT
11. CHAPITRE VII - LE VILLAGE ET LE VILLAGEOIS
12. CHAPITRE VIII - DES THÉÂTRES ET DES ACTEURS DE LA CAPITALE
13. CHAPITRE IX - TROIS FEMMES, OU AVANT, PENDANT ET APRÈS LA TERREUR
14. CHAPITRE X - UNE EXCURSION AU COMITÉ DE SURETÉ GÉNÉRALE
15. CHAPITRE XI - LES DEUX EMPLOYÉS
16. CHAPITRE XII - LES MAISONS DE RÉCLUSION
17. CHAPITRE XIII - SUITE DE L'ENTREVUE DES DEUX EMPLOYÉS
18. CHAPITRE XIV - CATÉCHISME RÉPUBLICAIN A L'USAGE DES JEUNES PATRIOTES
19. CHAPITRE XV - INTÉRIEUR D'UN DISTRICT
20. CHAPITRE XVI - DE QUELQUES SAVANTS ET HOMMES DE LETTRES TUÉS PA II LA HACHE RÉVOLUTIONNAIRE
21. CHAPITRE XVII - TOUCHANT QUELQUES SUICIDÉS
22. CHAPITRE XVIII - DIX MINUTES AU TRIBUNAL RÉVOLUTIONNAIRE
23. CHAPITRE XIX - SUBLIMITÉ. — FOLIE
24. CHAPITRE XX - LA VEILLE D'UNE GRANDE RÉVOLUTION
25. CHAPITRE XXI - FIN DE LA TERREUR
26. CHAPITRES SUPPLÉMENTAIRES